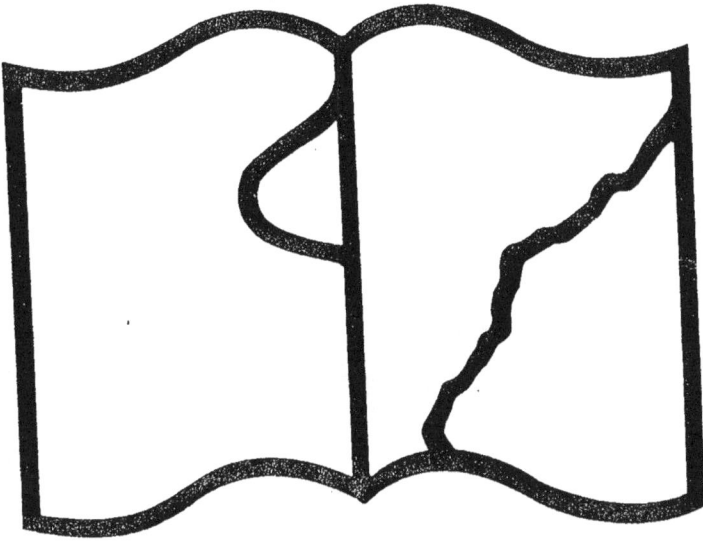

Texte détérioré — reliure défectueuse

NF Z 43-120-11

Reliure serrée

BIBLIOTHÈQUE DES ÉCOLES FRANÇAISES D'ATHÈNES ET DE ROME

PUBLIÉE

SOUS LES AUSPICES DU MINISTÈRE DE L'INSTRUCTION PUBLIQUE

FASCICULE QUATRE-VINGT-TREIZE

LE
CULTE D'APOLLON PYTHIEN
A ATHÈNES

PAR

G. COLIN

ANCIEN MEMBRE DE L'ÉCOLE FRANÇAISE D'ATHÈNES
MAITRE DE CONFÉRENCES A LA FACULTÉ DES LETTRES DE BORDEAUX

Ouvrage contenant trente-neuf gravures et deux planches hors texte

PARIS

ANCIENNE LIBRAIRIE THORIN ET FILS

ALBERT FONTEMOING, ÉDITEUR

Libraire des Écoles Françaises d'Athènes et de Rome, du Collège de France
et de l'École Normale Supérieure

4, RUE LE GOFF, 4

1905

BIBLIOTHÈQUE DES ÉCOLES FRANÇAISES D'ATHÈNES ET DE ROME

LE CULTE D'APOLLON PYTHIEN

A ATHÈNES

BIBLIOTHÈQUE

DES

ÉCOLES FRANÇAISES D'ATHÈNES ET DE ROME

FASCICULE QUATRE-VINGT-TREIZE

LE CULTE D'APOLLON PYTHIEN A ATHÈNES

Par G. Colin

TOURS. — IMPRIMERIE DESLIS FRÈRES, 6, RUE GAMBETTA.

A

Monsieur TH. HOMOLLE

Hommage respectueux.

LE

CULTE D'APOLLON PYTHIEN

A ATHÈNES

PAR

G. COLIN

ANCIEN MEMBRE DE L'ÉCOLE FRANÇAISE D'ATHÈNES
MAITRE DE CONFÉRENCES A LA FACULTÉ DES LETTRES DE BORDEAUX

———

Ouvrage contenant trente-neuf gravures et deux planches hors texte

PARIS
ANCIENNE LIBRAIRIE THORIN ET FILS
ALBERT FONTEMOING, ÉDITEUR
Libraire des Écoles Françaises d'Athènes et de Rome, du Collège de France
et de l'École Normale Supérieure
4, RUE LE GOFF, 4
1905

LE CULTE D'APOLLON PYTHIEN
A ATHÈNES

INTRODUCTION

**DÉVELOPPEMENT ASSEZ TARDIF DU CULTE D'APOLLON PYTHIEN
EN ATTIQUE. — SON IMPORTANCE A L'ÉPOQUE CLASSIQUE. —
ÉTAT DE LA QUESTION AVANT LES FOUILLES DE DELPHES. —
CLASSEMENT MÉTHODIQUE DES TEXTES ÉPIGRAPHIQUES DONT
NOUS DISPOSONS AUJOURD'HUI.**

Parmi les monuments découverts à Delphes par l'École française d'Athènes, le Trésor des Athéniens est un des plus intéressants. En effet si, au moment des fouilles, il n'en restait
pas même debout une seule assise, on en a retrouvé peu à peu
assez de pierres pour qu'il soit possible de le reconstruire sur
place, comme on a relevé à Athènes le temple de la Victoire
Aptère[1]. Au point de vue de l'architecture et de la sculpture
du vᵉ siècle, il constitue donc déjà une source précieuse de
renseignements. Mais, de plus, une partie considérable de
ses murs, en particulier les antes et le mur Sud, — ce dernier
en façade sur la Voie Sacrée, — était couverte d'inscriptions. Un certain nombre d'entre elles sont dès maintenant
publiées dans le *Bulletin de Correspondance hellénique* : de
là proviennent ces fragments, désormais célèbres, d'hymnes
accompagnés de leur notation musicale[2]; une copie nouvelle de

---

1. Cette réédification, commencée dans le courant de 1904, sera sans doute
terminée en 1905. En tout cas, n'étant pas retourné à Delphes depuis longtemps, je n'ai pas pu en profiter pour vérifier l'exactitude des rapprochements indiqués dans mon travail. Peut-être arrivera-t-il parfois qu'une
pierre supposée au-dessus d'une autre se trouvera en réalité lui avoir été
juxtaposée. Les changements toutefois devront être peu considérables.
2. *B. C. H.*, XVII, 1893, p. 569 ; XVIII, 1894, p. 345.

1

textes relatifs au droit d'asile du temple de Dionysos à Téos[1] ;
le sénatus-consulte rendu au sujet des difficultés survenues
entre les artistes dionysiaques de l'Isthme et ceux d'Athènes[2] ;
les décrets amphictyoniques accordant aux artistes d'Athènes
divers privilèges, et où l'on voit les Amphictyons accepter comme
articles de foi tous les éloges que les poètes de l'Attique
avaient si libéralement décernés à leur patrie[3]. On serait surpris, à Delphes, si un édifice quelconque ne portait pas au
moins quelques proxénies ou quelques actes d'affranchissement :
le Trésor des Athéniens n'échappe pas à la règle commune[4].
Mais la série la plus riche de textes inscrits sur ses murs se
rapporte à la Pythaïde, c'est-à-dire au cortège officiel que les
Athéniens, à certaines époques, envoyaient à Delphes. Ces
inscriptions ont été signalées par M. Homolle dès l'année de
leur découverte[5] ; j'en ai moi-même donné ensuite une analyse
plus étendue[6] ; quelques-unes aussi ont été publiées intégrale-
ment[7] ou en partie[8]. Je voudrais ici les réunir toutes, grouper
les renseignements qu'elles nous fournissent, et, en y joignant
les indications, assez rares d'ailleurs, que nous possédons
d'autre part, chercher si nous arrivons à nous faire une idée
suffisante d'une solennité athénienne fort mal connue jusqu'ici.

Avant tout, pour nous orienter dans notre travail, il ne sera
pas inutile, je crois, de résumer brièvement l'état de la question. D'une façon générale, Apollon Pythien ne semble pas
avoir été regardé en Grèce comme une divinité fort ancienne[9].
Le centre de son culte est à Delphes ; or, même là, si les
légendes varient sur le chemin qu'il aurait suivi pour arriver
au pied du Parnasse, toutes cependant s'accordent à reconnaître qu'il n'y a pas toujours habité. Le plus souvent on le

1. *B. C. H.*, XXVI, 1902, p. 282.
2. *B. C. H.*, XXIII, 1899, p. 5.
3. *B. C. H.*, XXIV, 1900, p. 82 et 94.
4. Par exemple, *B. C. H.*, XXII, 1898, p. 9, 15, 19, 30, 31 (affranchissements) ; XVIII, 1894, p. 71 ; XXIII, 1899, p. 547 ; XXVI, 1902, p. 273 (proxénies).
5. *B. C. H.*, XVII, 1893, p. 613 ; XVIII, 1894, p. 183.
6. *B. C. H.*, XX, 1896, p. 639.
7. *Hermès*, XXVIII, 1893, p. 619 ; — *B. C. H.*, XVIII, 1894, p. 87 et 91 ; XX,
1896, p. 709.
8. *B. C. H.*, XX, 1896, p. 715, note 5.
9. Comme études d'ensemble sur le culte d'Apollon, cf. les articles de
Wernicke dans l'*Encyclopédie* de Pauly-Wissowa, et de Roscher dans son
Dictionnaire de Mythologie.

fait venir du Nord ; dieu des Doriens, il serait descendu, avec les premières migrations de ce peuple, de la Thessalie vers la Grèce centrale : c'est le récit, par exemple, de la première partie de l'hymne homérique à Apollon Pythien [1]. Mais, sans sortir de cet hymne, on y trouve plus loin des détails qui semblent bien représenter un essai de fusion avec une tradition toute différente. Apollon s'est établi dans la rocheuse Pytho, après y avoir tué le dragon femelle qui a nourri Typhon; il cherche des prêtres pour son nouveau temple ; alors, apercevant des Crétois qui de Cnossos se rendent à Pylos, il s'élance sur leur navire sous la forme d'un dauphin, il les amène dans le port de Crissa, et, de là, après s'être découvert à eux, il les emmène à Pytho en chantant un Io-Pæan semblable aux pæans de la Crète [2]. Qu'on songe à l'éclat de la civilisation crétoise dans les premiers temps de la Grèce ; et, dans le désir que manifeste Apollon de choisir pour prêtres des Crétois, dans l'idée qu'il a d'entonner un chant crétois en montant de Crissa à Delphes, on aura peine à ne pas reconnaître la trace de récits anciens qui faisaient venir Apollon de l'île de Minos.

Encore, dans l'hymne homérique, Apollon nous est-il présenté comme le fondateur de l'oracle. Mais, d'après les autres sources, il l'a simplement recueilli d'une série plus ou moins longue de divinités qui en ont joui avant lui. Ainsi les vieilles poésies attribuées à Musée ou à Eumolpe distinguaient à cet égard cinq périodes, et Apollon ne commençait à paraître qu'avec la quatrième : tout d'abord l'oracle avait appartenu à la Terre ; celle-ci l'avait ensuite partagé avec Poseidon ; puis elle avait abandonné sa part à Thémis, qui elle-même l'avait transmise à Apollon ; enfin ce dernier était resté seul maître de Delphes en achetant le désistement de Poseidon par la cession de Calaurie [3]. D'après Eschyle, les intermédiaires ne sont guère moins nombreux. Prenons le début des *Euménides* où la Pythie, gravissant lentement les marches du temple de Delphes, nomme l'une après l'autre, et par ordre d'ancienneté, les diverses puissances qu'elle doit adorer. « D'abord ma prière s'adresse, parmi les dieux, à la Terre, la première des prophétesses ; puis à Thémis qui, la seconde, dit-on, posséda l'oracle

1. Hymne à Apollon Pythien, v. 38 et sqq.
2. *Ibid.*, v. 339 : καὶ ἰηπαιήον' ἄειδον, | οἷοί τε Κρητῶν παιήονες. — Cf. d'ailleurs tout cet épisode depuis le vers 216.
3. Pausan., X, 5, 5-7.

de sa mère ; en troisième lieu, du consentement de Thémis, sans aucune violence, une autre Titanide, fille de la Terre, lui succéda, Phœbé ; et celle-ci, comme cadeau de naissance, transmit son pouvoir à Phœbus, qui tire son nom de celui de Phœbé[1] ». Bref, sans multiplier les textes de ce genre[2], il est clair qu'à Delphes même Apollon Pythien n'était pas regardé comme la divinité primitive du pays.

En Attique naturellement son apparition doit être bien plus récente encore. En effet elle ne se produit qu'au moment où l'on cherche à établir un lien entre le dieu de Delphes et celui de Délos ; et les traditions rapportées sur son compte offrent, à n'en pas douter, le caractère de légendes arrangées ou inventées après coup pour satisfaire l'orgueil national. Une preuve, entre autres, c'est que nous en rencontrons de toutes semblables en Béotie. Là on plaçait près de Tanagra le point de débarquement du dieu dans son voyage de Délos à Delphes ; cette version avait été suivie par Pindare dans des vers aujourd'hui perdus, mais auxquels fait allusion le scoliaste d'Eschyle[3] ; et d'ailleurs, sur le territoire de Tanagra, au bord de l'Euripe, en face de Chalcis, s'élevait un Délion contenant les statues de Latone, d'Artémis et d'Apollon, et fort vénéré apparemment, puisque, au temps de la première guerre médique, Datis, s'étant aperçu qu'un vaisseau phénicien de sa flotte enlevait la statue d'Apollon, vint la rapporter à Délos, en chargeant les Déliens de la rendre aux gens de Tanagra[4]. Les Béotiens ne s'en étaient même pas tenus là : ils avaient prétendu transporter dans leur patrie, à Tégyra, le lieu de la naissance d'Apollon : ils avaient donc appelé Délos la montagne voisine ; deux ruisseaux portaient les noms du Palmier et de l'Olivier : c'est entre eux, disaient-ils, qu'avait

---

1. Esch., *Eumén.*, 1-9.

2. Je signale seulement, parce qu'il faut l'ajouter aux textes connus depuis longtemps, le pæan d'Aristonoos de Corinthe découvert dans les fouilles de Delphes (*B. C. H.*, XVII, 1893, p. 566), strophe III : πείσας Γαῖαν ἀνθοτρόφον | Θέμιν τε εὐπλόκαμον θεάν, | αἰὲν εὐλιθάνους ἕδρας | ἔχεις, ὦ ἰὲ Παιάν.

3. Scol. à Esch., *Eumén.*, v. 11 : χαριζόμενος Ἀθηναίοις καταχθῆναί φησιν ἐκεῖσε Ἀπόλλωνα, κἀκεῖθεν τὴν περιπομπὴν αὐτῷ εἶναι· ὁ δὲ Πίνδαρος ἐκ Τανάγρας τῆς Βοιωτίας. — A cette tradition répondait sans doute le récit de l'historien Cléarchos de Soles (*F. H. G.* Didot, II, p. 318 = Athénée, XV, p. 701, *C*) : Κλέαρχος ὁ Σολεύς, οὐδενὸς ὢν δεύτερος τῶν τοῦ σοφοῦ Ἀριστοτέλους μαθητῶν, ἐν τῷ προτέρῳ περὶ παροιμιῶν τὴν Λητώ φησιν, ἐκ Χαλκίδος τῆς Εὐβοίας ἀνακομίζουσαν εἰς Δελφοὺς Ἀπόλλωνα καὶ Ἄρτεμιν, γενέσθαι παρὰ τὸ τοῦ κληθέντος Πύθωνος σπήλαιον.

4. Pausan., IX, 20, 1 ; X, 28, 6. — Hérod., VI, 18. — Strab., IX, 2, 7.

accouché Latone ; la légende du serpent Python et de Tityos retrouvait aussi son cadre dans le voisinage[1]; et le dieu de Delphes, par rivalité avec celui de Délos, avait, paraît-il, sanctionné de son autorité cet arrangement audacieux[2].

Les fables accumulées à Tégyra nous offrent un exemple frappant des libertés que les Grecs se permettaient avec leurs traditions religieuses. Les Athéniens, il est vrai, ne sont pas allés aussi loin. Pourtant, chez eux aussi, nous voyons le culte d'Apollon prendre une extension toujours croissante, et il n'est pas impossible de distinguer, au moins d'une façon sommaire, deux stades dans la formation de sa légende. D'abord l'influence du dieu se manifeste non pas à Athènes même, mais sur la côte Est de l'Attique. Délos était pour tous les Ioniens son sanctuaire le plus vénéré; or l'histoire d'Erysichthon[3], le roi mythique de Prasiai, nous montre dans ce dème de la Paralie les premiers rapports de l'Attique et de Délos. De même, c'est à Prasiai, quand on veut les faire passer par l'Attique, qu'on fait arriver les offrandes des Hyperboréens[4]. L'existence d'un Délion à Marathon, d'un Pythion à Œnoé et d'un autre à Icaria témoigne, pour la Tétrapole, de rapports intimes avec Apollon[5]. Enfin, toujours dans les légendes primitives, Ion est le héros royal de la Tétrapole[6]; il a son tombeau dans le dème de Potamoi[7], au sud de Prasiai; et de ce côté aussi était placé le berceau de la vieille famille qui porte son nom, les Ἰωνίδαι[8].

A Athènes, au contraire, Apollon ne s'est introduit qu'assez tard. Un fait suffit à le démontrer : c'est l'archonte éponyme,

---

1. Plut., *Pélopidas*, 16.
2. Et. de Byz., s. v. Τεγύρα : πόλις Βοιωτίας, ἐν ᾗ Ἀπόλλωνά φασι γεννηθῆναι... Καλλισθένης ἐν τρίτῳ τῶν Ἑλληνικῶν εἶναι μαντεῖά φησι, τὸ μὲν Ἰσμήνιον ἐν Θήβαις, τὸ δὲ Τροφώνιον ἐν Λεβαδείᾳ, τὸ δὲ ἐν Ἄβαις λεγόμενον ἐν Φωκεῦσι, τὸ δὲ κυριώτερον ἐν Δελφοῖς, ὃ καὶ μάλιστά φασι μεμαρτυρηκέναι τὴν (Ἀπόλλωνος γένεσιν) ἐν Τεγύρᾳ.
3. Cf. p. 61.
4. Pausan , 1, 31, 2. — Hérodote (IV, 33) ne connaît pas encore cette tradition : chez lui, l'itinéraire de ces offrandes, en territoire grec, est Dodone, le golfe Maliaque, l'Eubée jusqu'à Carystos, Ténos et Délos.
5. Cf. p. 62 et sqq.
6. Strab., p. 383 (VIII, 7, 1) : Ξοῦθος (père d'Ion), τὴν Ἐρεχθέως γήμας (Créuse), ᾤκισε τὴν Τετράπολιν τῆς Ἀττικῆς, Οἰνόην, Μαραθῶνα, Προβάλινθον καὶ Τρικόρυνθον.
7. Pausan., 1, 31, 3 : Ἴωνος δὲ τοῦ Ξούθου (καὶ γὰρ οὗτος ᾤκησε παρὰ Ἀθηναίοις, καὶ Ἀθηναίων ἐπὶ τοῦ πολέμου τοῦ πρὸς Ἐλευσινίους ἐπολεμάρχησε), τάφος ἐν Ποταμοῖς ἐστι τῆς χώρας. — De même, VII, 1, 5.
8. Cf. Töpffer, *Attische Genealogie*, p. 267.

non l'archonte roi, qui a le soin de ses fêtes ; or ce dernier, on
le sait, a dans sa compétence les cérémonies les plus anciennes[1].
Mais, Athènes une fois devenue la capitale de l'Attique, de
même qu'elle avait réuni à son profit toute la puissance politique des dèmes, elle tint aussi à rattacher à son histoire les
traditions religieuses les plus vénérées du pays : on les modifia
donc dans ce sens, et tous les écrivains à l'envi travaillèrent
à les consacrer sous leur forme nouvelle[2].

Par exemple, Ion, disions-nous tout à l'heure, n'était pas à
l'origine pour les Athéniens un prince autochthone. Sans doute
il avait acquis à leur reconnaissance les titres les plus sérieux,
en particulier en les aidant à triompher à Eleusis des Thraces
d'Eumolpos, et il avait bien mérité l'honneur d'être élevé à la
royauté ; il n'en restait pas moins par sa naissance un étranger,
le fils de l'Achéen Xouthos. Or, dans sa tragédie d'*Ion*,
Euripide nous présente les choses d'une façon toute différente :
Ion, cette fois, est né au pied de l'Acropole ; il est toujours
le fils de Créuse, la plus jeune fille d'Erechthée, ce qui le
rattache, par les femmes, à l'ancienne race des rois indi-
gènes ; mais il a pour père Apollon. Celui-ci veille sur sa destinée : il le fait transporter à Delphes par Hermès, il charge
la Pythie de son éducation, et, au milieu de péripéties
compliquées, il s'emploie, avec l'aide d'Athéna, à lui faire
retrouver sa mère et à assurer son retour à Athènes. La
légende ainsi transformée formait sans doute aussi le fond
de la *Créuse* de Sophocle. Et, de son côté, Eschyle s'était plu
à faire débarquer Apollon à Athènes, lors de son voyage de
Délos à Delphes. « Délaissant le lac et les rochers de Délos,
Phœbus aborde aux rives de Pallas fréquentées par les vaisseaux, avant de gagner le territoire de Delphes et le Parnasse, son nouveau séjour. Les enfants d'Héphæstos, lui formant cortège, et, lui offrant leurs hommages respectueux, lui
fraient le chemin en apprivoisant le sol sauvage[3]. » C'était,
comme le remarque le scoliaste[4], dans le but de flatter la
vanité des Athéniens, la contre-partie du récit de Pindare.
Elle nous représente, à partir du ve siècle, la tradition cou-

1. Arist., 'Αθ. πολ., LVII, 1, à rapprocher de LVI, 3.
2. Sur l'histoire générale du culte d'Apollon en Attique, cf. Milchhöfer,
Ueber den attischen Apollon, 1873.
3. Eschyle, *Eumén.*, v. 9-15.
4. Cf. p. 4, n. 3.

rante ; et nous la retrouvons encore, avec des détails nouveaux
pour nous, vers la fin du 11ᵉ siècle, dans un des hymnes musicaux de Delphes : aussitôt après sa naissance, Apollon se rend
en Attique[1] ; là, une voix mystérieuse lui donne à l'avance ce
titre de Pæan qu'il méritera plus tard en tuant le serpent Python[2],
et le poëte le salue comme le protecteur de la ville de Pallas et
de son peuple[3].

Ces inventions des poètes nous laissent déjà assez bien devi-
ner que le culte d'Apollon Pythien, s'il n'est pas fort ancien à
Athènes, arrive pourtant à y acquérir, au moins à l'époque
classique, une importance considérable. Mais nous en avons
d'ailleurs d'autres preuves plus positives. Ainsi, lorsque Clisthène songe à partager le peuple en dix tribus, il ne veut pas
prendre sur lui d'arrêter définitivement leurs noms ; il se
contente de dresser un catalogue de cent héros, dignes à ses
yeux de servir d'éponymes en la circonstance ; puis, sur
cette liste préparatoire, il demande à la Pythie de choisir
en dernier ressort les dix ἀρχηγέται dont il a besoin : voilà
donc le dieu de Delphes mêlé intimement à l'organisation de
la démocratie athénienne[4]. Chose assez curieuse, Platon,
dans la constitution de sa république idéale, réserve de même à
l'Apollon de Delphes le soin de régler les lois les plus grandes,
les plus belles, les premières de toutes, comme il dit : à savoir
celles qui regardent la construction des temples, les sacrifices,
le culte des dieux, des génies et des héros, les funérailles et les
cérémonies relatives aux devoirs qu'il faut rendre aux morts
pour s'assurer leur bienveillance[5]. Le fait vaut peut-être la
peine d'être remarqué, si l'on songe combien Platon multiplie

---

1. *B. C. H.*, XVIII, 1894, p. 332, v. 14-15 :

τότε λιπὼν Κυνθίαν νᾶσον ἐ[πέβα θεὸ]ς πρω[τό-]
καρπου κλυτὰν 'Ατθίδ᾽, ἐπὶ γαλ[όφωι πρῶνι] Τριτωνίδος.

2. *Ibid.*, v. 18 :

[ἅ]μα δ᾽ ἴαχεμ πετροκατοίκητος 'αχ[ὼ τρὶς ἰὴ Παιάν....]

3. *Ibid.*, p. 355, v. 35-36 :

. . . . 'Αλλ᾽, ὦ Φοῖβε,
σῶιζε θεόκτι[σ]τον Παλλάδος [ἄστυ καὶ λαὸν κλεινόν,....]

4. Arist., 'Αθ. πολ., XXI, 6 : Ταῖς δὲ φυλαῖς ἐποίησεν ἐπωνύμους ἐκ τῶν
προκριθέντων ἑκατὸν ἀρχηγετῶν, οὓς ἀνεῖλεν ἡ Πυθία δέκα.

5. Plat., *Rép.*, IV, p. 427, *b c*. — De même, dans les *Lois* (IX, p. 856, *d*),
c'est encore Apollon Pythien qui désignera en dernier ressort, parmi les
enfants des citoyens bannis, ceux qui pourront rentrer en possession des
biens de leur famille.

volontiers les emprunts aux usages réels de son pays. En tout cas, jusqu'à l'époque impériale, le prêtre d'Apollon Pythien occupe dans le théâtre de Dionysos un siège de face, au deuxième rang, à côté du dadouque[1].

Mais surtout on sait quelle était la vénération de tous les Athéniens pour Apollon Patròos; car ce titre de πατρῷος, sauf dans la haute poésie, ils le refusent à Zeus lui-même[2]; c'est à Apollon qu'ils tiennent à faire remonter leur origine, par l'intermédiaire d'Ion[3] et de ses quatre fils, Géléon, Aigikoreus, Argadès et Hoplès[4]. S'agit-il de rendre la justice? les héliastes doivent, au lieu appelé Ardettos, prêter leur serment par Apollon Patròos et par Zeus Basileus[5]. Veut-on procéder à la nomination des archontes? on demande aux candidats, immédiatement après leur état civil, s'ils rendent un culte à Apollon Patròos et à Zeus Herkeios[6]. Dans toutes les phratries, dans tous les dèmes, dans toutes les familles, ces deux divinités reçoivent des sacrifices[7]; ne pas les reconnaître, c'est n'être pas Athénien[8]; et l'aristocratie va même jusqu'à en faire des membres de ses γένη[9]. Or Apollon Pythien finit par s'identifier

---

1. *C. I. A.*, III, 247.
2. Plat., *Euthyd.*, 28, p. 302, *c* : Εἶτα τοῖς ἄλλοις, ἔφη, Ἀθηναίοις, οὐκ ἔστι Ζεὺς ὁ πατρῷος ; — Οὐκ ἔστιν, ἦν δ'ἐγὼ, αὕτη ἡ ἐπωνυμία Ἰώνων οὐδενί, οὔθ' ὅσοι ἐκ τῆςδε τῆς πόλεως ἀπῳκισμένοι εἰσίν, οὔθ' ἡμῖν, ἀλλ' Ἀπόλλων πατρῷος διὰ τὴν τοῦ Ἴωνος γένεσιν.
3. Scol. Aristoph., *Ois.*, v. 1527 : πατρῷον δὲ τιμῶσιν Ἀπόλλωνα Ἀθηναῖοι, ἐπεὶ Ἴων, ὁ πολέμαρχος Ἀθηναίων, ἐξ Ἀπόλλωνος καὶ Κρεούσης τῆς Ξούθου ἐγένετο. (D'après la tradition courante, Créuse est fille d'Erechthée, et Xouthos est le père adoptif d'Ion). — Cf. Harpocration, s. v. Ἀπόλλων πατρῷος· ὁ Πύθιος. Προσηγορία τίς ἐστι τοῦ θεοῦ, πολλῶν τῶν ἄλλων οὐσῶν. Τὸν δὲ Ἀπόλλωνα κοινῶς πατρῷον τιμῶσιν Ἀθηναῖοι ἀπὸ Ἴωνος· τούτου γὰρ οἰκίσαντος τὴν Ἀττικήν, ὡς Ἀριστοτέλης φησί, τοὺς Ἀθηναίους Ἴωνας κληθῆναι, καὶ Ἀπόλλω πατρῷον αὐτοῖς ὀνομασθῆναι.
4. Hérod., V, 66, 2 : Μετὰ δὲ, (Clisthène) τετραφύλους ἐόντας Ἀθηναίους δεκαφύλους ἐποίησε, τῶν Ἴωνος παίδων Γελέοντος καὶ Αἰγικόρεος καὶ Ἀργάδεω καὶ Ὅπλητος ἀπαλλάξας τὰς ἐπωνυμίας.
5. Pollux, VIII, 122 : Ἐδίκαζον δὲ οἱ ὑπὲρ τριάκοντα ἔτη ἐκ τῶν ἐπιτίμων καὶ μὴ ὀφειλόντων τῷ δημοσίῳ· ὤμνυον δὲ ἐν Ἀρδήττῳ δικαστηρίῳ Ἀπόλλω πατρῷον καὶ Δία βασιλέα.
6. Arist., Ἀθ. πολ., LV, 3 : ἐπερωτῶσιν δέ, ὅταν δοκιμάζωσιν, ...εἰ ἔστιν αὐτῷ Ἀπόλλων πατρῷος καὶ Ζεὺς ἑρκεῖος, καὶ ποῦ ταῦτα τὰ ἱερά ἐστιν.
7. Scol. Aristoph., *Nuées*, 1468 (avec confusion, faite par Strepsiade, des épithètes propres de Zeus et d'Apollon) : Οὕτω τιμᾶται παρ' Ἀθηναίοις Ζεὺς πατρῷος καὶ Ἀπόλλων διὰ τὸ πρώτους ὑποδέξασθαι τὸν θεὸν εἰς τὴν χώραν, καὶ θυσίας συντελέσαι κατὰ φρήτρας καὶ δήμους καὶ συγγενείας μόνους τῶν Ἑλλήνων.
8. *Ibid.*, autre scolie : ὡς πρόγονον οὖν Ἀπόλλωνα ἐτίμων καὶ οἱ ἄρχοντες, ὅτε ἐχειροτονοῦντο· ἐκ γὰρ τοῦ μὴ εἰδέναι ξένους αὐτοὺς ἐνόμιζον.
9. Démosth., *Contre Euboulidès*, 67 : Ὦ ἄνθρωπε, τίς ἦν σοι πατήρ; — Ἐμοὶ

entièrement avec Apollon Patrôos, si intimement mêlé à
la vie de tout le peuple. Démosthène le dit en termes for-
mels[1]; Harpocration le confirme[2]; et d'ailleurs, en 290, quand
Démétrius, voulant célébrer solennellement les Pythia, trouve
la route de Delphes barrée par les Étoliens, il décide que les
fêtes auront lieu à Athènes, parce qu'Apollon Pythien est le
dieu πατρῷος des Athéniens et passe pour l'ancêtre de leur race[3].

On aimerait à connaître les sanctuaires qui, par suite de
l'extension de son culte, ont dû être élevés en assez grand
nombre, dans toute l'Attique, à Apollon Pythien. Malheureusement nous sommes assez mal renseignés sur leur compte.
Nous aurons plus loin à revenir sur ceux de la Tétrapole et
de la région environnante[4]. En dehors d'eux, et Athènes
mise à part, nous ne pouvons guère citer avec certitude que
celui du mont Poikilos, sur la route d'Eleusis. C'est le lieu où
s'élève aujourd'hui le couvent de Daphni; Sophocle fait allusion à ce Pythion dans un chœur d'*OEdipe à Colone*[5], et l'on en
attribuait la fondation aux descendants de Képhalos, quand,
au bout de dix générations, ils obtinrent la protection d'Apollon

Θεόκριτος. — Οἰκεῖοί τινες εἶναι μαρτυροῦσιν αὐτῷ ; — Πάνυ γε, πρῶτον μὲν (divers
parents), εἶτα φράτορες, εἶτ᾽ Ἀπόλλωνος πατρῴου καὶ Διὸς ἑρκείου γεννηταί.

1. Dém., *Couronne*, 141 : Καλῶ δ᾽ ἐναντίον ὑμῶν, ἄνδρες Ἀθηναῖοι, τοὺς
θεοὺς πάντας καὶ πάσας ὅσοι τὴν χώραν ἔχουσι τὴν Ἀττικήν, καὶ τὸν Ἀπόλλω τὸν
Πύθιον, ὃς πατρῷός ἐστι τῇ πόλει.

2. Harpocration, s. v. Ἀπόλλων πατρῷος (Cf. ci-dessus, p. 8, n. 3).

3. Plut., *Démétr.*, XL, 4 : Ἐπεὶ γὰρ Αἰτωλοὶ τὰ περὶ Δελφοὺς στενὰ κατεῖχον,
ἐν Ἀθήναις αὐτὸς ἦγε τὸν ἀγῶνα καὶ τὴν πανήγυριν, ὡς ἂν προσῆκον αὐτόθι μάλιστα
τιμᾶσθαι τὸν θεόν, ὃς δὴ πατρῷός ἐστι καὶ λέγεται τοῦ γένους ἀρχηγός. — On trouvera dans deux de nos textes une preuve nouvelle de cette identification
(n° 49, l. 13, à propos de la conduite des artistes dionysiaques à Delphes :
τιμήσαντες τὸ[ν π]ατρῷιον [Ἀ]πόλλω ; — n° 60, l. 3 : ἱερεὺς Ἀπόλλωνος [Πυθί]ου
καὶ Πατρώιου). — Il est vrai, dans le discours Δηλιακός d'Hypéride, c'est
Apollon Délien qui est désigné comme le dieu πατρῷος des Athéniens (fr. 67
= Aristid., I, p. 157 Dind. : Λητώ τε γάρ, ... ἀπ᾽ ἄκρας τῆς Ἀττικῆς ἐπιβᾶσα
τῶν νήσων εἰς Δῆλον καταίρει, καὶ τίκτει δὴ τοὺς θεούς, τήν τε Ἄρτεμιν καὶ τὸν
πατρῷον Ἀπόλλω τῇ πόλει). Mais, ne l'oublions pas, dans la tradition athénienne, Apollon Pythien n'est autre qu'Apollon Délien après son passage par
Athènes et son changement de résidence. Au reste, il s'établit souvent une
confusion plus ou moins volontaire entre les attributs du dieu de Delphes et
du dieu de Délos (cf. p. 176). Pour n'en citer qu'un exemple, les Thargélies
se célèbrent en l'honneur d'Apollon Délien (Athénée, X, 427 f, d'après le
traité Περὶ μέθης de Théophraste = fr. 119, Didot : Ὠρχοῦντο δ᾽ οὗτοι περὶ
τὸν τοῦ Ἀπόλλωνος νεὼν τοῦ Δηλίου, τῶν πρώτων ὄντες Ἀθηναίων, καὶ ἐνεδύοντο
ἱμάτια τῶν Θηραϊκῶν. Ὁ δὲ Ἀπόλλων οὗτός ἐστιν ᾧ τὰ Θαργήλια ἄγουσι) ; cependant le Pythion d'Athènes est en relations étroites avec cette fête (cf. p. 12).

4. Cf. p. 62.

5. Soph., *OEd. à Col.*, 1047-1048 : πρὸς Πυθίαις .... ἀκταῖς.

Pythien, — le dieu des purifications, — pour rentrer à Athènes, d'où leur race était bannie depuis le meurtre commis par leur ancêtre Képhalos sur la personne de sa femme Procris[1]. Enfin, à Athènes même, Apollon Pythien avait au moins deux temples, l'un au Céramique, contenant une statue, œuvre du maître corinthien Euphranor[2], l'autre près de l'Olympieion, avec une seconde statue[3].

Ce dernier était le plus important ; et, bien qu'il ait aujourd'hui disparu, nous connaissons pourtant assez bien son emplacement et son rôle[4]. Thucydide, en parlant de l'Athènes primitive, nous dit qu'elle s'était développée d'abord vers le Sud de l'Acropole : de ce côté existait donc un certain nombre de vieux temples ; le Pythion en était un[5]. Sa fondation apparemment remontait à l'époque de Pisistrate, à cette tyrannie glorieuse qui, déjà avant les guerres médiques, marque pour Athènes une première période d'extension politique au dehors, de développement artistique et littéraire à l'intérieur. La ville alors s'agrandit et s'embellit ; et comme Pisistrate, originaire de la Diacria, devait être attaché au culte d'Apollon, ou qu'en tout cas il n'a pas dû manquer de l'utiliser pour relier étroitement à Athènes toute la partie Nord-Est du pays, même à défaut de preuves positives il est au moins très vraisemblable d'attribuer à son initiative l'érection de l'antique Pythion, situé au Sud de l'Acropole. C'était comme un pendant à la lustration de Délos, et un témoignage manifeste des rapports qu'Athènes prétendait désormais établir entre elle et le dieu de Délos et de Delphes. D'ailleurs, lorsque le petit-fils du tyran, qui porte également le nom de Pisistrate, fut archonte à Athènes, il dédia à Apollon un autel dans le Pythion[6]; et peut-être

1. Pausan., I, 37, 6-7.
2. Id., I, 3, 4 : καὶ πλησίον ἐποίησεν (Euphranor) ἐν τῷ ναῷ τὸν Ἀπόλλωνα Πατρῷον ἐπίκλησιν.
3. Id., I, 19, 1 : Μετὰ δὲ τὸν ναὸν τοῦ Διὸς τοῦ Ὀλυμπίου πλησίον ἄγαλμά ἐστιν Ἀπόλλωνος Πυθίου.
4. Cf. Curtius, das Pythion in Athen (= gesammelte Abhandlangen, I, p. 451).
5. Thucyd., II, 15, 4 : τὰ γὰρ ἱερὰ ἐν αὐτῇ τῇ ἀκροπόλει καὶ ἄλλων θεῶν ἐστί, καὶ τὰ ἔξω πρὸς τοῦτο τὸ μέρος τῆς πόλεως μᾶλλον ἵδρυται (= τὸ ὑπὸ τὴν ἀκρόπολιν πρὸς νότον μάλιστα τετραμμένον), τό τε τοῦ Διὸς τοῦ Ὀλυμπίου καὶ τὸ Πύθιον καὶ τὸ τῆς Γῆς καὶ τὸ ἐν Λίμναις Διονύσου .... ἵδρυται δὲ καὶ ἄλλα ἱερὰ ταύτῃ ἀρχαῖα.
6. Thucyd., VI, 54, 6 : Πεισίστρατος, ὁ Ἱππίου τοῦ τυραννεύσαντος υἱός, τοῦ πάππου ἔχων τοὔνομα, τῶν δώδεκα θεῶν βωμὸν τὸν ἐν τῇ ἀγορᾷ ἄρχων ἀνέθηκε καὶ τὸν τοῦ Ἀπόλλωνος ἐν Πυθίου.

aussi restaura-t-il en même temps tout le sanctuaire[1].

Thucydide nous avait conservé l'inscription gravée sur l'autel de Pisistrate :

Μνῆμα τόδ' ἧς ἀρχῆς Πεισίστρατος Ἱππίου υἱὸς
θῆκεν Ἀπόλλωνος Πυθίου ἐν τεμένει.

Par un heureux hasard, elle a été retrouvée presque entiere, en 1877[2], et cela sur la rive droite de l'Ilissus, un peu au-dessous de la fontaine Kallirrhoé, près du pont moderne qui conduit au cimetière. Déjà, en 1872, on avait découvert, à peu près au même endroit, diverses dédicaces à Apollon, ayant servi, pour la plupart, de bases à des trépieds[3]. Or cet emplacement répond bien au Pythion primitif dont parle Thucydide ; il convient aussi à celui de l'époque classique. En effet Strabon nous apprend que l'envoi à Delphes de la théorie sacrée dépendait de certains éclairs brillant sur l'Harma, au-dessus de Phylé ; l'observation se faisait de l'autel de Zeus Astrapaios, lequel était situé entre le Pythion et l'Olympieion[4]. La position de ce dernier temple n'est pas douteuse ; supposons d'autre part le Pythion à l'endroit où ont eu lieu les fouilles de 1872 et de 1877 ; d'un point quelconque situé entre les deux, on a l'Acropole devant soi, un peu sur la gauche, et la vue est libre vers le Nord-Ouest, dans la direction de Phylé. Nous pouvons donc conclure de tout cela que les dédicaces des trépieds, comme celle de l'autel de Pisistrate, étaient restées à peu près en place, et que là a été de tout temps le Pythion principal d'Athènes[5].

Maintenant, quelle était l'importance de ce sanctuaire dans la vie religieuse des Athéniens? M. Curtius — qui, en écrivant son

1. Les deux textes suivants, qu'il est plus naturel de rapporter à Pisistrate le tyran, pourraient cependant, à la rigueur, avoir trait à son petit-fils. (Suidas, s. v. Πύθιον· ἱερὸν Ἀπόλλωνος Ἀθήνησιν ὑπὸ Πεισιστράτου γεγονός, εἰς ὃ τοὺς τρίποδας ἐτίθεσαν οἱ τῷ κυκλίῳ χορῷ νικήσαντες τὰ Θαργήλια. — Hésychius, s. v. ἐν Πυθίῳ..... Πεισίστρατος ᾠκοδόμει τὸν ἐν Πυθίῳ ναόν.)

2. C. I. A., IV[1], 373e (page 41).

3. C. I. A., II, 1154, 1176, 1236, 1237, 1251.

4. Strabon, p. 404 (IX, 2, 11) : ..... ἀστραπήν τινα σημειουμένων κατὰ χρησμὸν τῶν λεγομένων Πυθαϊστῶν, βλεπόντων ὡς ἐπὶ τὸ Ἅρμα, καὶ τότε πεμπόντων τὴν θυσίαν εἰς Δελφοὺς ὅταν ἀστράψαντα ἴδωσιν· ἐτήρουν δ'......ἀπὸ τῆς ἐσχάρας τοῦ Ἀστραπαίου Διός· ἔστι δ' αὕτη ἐν τῷ τείχει μεταξὺ τοῦ Πυθίου καὶ τοῦ Ὀλυμπίου.

5. Du texte d'Hésychius, et, mieux encore, de celui de Thucydide (VI, 54, 6), il ressort clairement que le mot Πύθιον désigne non pas seulement un temple, mais toute une enceinte sacrée. D'ailleurs les trépieds des vainqueurs aux Thar-

article sur le Pythion, se souvenait évidemment de sa grande
étude sur la construction des routes chez les Grecs, — l'a
peut-être exagérée quelque peu. Apollon Pythien n'est pas
Apollon Ἀγυιεύς ; il a des sanctuaires, comme celui d'Icaria,
situés en dehors des grandes routes ; et je ne sais si, de ce
qu'un chemin passe par le Pythion, on en doit conclure à une
influence certaine de ce temple sur les autres endroits où touche
le même chemin. Mais un fait du moins ne paraît pas douteux :
en dehors de son usage évident pour le culte même d'Apollon
Pythien, — comme siège des exégètes, comme lieu d'observation
des auspices, et comme point de départ de la théorie de Delphes,
— le Pythion est en relations étroites avec les Thargélies.
Celles-ci à l'origine étaient la fête des moissons ; or les aires à
battre le blé étaient situées en dehors de la ville, près de la
fontaine Kallirrhoé : le lieu où le peuple avait été à la peine
était tout indiqué aussi pour ses réjouissances. Plus tard, dans
les Thargélies domine l'idée d'expiation ; or Apollon précisément, après le meurtre du serpent Python, avait montré le
premier par son exemple la nécessité de la réparation à la
suite de la faute ; et, dans ce nouvel aspect de la fête, autant
que nous pouvons nous la représenter, toutes les cérémonies,
sauf le sacrifice préliminaire de la chèvre offerte à Déméter
Chloé, viennent encore aboutir au Pythion.

D'abord, c'est la grande procession pour la purification de la
ville ; par toutes les rues on promène deux hommes chargés
des fautes d'Athènes[1] ; et, à la fin, quand on revient au
Pythion, on les offre aux dieux comme victimes expiatoires.
Y avait-il en réalité chaque année, à Athènes, un double sacrifice humain ? la chose est bien peu probable ; et il est plus
naturel de croire, avec M. Mommsen[2], que l'on se contentait
de blesser les deux victimes : dès que le sang avait jailli,
le prêtre d'Apollon déclarait le dieu satisfait. Après cette
partie grave de la fête venaient, le lendemain, les réjouis-

---

gélies paraissent avoir été exposés non dans le temple même, mais aux environs ; l'autel de Zeus Astrapaios, d'où l'on observait l'éclair sur l'Ἅρμα, était
sans doute compris dans le Pythion ; et, de même, la statue du dieu que
Pausanias cite près de l'Olympieion. (I, 19. 1).

1. Harpocration, s. v. Φαρμακός· Λυσίας ἐν τῷ κατ' Ἀνδοκίδου ἀσεβείας,
εἰ γνήσιος· δύο ἄνδρας Ἀθήνησιν ἐξῆγον καθάρσια ἐσομένους τῆς πόλεως ἐν τοῖς
Θαργηλίοις, ἕνα μὲν ὑπὲρ τῶν ἀνδρῶν, ἕνα δὲ ὑπὲρ τῶν γυναικῶν. — Même citation
dans Suidas.

2. Cf. A. Mommsen, *Heortologie*, p. 420.

sances : après la πομπή l'ἀγών[1]. Alors, dans le vieil Odéon des
bords de l'Ilissus, avaient lieu, particulièrement en l'honneur
d'Apollon, des concours de rhapsodies et de chants accompagnés de cithare[2] ; puis c'étaient des chœurs d'hommes et
d'enfants où les vainqueurs recevaient des trépieds qu'ils con-
sacraient dans le Pythion[3] ; et parfois même ils semblent avoir
tenu à témoigner à Apollon leur reconnaissance par quelque
offrande magnifique, comme fit cet Aristocratès dont parle Platon[4], et dont on a retrouvé en partie la dédicace gravée sur
les cannelures d'une colonne[5].

Peut-être le Pythion jouait-il un rôle aussi dans la fête des
Panathénées ; car Philostrate, décrivant la route suivie par le
vaisseau qui portait le péplos, le fait venir au Pythion ; c'est
même là, ajoute-t-il, qu'on le gardait de son temps[6]. Le passage, il est vrai, a été fort discuté ; on y a proposé diverses
corrections, comme de changer Πύθιον en Πλουτώνιον ; et l'on
peut, à tout le moins, trouver un peu suspecte l'affirmation de
Philostrate. Quoi qu'il en soit, et sans nous attarder ici à toutes
ces questions, nous en savons assez maintenant pour reconnaître l'importance qu'avaient prise à Athènes Apollon Pythien
et son sanctuaire[7].

Mais, quelles étaient les fêtes propres à ce dieu? nous ne pouvons nous en rendre compte que d'une manière fort insuffisante ;
car les textes sont peu nombreux et ne s'éclairent pas du tout
les uns les autres. Évidemment une théorie était envoyée de

---

1. Démosth., *Mid.*, 10 (loi d'Évagoras) : Θαργηλίων τῇ πομπῇ καὶ τῷ ἀγῶνι.
2. Hésychius, s. v. Ὠδεῖον· τόπος ἐν ᾧ πρὶν τὸ θέατρον κατασκευασθῆναι οἱ ῥαψῳδοὶ καὶ οἱ κιθαρῳδοὶ ἠγωνίζοντο.
3. Suidas, s. v. Πύθιον (cf. p. 11, n. 1) ; — Isée, V, 41 : Καὶ τούτων μαρτύρια ἐν τοῖς ἱεροῖς ἀναθήματα ἐκεῖνοι ἐκ τῶν περιόντων, μνημεῖα τῆς αὐτῶν ἀρετῆς, ἀνέθεσαν, τοῦτο μὲν ἐν Διονύσου τρίποδας, οὓς χορηγοῦντες καὶ νικῶντες ἔλαβον, τοῦτο δ' ἐν Πυθίου.
4. Plat., *Gorgias*, 472 a : Ἀριστοκράτης ὁ Σκελλίου, οὗ αὖ ἐστιν ἐν Πυθίου τοῦτο τὸ καλὸν ἀνάθημα.
5. *C. I. A.*, 1, 422 : Ἀριστοκράτης Σκελίου ἀνέθηκεν νικήσας [χορηγῶν] Κεκρο-πίδ[ι φυλῇ] ἐν ἑορτῇ[....
6. Philostrate, *Vie des soph.*, II, 1, 7 : κἀκεῖνα περὶ τῶν Παναθηναίων τούτων ἤκουον, πέπλον μὲν ἀνῆφθαι τῆς νεώς....., τὴν δὲ ναῦν... ἐκ Κεραμεικοῦ ἄρασαν χιλία κώπῃ ἀφεῖναι ἐπὶ τὸ Ἐλευσίνιον, καὶ περιβαλοῦσαν αὐτὸ παραμεῖψαι τὸ Πελασγικόν, κομιζομένην δὲ παρὰ τὸ Πύθιον ἐλθεῖν, οἳ νῦν ὥρμισται.
7. Notons encore que dans le Pythion on conservait certains décrets (*C. I. A.*, IV[2], 25, l. 40 ; — 54[b], l. 22).

l'Attique à Delphes [1] ; l'éclair sur l'"Αρμα en donnait le signal. Mais, cet éclair, Philochore en place l'observation à Œnoé [2], et Strabon à Athènes [3]. Même incertitude sur le personnel de la théorie : il comprenait certainement des pythaïstes [4] ; mais, d'après Hésychius [5], pythaïstes est synonyme de théores, et désigne les gens qui vont à Delphes ; d'après Strabon [6], le même mot se rapporte aux prêtres qui d'Athènes fixent l'époque du départ. D'un passage de Platon [7] et d'un autre de Démosthène [8] nous pouvons encore conclure, du moins avec vraisemblance [9], que la Pythaïde, comme toutes les grandes solennités athéniennes, comprenait des sacrifices et des jeux, qu'on y voyait figurer beaucoup de citoyens pris parmi l'élite de la société, et qu'il s'y trouvait des personnages officiels, comme les thesmothètes et les représentants du Sénat. Enfin, dans les inscriptions, nous rencontrons la mention, à propos de cette fête, d'une canéphore [10] et d'une

---

1. Eschyle, *Eum.*, v. 12 sqq. :

Πέμπουσι δ'αὐτὸν καὶ σεϐίζουσιν μέγα
κελευθοποιοὶ παῖδες Ἡφαίστου, χθόνα
ἀνήμερον τιθέντες ἡμερωμένην.

2. Philochore (dans scol. Soph., *OEd. à Col.*, 1047) : Καὶ ἔστιν ἱεροσκοπία τῆς μὲν εἰς Δελφοὺς θεωρίας ἐν τῷ ἐν Οἰνόῃ Πυθίῳ, ...
3. Strabon, p. 404 (IX, 2, 11). Cf. p. 11, n. 4.
4. J'écrirai partout pythaïstes et pythaïde. On trouve, dans les textes et dans les inscriptions, à la fois πυθιασταί (Hésychius, s. v. ἀστράπτει δι' "Αρματος) et πυθαισταί (Strabon, p. 404) ; πυθιάς (*C. I. A.*, II, 545) et πυθαὶς (*C. I. A.*, II, 550). Πυθιάς et πυθιασταί sont probablement les formes anciennes ; mais comme, dans nos inscriptions de Delphes, sauf dans celle du ιvᵉ siècle, on trouve constamment πυθαισταί et πυθαὶς, c'est de cette dernière forme que je me servirai.
5. Hésychius s. v. ἀστράπτει δι' "Αρματος· Ἀθηναῖοι, ὁπότε δι' "Αρματος αὐτοῖς ἀστράψειεν, ἔπεμπον εἰς Δελφοὺς θεωροὺς τοὺς λεγομένους Πυθιαστάς.
6. Strabon, p. 404 (IX, 2, 11). Cf. p. 11, n. 4.
7. Plat., *Lois*, XII, p. 950 e : Πυθῶδε τῷ Ἀπόλλωνι ..... χρὴ πέμπειν κοινωνοῦντας θυσιῶν τε καὶ ἀγώνων τούτοις τοῖς θεοῖς, πέμπειν δὲ εἰς δύναμιν ὅτι πλείστους ἅμα καὶ καλλίστους τε καὶ ἀρίστους, οἵτινες εὐδόκιμον τὴν πόλιν ἐν ἱεραῖς τε καὶ εἰρηνικαῖς συνουσίαις ποιήσουσι δοκεῖν.
8. Dém., *Ambas.*, 128 : ὥστε μήτε τοὺς ἐκ τῆς βουλῆς θεωροὺς μήτε τοὺς θεσμοθέτας εἰς τὰ Πύθια πέμψαι.
9. Avec Platon, il convient toujours de se demander jusqu'à quel point ses conceptions s'inspirent des institutions mêmes d'Athènes. — Dans le passage de Démosthène, il s'agit, en réalité, non de la Pythaïde, mais de la députation d'Athènes aux jeux pythiques : la première, semble-t-il, fête athénienne proprement dite, devait être au moins aussi brillante que la seconde ; mais ce n'est là, après tout, qu'une induction.
10. *C. I. A.*, II, 1388.

prêtresse d'Athéna[1]. Mais à cela se bornaient nos informations avant les fouilles de Delphes ; et, en 1888, douze pages suffisaient à M. Töpffer pour exposer et discuter tout ce qu'on savait alors sur le sujet[2].

A présent, nous avons à notre disposition près de soixante documents épigraphiques nouveaux. Convenons-en de suite, étant donné le manque à peu près complet de textes littéraires propres à les commenter, ils ne nous permettront pas de résoudre toutes les questions qui se posent à propos de la Pythaïde. De plus, ils sont d'origine assez récente ; car, un seul excepté, ils ne remontent guère au-delà de la dernière moitié du IIe siècle avant Jésus-Christ. On est assurément en droit de le regretter ; toutefois, tels qu'ils sont, en l'absence d'autres sources, ils n'en valent pas moins encore la peine d'être étudiés.

Pour les classer, nous aurons évidemment, avant tout, à tenir compte de leur date : à cette condition seulement, puisqu'ils forment la source unique, ou à peu près, de nos informations, nous pourrons prendre une idée des progrès ou de la décadence du culte d'Apollon Pythien à Athènes pendant plusieurs siècles. Cependant l'ordre chronologique, si nous voulions nous astreindre à le suivre avec trop de rigueur, ne serait pas sans inconvénients ; car plusieurs de nos inscriptions se ressemblent, et, à ne considérer jamais ensemble que des textes d'une même année, nous nous exposerions à des redites perpétuelles. Il sera donc, je crois, plus intéressant, pour faire défiler devant nous les diverses parties de la théorie athénienne ou pour nous représenter les fêtes auxquelles elle donnait lieu, de grouper les textes analogues, sous la réserve, bien entendu, de ne réunir ainsi que ceux qui appartiennent à des périodes assez limitées. Tel sera, d'une façon générale, le double principe suivi dans cet exposé.

La discussion des dates et les raisons du rapprochement matériel de certaines pierres seront données au fur et à mesure des besoins. En attendant, voici un classement d'ensemble *méthodique*[3] de tous nos textes, portant, avec le

---

1. *C. I. A.*, II, 550.
2. J. Töpffer, *Die attischen Pythaïsten und Deliasten* (*Hermès*, XXIII, 1888, p. 321).
3. J'entends par là qu'on y trouve, par exemple, énumérés à la suite, tous les textes relatifs au cortège d'une même pythaïde, et que chaque pythaïde est indiquée à sa place chronologique. Il m'a paru préférable de numéroter les

numéro sous lequel je les désigne, l'indication sommaire de
leur contenu, la page où se lit leur transcription en caractères
courants, et, pour les copies en caractères épigraphiques[1], le
renvoi soit aux figures ou aux planches du présent mémoire,
soit, s'il y a lieu, aux publications antérieures[2].

NUMÉRO DE L'INSCRIPTION	SUJET DE L'INSCRIPTION	COPIE EN CARACTÈRES COURANTS — Page	COPIE EN CARACTÈRES ÉPIGRAPHIQUES
1	Dédicace de hiéropes.................	19	B. C. H., 1896, p. 676.
	Pythaïde de Τίμαρχος		
2	Théores........................	41	Fig. 4.
3	Pythaïstes enfants. διδάσκαλοι du chœur, canéphores......	46	Fig. 5.
4	Ephèbes (?)......................	71	Pl. I, B.
	Pythaïde de Διονύσιος μετὰ Ἀυξίσκον		
5	Archontes, κῆρυξ de l'Aréopage. hiéromnémon	32	Fig. 1.
6	Théores........................	41	Fig. 4.
7	Pythaïstes κληρωτοί................	47	Pl. I, A.
8	Cavaliers.......................	81	Fig. 11.
9	Ephèbes........................	72	Pl. I, B.
10	Décret en faveur des officiers de la cavalerie	162	Fig. 37.
11	Conducteur d'une πυρφόρος..........	90	B. C. H., 1894, p. 91

inscriptions d'après ce classement, plutôt que dans l'ordre où les nécessités de
l'exposition m'obligent à les mentionner. Mais, ces chiffres une fois adoptés,
je devais les garder jusqu'au bout : on ne s'étonnera donc pas si on voit le
numéro 22 cité après le numéro 1, etc.

1. Tous les fac-simile donnés ici sont des reproductions de copies exécutées
à la main d'après des estampages. En effet, au moment où a été fait le travail,
les pierres du trésor des Athéniens étaient dispersées sur le chantier ou dans
le musée de Delphes, et il était impossible, dans ces conditions, de les photographier directement. — Les clichés sont à une échelle légèrement inférieure
à 1/6; la réduction toutefois n'est pas parfaitement uniforme. — Les chiffres
joints aux copies épigraphiques répondent aux numéros des pierres ou fragments de pierres sur l'Inventaire de l'Éphorie grecque à Delphes.

2. Il aurait pu aussi être intéressant de figurer par un croquis la place de
nos diverses pierres sur le mur Sud ou sur les antes du Trésor des Athéniens. Mais comme le monument, ainsi qu'il a été dit plus haut, est en cours
de reconstruction, il paraît préférable d'attendre la fin de ce travail. Je
compte d'ailleurs donner le croquis en question, en reprenant dans le *Bulletin de Correspondance hellénique* ceux de nos textes qui sont inédits.

NUMÉRO DE L'INSCRIPTION	SUJET DE L'INSCRIPTION	COPIE EN CARACTÈRES COURANTS — Page	COPIE EN CARACTÈRES ÉPIGRAPHIQUES
48	Décrets de la ville de Delphes en faveur	113	Fig. 19-20.
49	du collège des artistes dionysiaques	114	Fig. 21-22-23.
50	d'Athènes	126	Fig. 24.
51	Décret pour le collège des ἐποποιοί....	131	Fig. 25.
52	L'ennéétéride delphique..............	135	C. I. A., II, 985.
53	La théorie athénienne au Iᵉʳ siècle avant	141	Fig. 26.
54	Jésus-Christ.....................	142	Fig. 27.
55		143	Fig. 28.
56		144	Fig. 29.
57		148	Fig. 30.
57ᵇⁱˢ		150	B. C. H., 1896, p. 709.
58		150	Fig. 30.
59		150	Fig. 31.
60	La dodécade........................	151	Fig. 1.
61		152	Fig. 32.
62		152	Fig. 33.
63		154	Fig. 34.
64		160	Fig. 36.
65	Décrets rendus par la ville de Delphes à	163	B. C. H., 1894, p. 91.
66	l'occasion de la théorie athénienne...	165	Fig. 39.

DÉDICACE DE HIÉROPES AU IVᵉ SIÈCLE

La seule inscription de Delphes concernant la Pythaïde avant l'époque romaine est indépendante du Trésor des Athéniens : c'est, sur une base de calcaire gris, la dédicace d'un trépied consacré, au nom du peuple athénien, par dix ἱεροποιοί dans la seconde moitié du IVᵉ siècle. Je l'ai déjà publiée dans le *Bulletin de Correspondance hellénique ;* mais, comme elle forme la pièce la plus ancienne de notre dossier, je ne puis me dispenser d'y revenir ici.

Nº 1 (*B. C. H.*, XX, 1896, p. 676) :

['Ο δ]ῆμος ὁ 'Αθηναίων τῶι 'Α[π]όλλωνι ἀν[έθηκεν.]
['Ι]εροποιοὶ οἱ τὴν Πυθιάδα ἀγαγόντες·

[Φ]ανόδημος Διύλλου,	Γλαυκέτης Γλαύκου,
Βύρθος Ναυτινίκου,	Νεοπτόλεμος 'Αντικλέους,
Λυκοῦργος Λυκόφρονος,	Κλεογάρης Γλαυκέτου,
Δημάδης Δημέου,	'Ιπποκράτης 'Αριστοκράτους,
[Κ]λέαρχος Ναυσικλέους,	Νικήρατος Νικίου.

D'abord, qu'est-ce que ces ἱεροποιοί? Aristote, dans l' 'Αθηναίων πολιτεία (chap. LIV), mentionne deux groupes de dix magistrats portant ce titre, les ἱεροποιοὶ οἱ ἐπὶ τὰ ἐκθύματα, chargés d'offrir les sacrifices prescrits par les oracles et de consulter les présages avec les devins ; puis les ἱεροποιοὶ οἱ κατ' ἐνιαυτόν, qui président à toutes les pentétérides, excepté les Panathénées. Il ne peut pas être question ici des derniers, puisqu'Aristote à leur propos énumère toutes les pentétérides et que la Pythaïde n'y figure point. Au contraire, le soin de cette théorie pourrait, à la rigueur, rentrer dans les attributions des ἱεροποιοὶ οἱ ἐπὶ τὰ ἐκθύματα.

Mais ici une difficulté se présente. Les ἱεροποιοί dont parle

Aristote sont nommés au sort; or, dans notre dédicace, sans compter les orateurs Lycurgue et Démade, nous trouvons encore d'autres noms célèbres[1] : huit, sur dix, de ces Athéniens nous sont connus; voilà, pour un tirage au sort, un hasard au moins digne de remarque. Il y a plus : dans les comptes de la marine, qui nous sont précisément conservés pour cette période, nous retrouvons à la fois (comme τριήραρχοι ou συντριήραρχοι, comme ἐγγυηταὶ τριήρων, comme συντελεῖς, comme proposant des décrets, ou comme contribuant εἰς τὰ σιτωνικά), Lycurgue, Démade, Cléarchos, Néoptolémos, Cléocharès et Nikératos[2]. De même, à propos des Amphiaraia d'Oropos, quand le peuple d'Athènes élit à mains levées, pour s'en occuper, une commission de dix membres, parmi eux figurent encore Phanodémos, Lycurgue, Démade et Nikératos[3]. Dès lors, il paraît bien difficile d'attribuer au hasard la réunion si fréquente de ces noms; nos ἱεροποιοί n'ont donc pas dû être tirés au sort, mais élus, et par conséquent, ce ne sont pas les ἱεροποιοί οἱ ἐπὶ τὰ ἐκθύματα.

Au reste, nous savons que, pour beaucoup de fêtes (les grandes Dionysies, les Eleusinia, les Héphaisteia, etc.), on avait l'habitude à Athènes d'en confier l'organisation et la direction à des magistrats créés pour la circonstance sous le nom de ἱεροποιοί. Les textes ne nous apprennent rien pour la Pythaïde; mais il devait se passer à cette occasion, du moins au IV" siècle, quelque chose de tout semblable : dix ἱεροποιοί avaient charge d'en régler les préparatifs ; puis ils conduisaient la théorie à Delphes, et, au nom de tout le peuple, ils dédiaient à Apollon l'offrande destinée à témoigner de la piété d'Athènes.

Maintenant, ces commissaires étaient-ils pris dans le Conseil, ou parmi les juges de l'Héliée, ou indistinctement parmi tous les Athéniens? Il nous est impossible, je crois, d'en décider.

---

1. Cléarchos est expressément désigné par Diodore comme un des hommes en vue d'Athènes. (Cf. Diod. de Sic., XVIII, 64, 5 : Διόπερ, ἐλόμενοι πρέσβεις τῶν ἐπιφανῶν ἀνδρῶν......, Φωκίωνα τὸν Φώκου, καὶ Κόνωνα τὸν Τιμοθέου, καὶ Κλέαρχον τὸν Ναυσικλέους, ...)
2. Lycurgue : *C. I. A.*, II, 804 B, *b*. 38.
    Démade : *id.*, 804 B, *a*. 29; — 807, *b*. 48 ; — 808, *c*. 10; *d*. 5; — 809, *c*. 46 : *d*. 7, 148; — 811, *b*. 47; *d*. 125.
    Cléarchos : *id.*, 808, *a*. 71, 122, 161; — 809, *c*. 234.
    Néoptolémos : *id.*, 808, *c*. 47, 80 ; — 809, *d*. 183, 217.
    . Cléocharès : *id.* 804 B, *a*. 3 C; — 809, *c*. 47.
    Nikératos : *id.*, 798, *a*. 8; — 807, *b*. 2; — 809, *c*. 20; *d*. 113; — 811, *b*. 163; *d*. 80, 107, 113.
3. *C. I. G. S.*, I, 4254.

Une chose du moins est certaine : ils ne sont pas nommés
à raison d'un par tribu. En effet nous connaissons, par d'autres
inscriptions, le dème de huit d'entre eux :

Φανόδημος Διύλλου Θυμαιτάδης appartient à la tribu	'Ιπποθωντίς (8).	
Λυκοῦργος Λυκόφρονος Βατῆθεν	—	Αἰγηίς (2).
Δημάδης Δημέου Παιανιεύς	—	Πανδιονίς (3).
Κλέαρχος Ναυσικλέους Αἰγιλιεύς	—	'Αντιοχίς (10).
Γλαυκέτης Γλαύκου ἐξ Οἴου	—	'Ιπποθωντίς ou Λεων-τίς (8 ou 4).
Νεοπτόλεμος 'Αντικλέους Μελιτεύς	—	Κεκροπίς (7).
Κλεοχάρης Γλαυκέτου Κηφισιεύς	—	'Ερεχθηίς (1).
Νικήρατος Νικίου Κυδαντίδης	—	Αἰγηίς (2).

Les tribus, on le voit, ne sont pas dans leur ordre régulier,
et une au moins, l'Αἰγηίς, fournit deux hiéropes. Nous sommes
donc amenés à supposer une élection ἐξ ἀπάντων 'Αθηναίων;
mais il est clair aussi qu'Athènes ne choisissait pas pour la
représenter à Delphes les premiers venus de ses citoyens.
Parmi ces ἱεροποιοί, les uns, comme Lycurgue et Démade,
jouent un rôle considérable dans la politique ; d'autres appartiennent aux premières familles, comme Νικήρατος Νικίου,
l'arrière-petit-fils du commandant de l'expédition de Sicile.
Peut-être tenait-on compte aussi de leur piété ; car nous voyons,
par exemple, Néoptolémos dorer à ses frais l'autel d'Apollon
Patrôos, sur l'agora, et Lycurgue, à cette occasion, lui faire
décerner une couronne et une statue[1]. Mais c'est la fortune,
avant tout, qui paraît avoir décidé de l'élection. Six de ces
hiéropes, à notre connaissance, ont participé aux dépenses
de la marine ; et, pour quelques-uns, pour Neoptolémos[2] et
Nikératos[3] en particulier, nous savons, par Démosthène, qu'ils
étaient très riches et tenaient à honneur de remplir dignement tous leurs devoirs envers leur patrie.

---

1. *Vie des X Orat.* (Plut., p. 843, f.) : ἔγραψε δὲ (Λυκοῦργος) καὶ Νεοπτόλεμον
'Αντικλέους στεφανῶσαι καὶ εἰκόνα ἀναθεῖναι, ὅτι ἐπηγγείλατο χρυσώσειν τὸν
βωμὸν τοῦ 'Απόλλωνος ἐν ἀγορᾷ κατὰ τὴν μαντείαν τοῦ θεοῦ.

2. Dém., *Cour.*, 114 : εἶθ' οὑτοσὶ Νεοπτόλεμος πολλῶν ἔργων ἐπιστάτης ὤν,
ἐφ' οἷς ἐπέδωκε, τετίμηται ; — id., *Mid.*, 215 : ... Νεοπτόλεμον καὶ Μνησαρχίδον
καὶ Φιλιππίδου καί τινος τῶν σφόδρα τούτων πλουσίων δεομένων καὶ ἐμοῦ καὶ
ὑμῶν.

3. Dém., *Mid.*, 165 : Οὐ μὴν Νικήρατος γ' οὕτως ὁ τοῦ Νικίου, ὁ ἀγαπητός, ὁ
ἄπαις, ὁ παντάπασιν ἀσθενὴς τῷ σώματι, οὐδ'..., οὐδ'..., οὐχ οὕτως· ἀλλ' αὐτῶν
ἕκαστος ἑκὼν ἐπιδοὺς τριήρη οὐκ ἀπέδρα ταύτῃ τὴν στρατείαν, ἀλλὰ τὴν μὲν ἐν
χάριτος μέρει καὶ δωρεᾶς παρεῖχον πλέουσαν τῇ πόλει, οὗ δ' ὁ νόμος προσέταττεν,
ἐνταῦθα τοῖς σώμασιν αὐτοὶ λειτουργεῖν ἠξίουν.

Reste à nous demander la date, au moins approximative, de cette inscription. Évidemment nous avons affaire ici à des hommes d'âge assez différent; car Phanodémos propose un décret dans le Conseil, à la suite des grandes Dionysies de 343[1], et Cléarchos, en 319, est envoyé comme ambassadeur, avec Phocion et Conon, auprès de Nicanor, gouverneur macédonien de Munychie, quand celui-ci a mis la main sur le Pirée et menace les approvisionnements d'Athènes[2].

La présence de Lycurgue nous fournit un point de repère au-delà duquel il nous est impossible de descendre; Lycurgue en effet meurt dans le courant de l'année 324, entre les débats sur les honneurs à rendre à Alexandre et le procès d'Harpale. Nous n'avons pas malheureusement, dans l'autre sens, de limite aussi certaine; mais peut-être faut-il tenir compte de l'union, dans la même théorie, de Lycurgue et de Démade, c'est-à-dire des représentants de deux politiques opposées, l'un ennemi déclaré de la Macédoine, l'autre partisan de la paix à tout prix, sinon vendu à Alexandre. Même pour une cérémonie religieuse, il paraît difficile d'admettre que le peuple athénien ait porté à la fois ses suffrages sur deux hommes d'opinions si contraires, à une époque où ils auraient été en lutte ouverte l'un contre l'autre. Cela admis, notre inscription ne peut guère se placer avant l'époque où la révolte d'Agis a été écrasée par Antipater, où Alexandre a réglé avec modération le sort de Sparte, où, par suite, la tension des esprits s'est relâchée dans toute la Grèce, et où il se produit, à Athènes en particulier, un rapprochement sensible entre les partis, c'est-à-dire qu'elle doit dater de 330 au plus tôt.

Ce n'est là, bien entendu, qu'une hypothèse; mais comme, d'une part, les comptes de la marine où se retrouvent à la fois le plus grand nombre de nos hiéropes sont ceux des années 326 et 325; et que, d'autre part, Phanodémos, Lycurgue, Démade et Nikératos ont été nommés ensemble épimélètes pour les Amphiaraia, en 329, il devient assez vraisemblable de placer la dédicace de Delphes entre 330 et 324[3].

---

1. *C. I. A.*, II, 114.
2. Diod. de Sic., XVIII, 64, 5.
3. Si l'on aspire à plus de précision, on ne peut que multiplier les hypothèses. J'avais songé à rattacher cette dédicace à l'achèvement du temple de Delphes (article cité, p. 677); cf., à ce sujet, les remarques de M. Homolle (*B. C. H.*, 1896, p. 69J).

LA THÉORIE ATHÉNIENNE À DELPHES,
VERS LA FIN DU IIᵉ SIÈCLE AVANT JÉSUS-CHRIST

GROUPEMENT DE NOMBREUSES LISTES DANS QUATRE PYTHAÏDES ; LEURS DATES.

A présent, nous devons faire un saut de près de deux siècles pour retrouver trace, à Delphes, de la Pythaïde. Les inscriptions qui s'y rapportent proviennent toutes du Trésor des Athéniens : nous avons là un certain nombre de décrets rendus par les Delphiens en faveur d'un personnage ou d'un groupe de personnages venus d'Athènes, mais surtout beaucoup de listes et de fragments de listes contenant, avec leur qualité, les noms des membres de la Pythaïde. Grâce à ces textes, nous pouvons nous représenter d'une façon assez précise la composition de cette théorie. En effet, au lieu de se disperser, comme il était à craindre, entre un nombre considérable d'années, où ils auraient risqué de faire double emploi sans se compléter l'un par l'autre, la plupart d'entre eux correspondent seulement à quatre archontats.

Mais d'abord il faut justifier leur groupement ; car nous n'avons pas affaire ici à une série de stèles isolées dont chacune formerait un tout : nos listes étaient gravées sur un mur continu, et l'on ne se faisait aucun scrupule de les commencer sur le côté ou sur le bas d'une pierre, pour les terminer sur une autre placée à droite ou au-dessous. Tous ces morceaux ont été découverts dispersés ; leur rapprochement, une fois trouvé, est assez souvent évident par le sens même qu'il fournit ; mais parfois aussi il ne paraît pas aussi clairement s'imposer à première vue, et demande au moins quelques explications.

1° **Archontat de** Τίμαρχος **à Athènes** = Τιμόκριτος Εὐκλείδα **à Delphes** (nᵒˢ 2; — 3; — 4).

Les inscriptions 2 et 3 étaient datées. Les en-tête, aujourd'hui mutilés, nous donnent seulement :

le premier, Τιμο[......] à Delphes = Τίμαρχος à Athènes ;
le second, Τιμοκρ[..]ος à Delphes = [.......] à Athènes.

Mais comme, dans l'un et dans l'autre, le nom de l'archonte delphien commence par les quatre mêmes lettres, et que, de plus, l'écriture, faite de gros caractères largement espacés, est tout à fait semblable, nous sommes en droit de rapporter les deux textes à la même année.

Je leur joins encore, à cause de la similitude complète de l'écriture, qui ne se retrouve dans aucune inscription datée d'un autre archontat, une liste de noms propres (nᵒ 4) gravée sur deux pierres superposées. Un fait d'ailleurs paraît bien confirmer cette hypothèse. La pierre (Inv. nᵒ 522) qui, sur sa droite, porte le haut de la première de nos deux colonnes, contient à gauche un morceau d'un décret relatif aux artistes dionysiaques (nᵒ 48). Comme nous avons, en grande partie, le reste de ce décret, nous voyons qu'au-dessus de la pierre (Inv. nᵒ 522) court non pas une assise ordinaire posée à plat, mais l'orthostate. Le rapprochement du numéro 4 et du numéro 9 (planche I, *B*) nous en fournit une nouvelle preuve. L'intitulé de nos deux colonnes se trouvait donc, lui aussi, sur l'orthostate ; or c'était déjà le cas pour nos autres textes du même archontat, nᵒˢ 2 et 3.

2° **Archontat de** Διονύσιος μετὰ Λυκίσκον **à Athènes** = Πύρρος **à Delphes** (nᵒˢ 5; — 6; — 7; — 8; — 9; — 10; — 11).

Les inscriptions 6 et 10 sont datées. — La juxtaposition des pierres du numéro 7 et la superposition de celles du numéro 8 ne sont pas douteuses.

Pour le numéro 9, il se répartit sur trois assises, *a*, *b*, *c* ; seul l'intitulé (*a*) est certainement de l'archontat de Dionysios ; mais il faut, je crois, placer au-dessous les assises *b* et *c*. Considérons d'abord ces deux assises sans leur en-tête. Nous avons déjà trouvé, à gauche (archontat de Τίμαρχος), deux colonnes de noms propres gravées de la même main pour ce qui les concerne, et espacées également sur une pierre comme sur l'autre.

Nous en avons maintenant, à droite, trois autres constituant un second groupe dont, sur *a* et sur *b*, l'écriture est encore tout à fait semblable, et l'écartement identique à très peu de chose près. Il semble bien difficile de voir là un simple effet du hasard : *b* et *c* étaient superposées, et *b* était par dessus, comme nous l'indique avec certitude le décret relatif aux artistes dionysiaques (n° 48).

Une objection cependant est à craindre : les listes contenues sur *b* s'arrêtent avant le bas de la pierre. Si elles avaient été gravées au milieu du mur du Trésor, la difficulté serait grande ; mais *b*, nous l'avons vu, fait suite à l'orthostate. Or l'orthostate devait former le bas du mur proprement dit ; du moment où nous trouvons au-dessous plusieurs nouvelles assises, nous ne pouvons guère nous les représenter que comme une sorte de soubassement : elles devaient être en saillie plus ou moins forte les unes sur les autres, d'où, pour le graveur, une difficulté à écrire jusqu'en bas d'abord de l'orthostate, et ensuite des assises inférieures. En effet, dans l'inscription n° 48, il reste place au moins pour une ligne au bas de l'orthostate ; de même, dans notre intitulé des éphèbes, la dernière ligne ne comprend qu'un seul mot. L'espace, il est vrai, est plus grand entre *b* et *c* ; mais peut-être faut-il en conclure simplement que la seconde assise faisait une saillie plus marquée sur la première que celle-ci sur l'orthostate.

Si cette explication est exacte, elle nous conduit à placer *b* et *c* au-dessous de *a* et à y voir la liste des éphèbes de la pythaïde de Dionysios. L'écriture confirme cette hypothèse. De plus, dans l'intitulé, tous les magistrats, prêtres, officiers, etc., chargés de l'instruction des éphèbes sont énumérés au génitif ; or, à la fin de la dernière colonne, nous retrouvons de nouveaux génitifs : γυμνασιαρχοῦντος ἐν Δελφοῖς, ... ἐφηβευόντων δὲ.... La superposition de *a*, *b*, *c* paraît donc tout à fait vraisemblable.

Pour le numéro 5, un doute peut se présenter d'abord au sujet de son attribution à la même Pythaïde. L'archonte y est appelé simplement Διονύσιος ; or, vers la fin du II° siècle, nous connaissons plusieurs archontes de ce nom. S'il s'agissait d'un Διονύσιος autre que Διονύσιος μετὰ Λυκίσκον, ce fragment serait le seul à rapporter à son année. Au contraire, l'écriture est celle dont on s'est servi pour tous les textes de Διονύσιος μετὰ Λυκίσκον. La gravure du titre n'est pas la même ; mais une différence toute semblable se retrouve dans le numéro 6.

L'inscription publiée par M. Couve (*B. C. H.*, XVIII, 1894, p. 91, premier texte = n° 11), et datée de l'archonte delphien Πύρρος, est de la même année.

3° Archontat d'Ἀγαθοκλῆς à Athènes = Ξενοκράτης Ἀγησιλάου à Delphes (n°ˢ 12; — 13, *a;* 13, *b;* — 14; — 15; — 16; — 17; — 18; — 19; — 20).

Nos fragments pour l'archontat d'Agathoclès sont nombreux : leur rapprochement cependant et leur répartition sont assez sûrs, au moins pour la plupart.

Considérons d'abord les cavaliers (n° 15) : d'après l'aspect de l'écriture, et grâce à l'énumération des tribus dans leur ordre officiel, ce groupe se reconstitue sans peine et avec certitude.

Mais il entraîne des juxtapositions et des superpositions de pierres qui nous donnent, à droite, la première colonne entière et le haut des deux colonnes suivantes des éphèbes (n° 16). Je complète leur liste par la pierre n° 1471 de l'Inventaire ; car elle a même hauteur que sa voisine (38 centimètres), même nombre de lignes (20), même vide au bas de ces vingt lignes ; et sa dernière colonne, beaucoup plus courte, nous donne un nombre fort admissible de παιδευταί.

Pas de difficultés pour les πυθαισταὶ κληρωτοί (n° 14).

Il nous reste maintenant, à gauche de la pierre inférieure des cavaliers, une colonne de noms propres. A côté d'elle, il faut, je crois, placer l'inscription publiée par M. Nikitsky dans l'*Hermès* (1893, p. 620) ; nous reconstituons ainsi une assise d'une même liste en trois colonnes (n° 17). En effet examinons de près la gravure de ce texte : la pierre a été réglée à l'avance, mais sans une exactitude parfaite. Jusqu'au nom de Θεοδωρίδης (col. 3) le réglage correspond exactement à celui des cavaliers : les lignes ont 8 millimètres ; l'interligne 7 millimètres. Mais, entre Θεοδωρίδης et Εὐαγίων, cet intervalle, par erreur, est réduit à 4 millimètres ; or, la même différence se retrouve dans les deux colonnes de droite de l'inscription de M. Nikitsky. De plus, la ligne 8 de la seconde colonne se complète fort bien par le rapprochement des deux pierres et donne le nom [Ἑρ]μοκράτης Ἀσκλα[πί]ωνος, dont l'homonyme se retrouve dans le numéro 25 (col. 1, l. 12). Nous avons donc là une juxtaposition très vraisemblable. A la fin, il est vrai, les lignes ne se répondent plus exactement dans les trois colonnes :

le graveur, dans la première, en écrivant le nom de Παράμονος, a sauté une ligne de son réglage ; il n'a pas corrigé cette erreur dans la seconde parce que, dans l'espace correspondant, il venait de tracer un faux trait en écrivant la ligne précédente ; mais, dans la troisième colonne, il a enfin repris l'interligne régulier. Ce n'est donc pas une raison suffisante pour se refuser à voir là deux morceaux d'une même pierre.

Si notre rapprochement est exact, la première colonne de l'inscription de M. Nikitsky, bien plus importante (n° 13, *b*), appartient encore à la pythaïde d'Agathoclès. Et au-dessus nous placerons la liste datée qui commence par le stratège ἐπὶ τοὺς ὁπλίτας (n° 13, *a*) ; car la disposition y est la même : les titres, en général, sortent de 2 centimètres sur le texte.

Le fragment n° 12 est daté, mais sans qu'on puisse préciser sa place, par la mention d'Agathoclès avec le titre d'archithéore. Il en est de même du numéro 18.

A la même pythaïde se rattachent encore les deux proxénies, n° 19 et n° 20 (= *C. I. A.*, II, 550), où figure le nom de l'archonte delphien Xénocratès.

4° **Archontat d''Aργεῖος**] **à Athènes, = Μέντωρ à Delphes** (n°ˢ 21 ; — 22 ; — 23, *a* ; 23, *b* ; — 24 ; — 25 ; — 26 ; — 27 ; — 28).

Les inscriptions 21, 22, 26 et 28 portent le nom de l'archonte.

Le rapprochement des pierres Inv. 568, 1585 et 1508 n'est pas douteux. Dès lors, la liste de théores (n° 23, *a*), comprise entre deux textes datés d'Argeios, doit être aussi de la même année. Je place au-dessous Inv. 1457, parce que l'écriture, comme la disposition des titres, y est semblable, et qu'il n'y a rien immédiatement à gauche ni à droite de cette colonne.

Pour les éphèbes (n° 25), les quatre colonnes du haut vont sûrement ensemble. Je complète la deuxième et la troisième par Inv. 313 ; car la gravure et l'écartement des colonnes correspondent à la pierre du haut. De plus, nous avons même hauteur d'assise (37ᶜᵐ,5) que pour Inv. 1457. Si ce premier rapprochement est exact, nous devons, je crois, placer au-dessous de la première colonne le fragment Inv. 217 ; car cette pierre aussi mesure 37ᶜᵐ,5 ; de plus, nous y voyons, dans le bas, une couronne et une inscription tout à fait semblables à celles de Inv. 313, et, dans le haut, six noms, comme dans la colonne de gauche de Inv. 313. Là, il est vrai, celle de droite en compte sept ; mais c'était pour terminer la liste des éphèbes et commencer, en haut de la dernière colonne, celle des παιδευταί.

Il nous reste maintenant, entre les canéphores et les éphèbes, une liste dont nous avons les débris sur trois pierres (n° 24). D'abord, pour la partie supérieure, la droite de Inv. 1508 et la gauche de Inv. 1406 doivent appartenir à la même inscription ; car les lignes y correspondent exactement de l'une à l'autre. Mais il pourrait manquer entre ces deux morceaux une ou plusieurs colonnes. Je ne le crois pas ; car nous aurions alors au moins trois fragments, dont l'ensemble formerait deux pierres trop étroites ou une seule pierre beaucoup trop large par rapport à la moyenne des autres. — Quant à la partie inférieure, il nous faut sans doute la constituer avec Inv. 1538 : car sa hauteur est encore 37ᶜᵐ,5 ; nous y retrouvons, dans le bas, le même genre de couronne que sur Inv. 313 et Inv. 217 ; et enfin nous avons au-dessus l'extrémité d'une liste qui contenait seulement deux colonnes, puisque la seconde y est sensiblement plus courte que la première.

Le numéro 27 n'est pas daté par le nom de l'archonte ; mais l'archithéore Σαραπίων Σαραπίωνος est précisément le chef de la pythaïde sous Argeios.

Dans les archontats précédents, il nous suffisait de rapprocher les textes relatifs à Τίμαρχος, à Διονύσιος μετὰ Λυκίσκου ou à 'Αγαθοκλῆς pour être assurés d'avoir affaire à une même pythaïde. Nous rencontrons ici une difficulté de plus : 'Αργεῖος a été archonte à Athènes deux années de suite ; on est donc en droit de se demander si nos inscriptions ne se partagent pas entre ses deux magistratures ; et précisément nous voyons, par la liste des prémices de la première ennéétéride (*C. I. A.*, II, 985), que les neuf archontes énumérés dans le numéro 22 sont ceux de l'année 97/6[1], tandis que Σαραπίων Σαραπίωνος, désigné dans le numéro 24 comme στρατηγὸς ἐπὶ τὰ ὅπλα, remplit cette fonction en 96/5[2]. Malgré cela, je reste disposé à attribuer tous nos textes au premier archontat d'Argeios. Sans doute Σαραπίων Σαραπίωνος est στρατηγὸς ἐπὶ τὰ ὅπλα en 96/5 ; mais il a pu l'être aussi en 97/6 ; car les stratèges étaient rééligibles. Par malheur, il nous manque, dans l'inscription des prémices, le début de la liste d''Αργεῖος I. Y placer Σαραπίων, c'est, bien

1. *C. I. A.*, II, 985 : *D*, II, 24 et sqq.
2. *Ibid.*, *D*, II, 32.

entendu, recourir à une hypothèse; mais, en ne l'admettant pas, on se trouve en présence de ce fait assez surprenant de deux pythaïdes consécutives, en 97 et en 96, tandis que, de Timarchos à Argeios, pour une période de plus de trente ans, il ne nous est rien parvenu en dehors des trois archontats de Τίμαρχος, de Διονύσιος et d'Ἀγαθοκλῆς[1].

Bref, si nos rapprochements sont exacts, toutes les listes et tous les fragments dont nous venons de parler appartiennent seulement à quatre pythaïdes. Reste à en déterminer la date. La chronologie des archontes athéniens, dans la seconde moitié du II° siècle avant Jésus-Christ, a été longtemps fort incertaine; mais, depuis vingt ou vingt-cinq ans, grâce surtout aux fouilles de Délos et à celles de Delphes, qui ont fourni un certain nombre de synchronismes précieux, les recherches se sont multipliées à son sujet. Par exemple, dès 1880, M. Homolle fixait d'une façon, semble-t-il, définitive (bien que ce résultat ait encore été contesté depuis lors) l'archontat d'Argeios I en 97/6[2]. Plus tard, en 1893, il étudiait toute la période où se trouvent comprises nos quatre pythaïdes[3]; et, vers le même temps, M. von Schœffer, dans l'*Encyclopédie* de Pauly-Wissowa, dressait une liste générale des archontes d'Athènes[4]. Les découvertes de Delphes ont ensuite suscité de nouveaux travaux; M. Pomtow qui, depuis longtemps déjà, s'occupait des fastes éponymiques de Delphes, n'a pas manqué de mettre à profit les données nouvelles dues au Trésor des Athéniens[5]. J'ai eu moi-même, à diverses reprises, l'occasion d'aborder ces questions[6]. De son

1. Outre les textes précédemment énumérés, nous avons encore deux morceaux de listes, probablement de canéphores (n° 29) et de cavaliers (n° 30), dont l'écriture est celle d'Ἀγαθοκλῆς; de plus, le commencement mutilé, — sans noms propres, et, par conséquent, sans date, — d'un en-tête que, pour l'histoire de la pythaïde, il eût été fort intéressant de connaître en entier (n° 31): enfin, sur un petit fragment isolé dont l'écriture semble indiquer la fin du II° siècle, la mention de deux ἱεροποιοί (n° 32).

2. *B. C. H.*, IV, 1880, p. 190. (Une dédicace de Délos porte à la fois les noms des consuls romains de cette année, — Cn. Cornelius Lentulus, P. Licinius Crassus, — et de l'épimélète de l'île, Médeios, lequel correspond à l'archontat d'Argeios.) Cf. cependant p. 137.

3. *B. C. H.*, XVII, 1893, p. 145 et sqq. (*Remarques sur la chronologie de quelques archontes athéniens*).

4. Pauly-Wissowa, *Realencyclopädie*, II, 1, article *Archonten*, 1895.

5. *Philologus*, LIV, 1895, p. 211 et sqq. (*Neue Gleichungen attischer und delphischer Archonten*); *Ibid.*, p. 591 et sqq. (*Nachträge zu den attisch-delphischen Archonten*).

6. Par exemple, *B. C. H.*, XXII, 1898, p. 147 et sqq.; — XXIII, 1899, p. 314 et sqq.

côté, M. Ferguson a obtenu des résultats intéressants par une
tout autre voie, en remarquant que les secrétaires du Conseil,
à Athènes, du moins pendant une période assez longue,
n'étaient pas pris au hasard dans l'ensemble des citoyens, mais
choisis alternativement dans chacune des tribus et suivant leur
ordre officiel[1]. Enfin M. Kirchner, à propos du travail de
M. Ferguson, est encore revenu sur cette étude[2]. Après tant
de controverses, on est arrivé sinon à des conclusions absolument sûres, du moins à des approximations suffisantes. Sans
rentrer ici dans le détail des discussions, nous pouvons donc
nous en tenir aux dates adoptées par M. Pomtow dans son
tableau d'ensemble de la chronologie delphique[3]; nos quatre
pythaïdes se répartissent de la façon suivante :

Archontats de

Τίμαρχος à Athènes = Τιμόκριτος Εὐκλείδα à Delphes : vers 134 avant
Jésus-Christ;

Διονύσιος μετὰ Λυκίσκον à Athènes = Πύρρος à Delphes : vers 128 avant
Jésus-Christ;

Ἀγαθοκλῆς à Athènes = Ξενοκράτης Ἀγησιλάου à Delphes : vers 106
avant Jésus-Christ;

Ἀργεῖος (I) à Athènes = Μέντωρ Φιλαιπόλου [4] à Delphes : vers 97
avant Jésus-Christ.

---

1. Ferguson, *The athenian secretaries* (New-York, 1898) ; — *The athenian archons of the third and second centuries before Christ* (1899) = n⁰ˢ VII et X des *Cornell studies in classical philology*.
2. *Gött. gel. Anz.*, 1900, p. 433 et sqq. — Cf. d'ailleurs les tableaux qui terminent le vol. II de la *Prosopographia attica* (1903).
3. Pauly-Wissowa, *Realencycl.*, IV, article *Delphoi* (1901).
4. Pour Τιμόκριτος et Μέντωρ, le nom de leurs pères est donné, non par les textes de la Pythaïde, mais par des actes d'affranchissement.

COMPOSITION DE LA PYTHAÏDE

LES CHEFS : LEUR RÉPARTITION EN DEUX GROUPES.

Nous abordons enfin l'étude du contenu de nos listes. Les questions préliminaires de groupement et de date nous ont retenus assez longtemps; mais elles avaient en soi leur nécessité, et, en outre, elles vont nous fournir l'avantage, — puisque nous avons affaire à quatre années assez voisines, — de réunir en un seul tableau toutes nos données, au lieu de reprendre, pythaïde par pythaïde, l'énumération plus ou moins incomplète des personnages qui y figurent.

Tout d'abord, en tête de la théorie athénienne, il nous faut placer deux groupes, l'un uniquement composé de magistrats, et l'autre où entrent, pour la plus grande part, des gens investis d'une fonction sacerdotale. Du premier nous trouvons l'exemple le plus complet sous Argeios.

N° 22 (Pl. II, *B*) :

Ἐπὶ Ἀργείου ἄρχον[τος Ἀθή]νη[σιν,]
ἐννέα ἄρχοντες οἱ ἀγαγόντες τὴν Πυθ[αΐ]δα·
ἄρχων· Ἀργεῖος Ἀργείου,
βασιλεύς· Ἀρχωνίδης Ναυσιστράτου[1],
πολέμαρχος· Ἀριστίων Εὐδόξου,
θεσμοθέται·
Ἀπολλώνιος Νικάνδρου,
Σκαμάνδριος Ὀλυμπίχου,
Φιλέας Ἐφόρου,

1. Cette liste d'archontes se retrouve dans *C. I. A.*, II, 985. Le βασιλεύς y est appelé Ἀρχωνίδης Ναυκράτου; de même dans notre n° 13, *b* (l. 11) on ne peut suppléer que Ναυ[κ]ράτου, et non Ναυ[σιστ]ράτου. Mais, dans *C. I. A.*, II, 481, l. 82, nous lisons Ναυσίστρατος Ἀρχωνίδου.

Φιλίων Φιλίωνος,
Βούλων Λεωστράτου,
Λακρατείδης Σωστράτου,
κῆρυξ βουλῆς τῆς ἐξ Ἀρείου πάγου·
Πύρρος Πύρρου,

κῆρυξ ἄρχοντος· Σίμων Σίμωνος,
σαλπικτής· Ἀριστόμαχος Δάμαντος.

Ἀρχιθέωρος ἐκ τούτων· Ἀργεῖος Ἀργείου.

Mais nous avons aussi des fragments de textes semblables pour les archontats de Dionysios et d'Agathoclès.

N° 5 (fig. 1) :

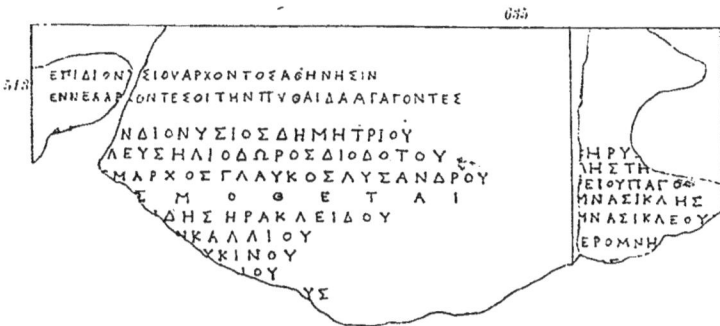

Fig. 1.

Cette pierre faisait partie de l'ante Sud. La bande, à droite, est en saillie de 1cm,7 sur le reste du mur.

Les deux premières lignes sont écrites d'une autre main et en surchage; la première jusqu'à ΘΗΝΗΣΙΝ, la seconde jusqu'à ΓΑΓΟΝΤΕΣ.

Ἐπὶ Διον[υ]σίου ἄρχοντος Ἀθήνησιν,
ἐννέα ἄρ[χ]οντες οἱ τὴν Πυθαΐδα ἀγαγόντες·

[ἄρχω]ν· Διονύσιος Δημητρίου,
[βασι]λεύς· Ἡλιόδωρος Διοδότου,
[πολέ]μαρχος· Γλαῦκος Λυσάνδρου,
   [θε]σμοθέται·
[......]δης Ἡρακλείδου,
[......]ν Καλλίου,
[...........]υκίνου,
[...............]ου,
[...............ο]υς,
....

[Κ]ῆρυ[ξ βου-]
λῆς τῆ[ς ἐξ Ἀ-]
[ρ]είου Πάγο[υ]·
Μνασικλῆς
Μνασικλέου[ς,]
[ἱ]ερομνή[μων·]
..]οσ[.......]
....

N° 12 (*fig.* 2) :

Fɪɢ. 2.

. . . .
[Διοσκου]ρίδ[ης . . . .]
[κῆ]ρυξ ἄρχ[οντος ·]
Λυσίμαχος Ἀθην[. . . . . .]
Ἐκ τούτων ἀρχιθ[έωρος ·]
[Ἀγαθ]οκλῆς Ἀγαθοκλ[έους.]
Τούτων ὑοὶ πυθαϊστ[αί ·]
Θεότιμος Διοσκουρί[δου,]
Σωκράτης Τελεσίου,
[. . .]οκράτης Διονυσίου.

En première ligne, est énuméré au complet le collège des neuf archontes, les magistrats suprêmes de la république; puis vient le héraut de l'Aréopage, fonctionnaire. qui commence à prendre une importance considérable à Athènes. En effet, depuis que les Romains sont les maîtres en Grèce, ils s'efforcent par tous les moyens d'augmenter contre les assemblées populaires l'influence de l'Aréopage, plutôt aristocratique : le κῆρυξ βουλῆς τῆς ἐξ Ἀρείου πάγου paraît avoir été le chef de ce Conseil. Désormais dans les inscriptions on trouve son nom mêlé à celui des archontes et des stratèges; il a un siège réservé au théâtre de Dionysos; il est chargé de la proclamation de certaines couronnes ; et même, semble-t-il, il a un rôle aussi dans l'administration financière[1]. On le prenait souvent parmi les citoyens les plus en vue : ainsi Πύρρος Πύρρου, héraut de l'Aréopage sous Argeios, devient deux ans plus tard premier stratège, στρατηγὸς ἐπὶ τὰ ὅπλα[2].

Le κῆρυξ ἄρχοντος et le σαλπικτής — séparés d'ailleurs sur les

1. Cf. l'indication des textes dans Gilbert (*Handbuch der griech. Staatsalterthümer*, p. 161, n. 5).
2. *C.I.A.*, II, 985 : E, II, 44.

pierres, par un vide sensible, des autres magistrats, — étaient sans doute des sous-ordres attachés à la personne de l'archonte éponyme.

Sous Dionysios, nous voyons encore le hiéromnémon mentionné avec ce premier groupe; il l'est avec le second sous Agathoclès et sous Argeios. Sa présence s'explique assez bien dans l'un comme dans l'autre : d'une part, c'est un fonctionnaire d'ordre civil nommé, probablement au sort, pour représenter les intérêts d'Athènes dans l'amphictyonie; mais d'autre part, dans cette assemblée, si l'on avait parfois, au iv° siècle en particulier, discuté des questions politiques dont les conséquences devaient être si graves pour l'histoire de la Grèce, après 146 il ne pouvait plus guère être abordé d'autres sujets que les intérêts du temple et de l'oracle : le hiéromnémon était donc amené forcément à s'occuper des choses sacrées. — Sa charge doit continuer, comme autrefois, à être annuelle; en tout cas, il varie avec chaque pythaïde, et il en sera de même dans les dodécades, à l'époque impériale.

Le chef de tout ce groupe est l'archonte éponyme : Ἐκ τούτων ἀρχιθέωρος · Ἀγαθοκλῆς Ἀγαθοκλέους (n° 12); — Ἀρχιθέωρος ἐκ τούτων · Ἀργεῖος Ἀργείου (n° 22).

Passons maintenant à l'autre groupe. Là aussi nous avons une liste de personnages énumérés dans un ordre constant.

N° 13, a (Pl. II, A) :

Ἀγαθῆι τύχηι τῆ[ς βουλῆ]ς κ[αὶ τ]οῦ δήμου
τοῦ ['Α]θηναίων. ['Επὶ ἄρχο]ντ[ο]ς ἐν Δελφοῖς
Ξε[ν]οκράτου[ς, ἐν δὲ] 'Αθή[ν]αις 'Αγαθο-
κ[λέου]ς, στρ[ατηγ]οῦντ[ο]ς ἐπὶ τοὺς
[ὁπλίτας. Διονυσίο]υ τοῦ [Δη]μητρίου,
ἱερέ[ως δὲ τοῦ 'Απ]όλλωνος Λυσίου
τοῦ 'Αρτέ[μω]νος, ἐξηγητοῦ δὲ πυθ[ο-]
χρήστου Φαίδρου τοῦ 'Αττάλου, καὶ τοῦ
ὑπὸ τοῦ δήμου καθεσταμένου ἐξηγητοῦ
Καλλίου τοῦ Ἄβρωνος,   οἵδε ἤγαγον τὴν Πυθαΐδα ·
στρατηγὸς ἐπὶ τοὺς ὁπλίτας ·
Διονύσιος Δημητρίου,
ἱερεὺς 'Απόλλωνος ·

Λυσίας Ἀρτέμωνος,
ἐξηγητὴς πυθόχρηστος·
Φαῖδρος Ἀττάλου,
ἐξηγητὴς ὁ ὑπὸ τοῦ δήμου καθεσταμ[ένος·]
Καλλίας Ἅβρωνος,
ἱερο(ο)μνήμων· Ἀσκλαπίων Κίττου,
οἱ ἐπὶ τὰς προσόδους·
Εἰρηναῖος Εἰρηναίου·,
Ἀπολλ[ώνιος] Ἀπολ[.......]

N° 21 (fig. 3) :

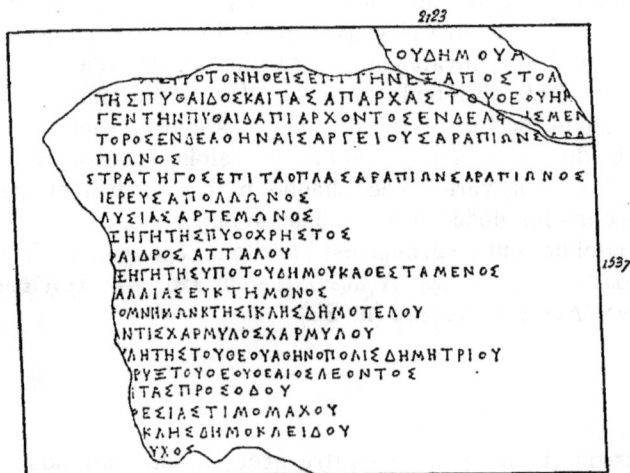

Fig. 3.

L. 4 : ΠΥΘΑΙΔΑΠΙ (sic).
L. 18 : ΤΑΣΠΡΟΣΟΔΟΥ. Le Σ final de προσόδους n'a pas été écrit sur la pierre. Il est cependant difficile de voir là un génitif singulier; et d'ailleurs dans le n° 13, a (l. 21), la forme employée est bien : οἱ ἐπὶ τὰς προσόδους.

[Ἀγαθῇ τύχηι τῆς βουλῆς καὶ τ]οῦ δήμου Ἀ[θηναί-]
[ων. Ὁ χει]ροτονηθεὶς ἐπὶ τὴν ἐξαποστολ[ὴν]
τῆς Πυθαίδος καὶ τὰς ἀπαρχὰς τοῦ θεοῦ ἤ[γα-]
γεν τὴν Πυθαίδα, (ἐ)πὶ ἄρχοντος ἐν Δελφ[ο]ῖς Μέντορος, ἐν δὲ Ἀθήναις Ἀργείου· Σαραπίων Σαραπίωνος.
Στρατηγὸς ἐπὶ τὰ ὅπλα· Σαραπίων Σαραπίωνος,
ἱερεὺς Ἀπόλλωνος·
Λυσίας Ἀρτέμωνος,

1. Nous trouverons plus loin un décret en l'honneur de ce personnage (n° 19).

[ἐ]ξηγητὴς πυθόχρηστος·
[Φ]αῖδρος 'Αττάλου,
[ἐ]ξηγητὴς ὑπὸ τοῦ δήμου καθεσταμένος·
[Κ]αλλίας Εὐκτήμονος,
[ἱε]ρομνήμων· Κτησικλῆς Δημοτέλου,
[μά]ντις· Χαρμύλος Χαρμύλου,
[αὐ]λητὴς τοῦ θεοῦ· 'Αθηνόπολις Δημητρίου,
[κῆ]ρυξ τοῦ θεοῦ· Θεαῖος Λέοντος,
[οἱ ἐπ]ὶ τὰς προσόδου(ς)·
['Τελ]εσίας Τιμομάχου,
['Τιμο]κλῆς Δημοκλείδου[1],
[.....ο]ῦχος[2].
. . . .

Le premier stratège (στρατηγὸς ἐπὶ τὰ ὅπλα ou ἐπὶ τοὺς ὁπλίτας), comme le héraut de l'Aréopage, commence dès cette époque à prendre une importance très considérable. Déjà en effet il apparait comme éponyme [3], au même titre que l'ἄρχων ; il concentre entre ses mains l'autorité du collège entier des stratèges ; il dispose de toutes les forces militaires de l'Etat ; et bientôt, quand il aura de plus le soin de l'approvisionnement de la ville, la surveillance des esclaves publics et la direction des écoles, il sera le véritable chef du gouvernement. Ici, par exemple, Σαραπίων Σαραπίωνος, premier stratège en 97, a déjà rempli les mêmes fonctions en 101 [4] ; il a été épimélète de Délos en 99 [5] ; et, en 96, non seulement il sera de nouveau στρατηγὸς ἐπὶ τὰ ὅπλα, mais il aura encore en même temps la charge d'agonothète pour quatre fêtes [6].

Le ἱερεὺς 'Απόλλωνος dont il s'agit ensuite est naturellement le prêtre d'Apollon Pythien à Athènes. Le même nom se retrouvant sous Agathoclès et sous Argeios, on pourrait déjà induire de ce fait que la prêtrise était à vie ; mais nous le

---

1. Nous trouvons un Τελεσίας Τιμομάχου et un Τιμοκλῆς Δημοκλείδου parmi les éphèbes de l'archontat de Dionysios (n° 9, col. I, l. 15 et col II, l. 22).
2. Si ce mot isolé représente, comme il le semble, non pas le nom d'un troisième personnage préposé aux πρόσοδοι, mais l'indication d'une charge d'ordre inférieur, il nous faut supposer ensuite une dernière ligne perdue, contenant le nom du fonctionnaire. — Dans aucun autre de nos textes nous ne retrouvons la mention d'un [....ο]ῦχος. Peut-être s'agit-il d'un ῥαβδοῦχος, semblable à tous ceux qui doivent assurer le bon ordre parmi la foule près de l'oracle d'Apollon Coropaios (Athen. Mitth., VII, 1882, p. 69 et sqq.).
3. C. I. A., II, 593, l. 9; — Wescher-Foucart, Inscript. recueillies à Delphes, n° 424.
4. C. I. A., II, 985 : D, 19.
5. Ibid. : E, 64.
6. Ibid. : D, II, 32 et sqq.

savons d'ailleurs par une inscription du *Corpus* où on lit :
ἱερεὺς Ἀπόλλωνος διὰ βίου · Λυσίας Ἀρτέμωνος Παιανιεύς [1].

Viennent maintenant deux exégètes, nommés l'un ἐξηγητὴς πυθόχρηστος, l'autre ἐξηγητὴς ὁ ὑπὸ τοῦ δήμου καθεσταμένος. Nos renseignements sur les divers exégètes d'Athènes sont assez peu précis [2]. Dans les auteurs, le texte le plus complet à leur sujet est la définition de Suidas, qui se répète mot pour mot en partie dans le lexique de Timée, en partie dans Harpocration [3] ; mais on n'est pas d'accord sur la ponctuation qu'il convient d'y adopter ; et, de toute façon, le sens est loin d'en être clair. Une seule chose, en somme, nous est assurée, grâce au témoignage des inscriptions : il y avait bien, au service de l'Etat, trois sortes d'exégètes, un ἐξηγητὴς πυθόχρηστος, un ἐξηγητὴς ἐξ Εὐπατριδῶν χειροτονητὸς ὑπὸ τοῦ δήμου διὰ βίου [4], et un ἐξηγητὴς ἐξ Εὐμολπιδῶν ou ἐκ τοῦ γένους τοῦ Εὐμολπιδῶν [5]. De là on a voulu parfois conclure à l'existence de trois cultes desservis par les différents exégètes : ceux-ci auraient répondu aux trois divinités invoquées dans les serments des magistrats comme dans la plupart des actes de la vie civile et internationale, Apollon, Zeus et Déméter. La théorie était assez séduisante ; malheureusement elle expliquerait mal aujourd'hui le rôle d'un exégète de Zeus dans la pythaïde consacrée à Apollon. Les exégètes pris parmi les Eumolpides se rattachaient manifestement à

---

1. *C. I. A.*, II, 1047, l. 21. — Cette inscription, dont l'en-tête est perdu, se compose d'une série de noms propres gravés en plusieurs fois. Je ne sais si elle a trait au culte d'Apollon Pythien. En tout cas, le seul personnage dont la fonction y soit mentionnée est le prêtre d'Apollon, Λυσίας Ἀρτέμωνος ; et, parmi les autres noms, plus du tiers se retrouve à Delphes dans différentes listes de nos quatre archontats. Mais c'est aux titres les plus divers (comme magistrats, comme pythaïstes, comme théores, comme cavaliers ou comme éphèbes).

2. Cf. Schöll (*Hermès*, XXII, 1887, p. 562 et sqq.) ; — Töpffer (*ibid.*, p. 479 et sqq.) ; — Töpffer (*Att. Geneal.*, p. 69 et sqq.) ; — S. Reinach, article *Exegetae* dans le *Dictionnaire des Antiq.* de Daremberg-Saglio. — La question a été reprise récemment par P. Foucart : *les Grands mystères d'Eleusis*, II (*Personnel, Cérémonies*, 1900), p. 79 et sqq.

3. Suidas, *s. v.* : Ἐξηγηταὶ τρεῖς γίνονται. Πυθόχρηστοι οἷς μέλει καθαίρειν τοὺς ἄγει τινὶ ἐνισχεθέντας, καὶ οἱ ἐξηγούμενοι τὰ πάτρια..... Ἐξηγητὴς ἰδίως ὁ ἐξηγούμενος τὰ ἱερά· ἔστι δὲ ἃ πρὸς τοὺς κατοιχομένους νομιζόμενα ἐξηγοῦνται τοῖς δεομένοις...

4. L'un et l'autre ont leur siège réservé au théâtre de Dionysios (*C. I. A.*, III, 241 et 267).

5. *C. I. A*, III, 720 ; Ἐφημ. ἀρχ., 1887, p. 110. — Il est question aussi d'un ἐξηγητὴς μυστηρίων (*B. C. H.*, VI, 1882, p. 436), mais seulement à l'époque impériale. Quant aux ἐξηγηταὶ Εὐμολπιδῶν nommés dans les comptes de 328 (*C. I. A.*, II, 834 b, l. 41), ils paraissent avoir été simplement au service de la famille des Eumolpides, non de l'Etat.

Eleusis ; aussi ne figurent-ils jamais à Delphes. Si au contraire nous y relevons la présence simultanée des deux autres, ne serait-ce pas alors qu'ils étaient en relations l'un et l'autre avec Apollon ?

Notons, du reste, entre eux un lien ignoré jusqu'ici : tous les deux sont des Eupatrides. Le fait n'est pas douteux à l'époque impériale : à ce moment, nous rencontrerons constamment les formules πυθόχρηστος ἐξ Εὐπατριδῶν ἐξηγητής, et ὁ ὑπὸ τοῦ δήμου καθεσταμένος ἐξ Εὐπατριδῶν ἐξηγητής (cf. n° 57 et suiv.). Il devait déjà en être de même au IIᵉ siècle. Car (excepté Φαῖδρος Ἀττάλου, dont le nom ne se retrouve ni dans le *Corpus* ni dans les textes delphiques), nos autres exégètes, Ὀφέλας Ἄβρωνος (ἐξηγητὴς πυθόχρηστος), comme Καλλίας Ἄβρωνος et Καλλίας Εὐκτήμονος (ἐξηγηταὶ ὑπὸ τοῦ δήμου καθεσταμένοι) appartiennent à la famille dont l'arbre généalogique a été dressé par M. Köhler[1]. Or c'est là sûrement une branche des Eupatrides, puisque nous voyons désignés comme πυθάϊσται ἐξ Εὐπατριδῶν, sous Agathoclès (n° 13, *b*, l. 4-5), Καλλίας Εὐκτήμονος et un Ἄβρων Καλλίου.

Sur un autre point encore, il est vraisemblable de rapporter au IIᵉ siècle ce qui est certain sous l'Empire : la charge d'exégète était sans doute déjà donnée à vie ; car Φαῖδρος Ἀττάλου reste en fonctions sous Argeios comme sous Agathoclès.

Pour le mode de nomination de ces magistrats, nous n'avons qu'un seul renseignement positif : l'exégète désigné par le peuple était élu d'après un vote à mains levées[2]. On cite, il est vrai, afin de préciser cette indication, un passage assez obscur des *Lois*[3] où Platon propose que les tribus indiquent douze candidats ; parmi eux, les trois citoyens qui auront eu le plus de voix subiront la dokimasie de la part des autres ; puis ils iront à Delphes où le dieu, par un dernier choix, décidera de l'élection définitive. Sans doute la République idéale de Platon est souvent façonnée sur le modèle de l'Etat athénien ; mais je ne sais trop ici quelle confiance il nous faut accorder à cette

---

1. *C. I. A.*, II, vol. I, p. 223.
2. *C. I A.*, III, 267. — Cf. notre n° 60.
3. Platon, *Lois*, VI, p. 759 *d* : τοὺς δὲ ἐξηγητὰς τρὶς φερέτωσαν μὲν αἱ τέτταρες φυλαὶ τέτταρας, ἕκαστον ἐξ αὑτῶν, τρεῖς δὲ, οἷς ἂν πλείστη γένηται ψῆφος, δοκιμάσαντας ἐννέα πέμπειν εἰς Δελφοὺς ἀνελεῖν ἐξ ἑκάστης τριάδος ἕνα. — Et, un peu avant : κατ' ἐνιαυτὸν δὲ εἶναι καὶ μὴ μακρότερον τὴν ἱερωσύνην ἑκάστην, ἔτη δὲ μὴ ἔλαττον ἑξήκοντα ἡμῖν εἴη γεγονὼς ὁ μέλλων καθ' ἱεροὺς νόμους περὶ τὰ θεῖα ἱκανῶς ἁγιστεύσειν.

procédure minutieuse ; car, deux ou trois lignes plus haut, Platon
veut que son prêtre soit annuel et jamais âgé de moins de
soixante ans. De ces deux conditions, la première au moins ne
correspond nullement à la réalité.

En somme, nous apprenons par les textes delphiques deux
choses nouvelles : nos deux exégètes étaient en rapports avec
Apollon, et membres l'un et l'autre de la famille des Eupatrides.
Il est bien probable que le premier était nommé directement
par les Eupatrides ; d'après cela, il est possible qu'il ait eu
sur l'autre une certaine prééminence. En tout cas, il est régulièrement cité avant lui, et il figure sans son collègue dans le
grand intitulé de l'inscription éphébique de Dionysios (n° 9).
Cette préséance semble indiquer pour l'ἐξηγητὴς πυθόχρηστος des
attributions spéciales ; mais nous ignorons absolument de
quelle manière les deux exégètes se partageaient les devoirs
de leur charge, c'est-à-dire l'interprétation du droit sacré,
des vieilles prescriptions religieuses, et, en particulier, des
oracles delphiques.

Je ne reviens pas sur le rôle du hiéromnémon : Ἀσκλαπίων
Κίττου et Κτησικλῆς Δημοτέλου sont inconnus.

Le μάντις avait évidemment pour mission de s'assurer, en
observant certains signes, de l'assentiment d'Apollon aux
cérémonies célébrées en son honneur. Dans le passage de
Philochore auquel nous avons déjà fait allusion[1], nous voyons
un μάντις, pendant toute la durée de la Pythaïde, offrir chaque
jour un sacrifice dans le Pythion d'Œnoé. Celui-là restait donc
en Attique. Il ressort de nos listes qu'un autre venait à
Delphes. Il devait être nommé à vie ; car Χαρμύλος Χαρμύλου
est en fonctions sous Agathoclès et sous Argeios.

L'αὐλητὴς τοῦ θεοῦ et le κῆρυξ τοῦ θεοῦ répondaient, dans le
groupe des prêtres, au κῆρυξ ἄρχοντος dans celui des magistrats.

Restent, — en laissant de côté le [....ο]ὖχος, dont l'interprétation comme ῥαβδοῦχος, chargé de maintenir l'ordre dans la
procession, demeure évidemment trop incertaine, — les deux
personnages nommés οἱ ἐπὶ τὰς προσόδους : ils étaient sans doute
chargés de percevoir certains revenus affectés régulièrement
à Apollon Pythien. Peut-être s'agit-il là de revenus en nature ;

---

1. Philochore (dans scol. Soph., *OEd. à Col.*, 1047) : .... θύει δὲ ὁ μάντις,
ὅταν μὲν τὰ εἰς Δελφοὺς πόμπιμα γένηται καὶ θεωρία πέμπηται, ἐν Οἰνόῃ καθ'
ἑκάστην ἡμέραν ἐν τῷ Πυθίῳ.

en tout cas, comme il existe, pour les mêmes pythaïdes, un personnage appelé ὁ ἐπὶ τὰς ἀπαρχάς[1], les πρόσοδοι devaient être une chose différente des ἀπαρχαί. Or celles-ci (nous le voyons par le numéro 985 du *C. I. A.*, II) étaient payées en argent.

Voilà les chefs de la Pythaïde, expressément désignés comme tels dans l'intitulé : οἱ ἀγαγόντες τὴν Πυθαΐδα (n° 22), ou οἵδε ἤγαγον τὴν Πυθαΐδα (n° 13, *a*). Ce sont des fonctionnaires d'ordre civil ou religieux, ayant tous dans l'État une situation officielle, quelques-uns même fort élevée. L'ἄρχων est à la tête du premier groupe ; le στρατηγὸς ἐπὶ τὰ ὅπλα à la tête du second. Quant à la direction suprême de la théorie, elle pouvait, semble-t-il, revenir indifféremment à l'un ou à l'autre d'entre eux. Du moins, sous l'archontat d'Ἀργεῖος, ce rôle appartient au stratège Σαραπίων Σαραπίωνος, avec le titre de χειροτονηθεὶς ἐπὶ τὴν ἐξαποστολὴν τῆς πυθαΐδος καὶ τὰς ἀπαρχὰς τοῦ θεοῦ (n° 21) ; aussi le retrouvons-nous comme archithéore d'autres groupes, par exemple de celui des pythaïstes (n° 27). Sous Agathoclès, au contraire, Agathoclès lui-même est à la tête de presque toutes les fractions de la pythaïde (n° 12, archontes ; 14, pythaïstes ; 18, théores) ; et, par conséquent, il paraît bien avoir joué le premier rôle dans la théorie de son année.

LE CORPS DE LA PYTHAIDE : THÉORES ET PYTHAISTES.

Le corps même de la Pythaïde était formé par les pythaïstes et les théores : ils sont en effet désignés les uns et les autres comme συμπέμποντες τὴν Πυθαΐδα, c'est-à-dire que tous ensemble ils constituent, à proprement parler, la πομπή appelée Πυθαΐς. Mais quelle distinction convient-il d'établir entre eux ? Il est assez malaisé d'en décider ; car les textes, nous l'avons dit,

1. Nous trouvons deux fois la mention de ce titre : 1° sous Dionysios, Διοκλῆς Διοκλέους (qui est d'ailleurs en même temps ἵππαρχος), est désigné, dans le décret rendu en l'honneur des officiers de cavalerie (n° 10), comme ἐξαποσταλεὶς ἐπὶ τὰς ἀπαρχάς ; — 2° sous Agathoclès, à la suite d'une liste de pythaïstes (n° 13, *b*), nous lisons : ὁ ἐπὶ τὰς ἀπαρχάς Ἀμφικράτης Ἐπιστράτου. Nous reviendrons plus loin sur ce personnage (cf. p. 136). — Sous Argeios, comme sous Agathoclès, il y a sûrement πρόσοδοι et ἀπαρχαί, puisque dans le même texte (n° 21), d'une part, nous avons le nom de deux hommes chargés de recueillir les πρόσοδοι, et que, d'autre part, Σαραπίων Σαραπίωνος est χειροτονηθεὶς ἐπὶ τὴν ἐξαποστολὴν τῆς Πυθαΐδος καὶ τὰς ἀπαρχάς.

sont peu nombreux et contradictoires[1]. Une chose du moins est certaine, bien qu'en opposition formelle avec le témoignage d'Hésychius : pythaïstes et théores, toujours énumérés à part[2], constituaient deux groupes différents.

Passons en revue les nombreuses listes conservées à leur sujet :

1° Théores. — *a*) Pythaïde de Τίμαρχος.

N° 2 (*fig.* 4, partie supérieure) :

['Αγα]θῇ τύχῃ. 'Επὶ Τιμο[κρίτου]
ἄρ]χοντος ἐν Δελφο[ῖς, 'Αθή-]
[νῃσιν δ]ὲ Τιμάρχου, οἵδ[ε ἀπ]ε-
στά[λ]ησαν ὑπὸ τοῦ δήμου
τοῦ['Α]θηναίων. 'Αρχιθέω-
ροι τ[ὰ]ς πυθαΐδος· Θράσων
Οὐλιάδου, Μενέμαχος Παυ-
σιμάχου. — Θεωροί· Λεοντεὺς
[Λεον]τέως, 'Αμμώνιος Δη-
μητ[ρ]ίου, 'Αθηνάδης Κράτερμος.
'Εκ Πυρρα[κ]ιδῶν· Εὐκλῆς Τιμάνακτος.

'Εξ Εὐπατρ[ιδῶν· Κ]όνω[ν κ]αὶ 'Απο[λ-]
λόδωρος Κόνωνος, κα[ὶ] Κόνων
καὶ Θεόπομπος Κόνω[ν]ος,
Χαρικλῆς Θεοδώρου.

'Εκ Τετραπολέων· Πυθίων [Π]υθίω-
νος, 'Αρκεσίλαος 'Αρπάλο[υ. Ε]ὐν[ικος]
Σωστράτου.

b) Pythaïde de Διονύσιος.

N° 6 (*fig.* 4, au-dessous de l'inscription précédente) :

'Αγαθῇ [τύ]χῃ. 'Επὶ Πύρρου ἄρχοντος ἐν Δελφοῖς,
'Αθήν[ησιν δ]ὲ Διονυσίου τοῦ μετὰ Λυκίσκον,
οἵδε ἀπεστά[λ]ησαν θεωροὶ ὑπὸ τοῦ δήμου
[τοῦ 'Αθηναί]ων, συνπέμψοντες τὴν Πυθα-
ΐδα·]
....]τος Δημέου,
[Εὔδ]ημος Σαραπίωνος, γόνῳ Γοργίππου[3],
[.....α]νος Γοργίππου,
[Χά]ρης Χάρητος νεώτερος,
[Πτ]ολεμαῖος Εὐβούλου,
[Εὔ]βουλος Εὐβούλου, Διονύσιος Εὐβούλου,
[Ῥ]αδάμανθυς 'Αττινοῦ,
Σώστρατος 'Αλεξάνδρου,
Ξένων Φιλάνθου,
Λυσίας Πύρρου.

Θεωροὶ ἐκ Τετραπολέων·
Μητρόδωρος Καλλιστράτου,
Δαμόκριτος Δαμοκρίτου,
'Ηνιοχίδης Εὐφιλήτου.
   'Εκ Πυρρακιδῶν·
Τιμάναξ Εὐκλέους Φλυε[ύς].

1. Cf. p. 14.
2. Il n'y a d'exception à cette règle que dans l'inscription 23, *a*, où l'on a voulu réunir les représentants de certains groupes particuliers (familles nobles ou habitants de la Tétrapole).
3. Un Γόργιππος Εὐδήμου Μελιτεὺς est κῆρυξ τοῦ 'Απόλλωνος καὶ ἱερεὺς 'Ερμοῦ πατρῴου Κηρύκων à l'époque impériale (n°⁵ 57 et suiv.).

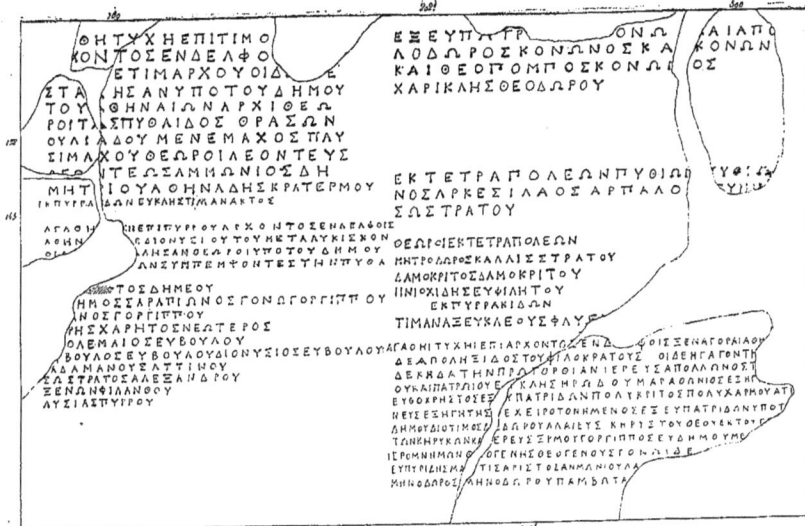

Fig. 4.

Nᵒ 2. — Col. 4 : la ligne 41 est d'une autre main.

Nᵒ 6. — Col. 4 : le titre est en caractères plus petits.
Col. 2 : l. 2 : ΚΑΛΛΙΣΣΤΡΑΤΟΥ (sic).

Nᵒ 60. — Inscription gravée avec peu de soin.
l. 1 : ΞΕΝΑΓΟΡΑΙ.
l. 3 : ΓΗ de ΔΩΔΕΚΗΔΑ refait sur un Α.
ΠΡΩΤΟΡΘΙΑΝ (pour ΠΡΩΤΟΒΟΙΑΝ).
l. 5 : ΕΥΘΟΧΡΗΣΤΟΣ.
l. 8 : ΞΡΜΟΥ.
l. 9 : ΓΗ de ΙΕΡΟΜΝΗΜΩΝ en dehors de l'ali-

c) PYTHAÏDE D''Αργεῖος.

N°s 23, *a*, et 23, *b* (Pl. II, *B*)[1] :

[Θε]ωροὶ Αἰγεῖδος·
Εὔδιος Ἡλιοδώρου.

Θεωροὶ Κεκ[ροπίδο]ς·
Θεόφιλος Διοδώρου,
Φιλάνθης Διοδώρου,
Διοπείθης Διοδώρου.

Ἀρχεθέωρος ἐκ Τετραπολέ[ων·]
Ζήνων Ἡροδότου.
Θεωροί·
Διόφαντος Εὐθυμένου,
Δημήτριος Διονυσίου,
Εὔνομος Εὐθυδίκου.
Πυθαϊστὴς ἐκ Τετραπολέων·
Ἡρόδοτος Ζήνωνος.

[Ἀ]τταλίδος·
[Εὐ]νείδης Ποιμανδρίδου.

Ἐκ Πυρρακιδῶν·
Τιμάναξ Εὐκλέους,
Εὐκλῆς Τιμάνακτος,
Σωσικράτης Θεοτίμου.

Ἀρχεθέωρος ἐξ Ἐρυσιχ(θ)ονιδῶν·
Διονύσιος Διονυσοδώρου.
Θεωροί·
Χάρμυλος Χαρμύλ[ου,]
Καλλίξενο[ς] Ἀσκληπιάδου,
Ἡρακλείδης Καλλισθένου.

Πυθαϊσταὶ ἐκ Κηρύκων·
Σοφοκλῆς Λεοντίου,
Ἀμονοκλῆς Λεοντίου,
Φιλωτάδης Ἀρισταίχμου.

Ἐξ Εὐνειδῶν·
Διοσκουρίδης Διοσκουρίδου,
Νικίας Νικίου,
Διοσκουρίδης Θέρσωνος.

1. Bien que le n° 23, *b* soit séparé du n° 23, *a* par une autre inscription, on
ne peut guère douter cependant qu'il n'en forme, en réalité, le complé-
ment.

A ces trois listes, qui sont manifestement des listes de théores, j'ajouterais volontiers le numéro 17. En effet c'est une inscription de l'archontat d'Agathoclès, comme l'indiquent assez sa place (cf. p. 26) et aussi le caractère de l'écriture ; or, pour cette année, on ne peut songer ici ni à des éphèbes, ni à des pythaïstes κληρωτοί, puisque leurs listes nous sont conservées d'autre part (n°ˢ 16 et 14).

N° 17 (Pl. II, *A*) :

. . . .	. . . .	. . . .
. . . .	[. . . . .]ιωνος,	. . . .
. . . .	[. . . . .]ο]υ,	[. . . . .]στείδ[ου],
. . . .	[. . . . .]ω,	Κ[τησί]ας Ἀγαθίωνος,
. . . .	[. . . . .]Δ]ιων[ο]ς,	Ἱεροκλῆς Ἀπολλωνίου,
. . . .	[. . . . .]σάνδς[ου],	Παμμένης καὶ
. . . .	Ἡλιόδ]ωρος Ἡλιοδώρο[υ]¹,	Ζήνων Ζήνωνος,
. . . .	[. . . .]λης Διονυσίου,	Δίφιλος Διφίλου,
. . . .	[Ἑρ]μοκράτης Ἀσκλα[πίω]νος²,	Ἀλέξανδρος καὶ
Α[. . . . .],	[Λ]άγης Μάκρωνος,	Νικαγόρας Πολυκλεί(του),
Δημήτ[ριος . . . . .ου]ς,	Δίων Διοκλέους,	Θεοδωρίδης καὶ
Σαραπίων Σαραπίωνος,	Ζήνων καὶ	Εὐαγίων Θεομνήστου,
Τιμοκράτης καὶ	Διοκλῆς Διονυσίου,	Πραξιτέλης Χαριναύ(του),
Λεωνίδης Ἀστυνόμου,	Ἀρτεμίδωρος Ἀσκλη.(πι. . . . . .),	Μενεκλείδης Σωστρά(του),
Ζήνων Ζήνωνος,	Μενέδημος Θαρσύ(του),	Ἐπικράτης Καλλιμά(χου),
Κλέων Κλέωνος,	Θράσων Θρασυφῶντος,	Μενέδημος Τιμοστρά(του),
Ἀπολλωνίδης Αὔλου,	Δείνων Μέλωνος,	Λεόντιος Τιμάρχου,
Σίμων Σίμωνος,	Ἀπολλώνιος Ἀγήνορος,	Σοφοκλῆς Ξ(ε)νοκλέους,
Χαρίσανδρος Φανόλεω,	Διονύσιος Κηφισοδώρου,	Ἀθηνόδωρος Εὐβουλίδου,
Παράμονος Παραμόνου,	Ἱέρων Καλλίου,	Διονυσόδωρος Θεαγένου,
Ἑρμάφιλος καὶ	Ἀντίγονος καὶ	Δημήτριος καὶ Εἰσίφιλος
Διονύσιος Ἑρμαφίλου,	Διονύσιος Σώτου,	Εἰσιφίλου,
Ἀσκληπιό[δωρο]ς[. . . .]ίνου,	[. . . . . .]ς Μ[. . . . .]	[. . . .]άνθιος Αἰσχίνου.

Enfin dans le numéro 18, que j'avais cru d'abord devoir rattacher aux cavaliers (cf. p. 85), peut-être convient-il plutôt de voir, toujours pour la même pythaïde d'Agathoclès, des théores pris dans les tribus comme ceux des numéros 23, *a*, 23, *b* pour la pythaïde d'Argeios.

---

1. Nous connaissons un Ἡλιόδωρος Ἡλιοδώρου, pythaïste κληρωτός sous Dionysios (n° 7, col. 4, l. 5), et un autre, éphèbe sous Argeios (n° 25, col. 1, l. 20).
2. Un Ἑρμοκράτης Ἀσκλαπίωνος est éphèbe sous Argeios (n° 25, col. 1, l. 12).

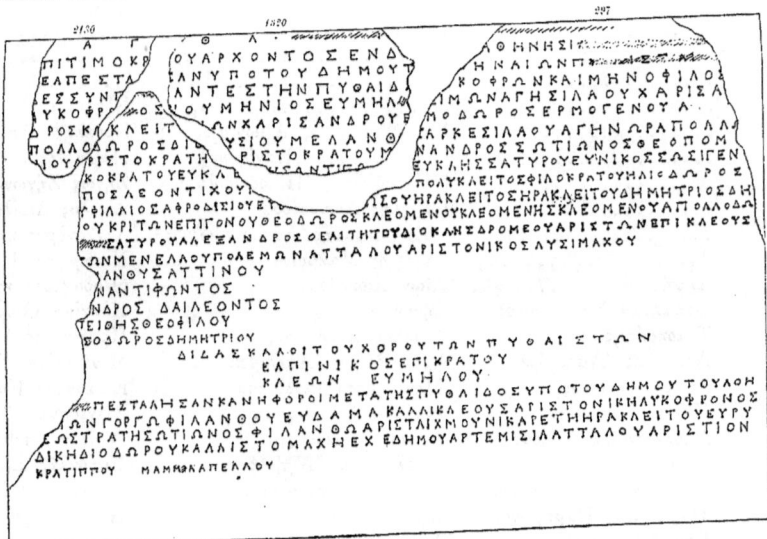

2° **Pythaïstes.** — *a)* Pythaïde de Τ(ημα)ρχης.

N° 3 (*fig.* 5) :

2130   1520   297

```
ΠΙΤΙΜΟΚΡ     ΟΥΑΡΧΟΝΤΟΣΕΝΔ          ΑΘΗΝΗΣΙ
ΕΛΠΕΣΤΑ      ΞΑΝΥΠΟΤΟΥΔΗΜΟΥΤ        ΗΝΑΙΛΝΠ
ΕΣΣΥΝΓ       ΑΝΤΕΣΤΗΝΠΥΘΑΙΔ         ΚΟΦΡΛΝΚΑΙΜΗΝΟΦΙΛΟΣ
ΥΚΟΦΡ        ΟΥΜΗΝΙΟΣΕΥΜΗΛ          ΛΜΛΝΑΓΗΣΙΛΑΟΥΧΑΡΙΣΑ
ΡΟΣΚΑΚΛΕΙΤ   ΝΧΑΡΙΣΑΝΔΡΟΥΕ          ΜΟΔΛΡΟΣΕΡΜΟΓΕΝΟΥΑ
ΠΟΛΛΑΩΡΟΣΔΙ  ΥΣΙΟΥΜΕΛΑΝ            ΑΡΚΕΣΙΛΑΟΥΑΓΗΝΛΡΑΠΟΛΛ
ΙΟΥΡΙΣΤΟΚΡΑΤΗ  ΡΙΣΤΟΚΡΑΤΟΥΜ        ΝΑΝΔΡΟΣΣΛΤΙΛΝΟΣΘΕΟΠΟΜ
ΚΟΚΡΑΤΟΥΕΥΚΛ                      ΕΥΚΛΗΣΣΑΤΥΡΟΥΕΥΝΙΚΟΣΣΛΣΙΓΕΝ
ΠΟΣΛΕΟΝΤΙΧΟΥ           ΠΟΛΥΚΛΕΙΤΟΣΦΙΛΟΚΡΛΤΟΥΗΛΙΟΣΛΡΟΣ
ΦΙΛΑΙΟΣΑΦΡΟΔΙΣΙΟΥΕΤ      ΙΣΟΥΗΡΑΚΛΕΙΤΟΣΗΡΑΚΛΕΙΤΟΥΔΗΜΗΤΡΙΟΣΔΗ
ΟΥΚΡΙΤΑΝΕΠΙΓΟΝΟΥΘΕΟΔΛΡΟΣΚΛΕΟΜΕΝΟΥΚΛΕΟΜΕΝΗΣΚΛΕΟΜΕΝΟΥΑΠΟΛΛΟΔΛ
ΣΑΤΥΡΟΥΑΛΕΞΑΝΔΡΟΣΟΕΛΙΤΗΤΟΥΔΙΟΚΛΝΔΡΟΜΕΟΥΑΡΙΣΤΛΝΕΠΙΚΛΕΟΥΣ
ΛΝΜΕΝΕΛΛΟΥΠΟΛΕΜΛΝΑΤΤΑΛΟΥΑΡΙΣΤΟΝΙΚΟΣΛΥΣΙΜΑΧΟΥ
ΛΝΘΟΥΣΑΤΤΙΝΟΥ
ΝΑΝΤΙΦΛΝΤΟΣ
ΝΔΡΟΣΔΑΙΛΕΟΝΤΟΣ
ΤΕΙΘΗΣΘΕΟΦΙΛΟΥ
ΣΟΔΛΡΟΣΔΗΜΗΤΡΙΟΥ
       ΔΙΔΑΣΚΑΛΟΙΤΟΥΧΟΡΟΥΤΛΝΠΥΘΑΙΣΤΛΝ
            ΕΛΠΙΝΙΚΟΣΕΠΙΚΡΑΤΟΥ
            ΚΛΕΛΝ  ΕΥΜΗΛΟΥ
ΠΕΣΤΑΛΗΣΑΝΚΑΝΗΦΟΡΟΙΜΕΤΑΤΗΣΠΥΘΑΙΔΟΣΥΠΟΤΟΥΔΗΜΟΥΤΟΥΛΟΗ
ΛΛΝΓΟΡΓΛΦΙΛΛΝΘΟΥΕΥΔΛΜΛΚΑΛΛΙΚΛΕΟΥΣΑΡΙΣΤΟΝΙΚΗΛΥΚΟΦΡΟΝΟΣ
ΕΛΣΤΡΑΤΗΣΛΤΙΛΝΟΣΦΙΛΛΝΘΛΑΡΙΣΤΑΙΧΜΟΥΝΙΚΑΡΕΤΗΗΡΑΚΛΕΙΤΟΥΕΥΡΥ
ΔΙΚΗΔΙΟΔΛΡΟΥΚΑΛΛΙΣΤΟΜΑΧΗΕΧΕΔΗΜΟΥΑΡΤΕΜΙΣΙΛΑΤΤΑΛΟΥΑΡΙΣΤΙΟΝ
ΚΡΑΤΙΠΠΟΥ  ΜΑΜΘΚΑΠΕΛΛΟΥ
```

FIG. 5.

Ἀγ[α]θᾷ [τύχᾳ].

[Ἐ]πὶ Τιμοκρ[ίτ]ου ἄρχοντος ἐν Δ[ελφοῖς,] Ἀθήνησι [δὲ Τιμάρχου¹, οἳ-]
[δ]ε ἀπεστά[λησ]αν ὑπὸ τοῦ δήμου τ[οῦ Ἀθ]ηναίων πυ[θ]αϊσ[τ]αὶ [παῖ-
[δ]ες, συν[πέμψ]αντες τὴν Πυθαΐδ[α · Λυ]κόφρων καὶ Μηνόφιλο[ς]
Λυκόφρ[ον]ος, Νουμήνιος Εὐμήλ[ου, Σ]ίμων Ἀγησιλάου, Χαρίσα[ν-]
δρος κ[αὶ] Κλειτ[οφ]ῶν Χαρισάνδρου, Ἑ[ρ]μόδωρος Ἑρμογένου, Ἀ-
πολλόδωρος Δι[ον]υσίου, Μέλανθ[ος] Ἀρκεσιλάου, Ἀγήνωρ Ἀπολλ[ω-]
[ν]ίου, Ἀριστοκράτη[ς Ἀ]ριστοκράτου, Μ[ἐ]νανδρος Σωτιώνος, Θεόπομ-
[πος Ν:]κοκράτου, Εὐκλε[ἰδ]ης Ἀντιγό[νου,] Εὐκλῆς Σατύρου, Εὔνικος Σωσιγέν[ου,]
[.........]πος Λεοντίχου, [.....................,] Πολύκλειτος Φιλοκράτου, Ἡλιόδωρος
[.......ο]υ, Φίλαιος Ἀφροδισίου, Εὔξ[ουλος Σ]ώσου, Ἡράκλειτος Ἡρακλείτου,
Δημήτριος Δη-
[μητρί]ου, Κρίτων Ἐπιγόνου, Θεόδωρος Κλεομένου, Κλεομένης Κλεομένου,
Ἀπολλόδω-
[ρος²] Σατύρου, Ἀλέξανδρος Θεαιτήτου, Διοκλῆς Δρομέου, Ἀρίστων Ἐπικλέους,.
[.......]ων Μενελάου, Πολέμων Ἀττάλου, Ἀριστόνικος Λυσιμάχου,
[Ῥαδάμ]ανθυς Ἀττινοῦ,³
[.......]ν Ἀντιφῶντος,
[......]νδρος Δαιλέοντος,
[Θεο]πείθης Θεοφίλου,⁴
[Κηφ:]σόδωρος Δημητρίου.⁵
Διδάσκαλοι τοῦ χοροῦ τῶν Πυθαϊστῶν ·
Ἐλπίνικος Ἐπικράτου,
Κλέων Εὐμήλου.
[Αἵδε ἀ]πεστάλησαν κανηφόροι μετὰ τῆς Πυθαΐδος ὑπὸ τοῦ δήμου τοῦ Ἀθη-
[να]ίων · Γοργὼ Φιλάνθου, Εὐδάμα Καλλικλέους, Ἀριστονίκη Λυκόφρονος,
[Σ]ωστράτη Σωτίωνος, Φιλανθὼ Ἀρισταίχμου, Νικαρέτη Ἡρακλείτου, Εὐρυ-
δίκη Διοδώρου, Καλλιστομάχη Ἐχεδήμου, Ἀρτεμισία Ἀττάλου, Ἀρίστιον
Κρατίππου,   Μαμμία Ἀπέλλου⁶.

1. Pour la restitution du nom des archontes, cf, p. 24.
2. Dans l'espace qui précède ΣΑΤΥΡΟΥ, il ne reste que la trace de
lettres effacées. Il n'y a donc probablement rien à placer entre la fin du nom.
d'Ἀπολλόδωρος et Σατύρου.
3. Un Ῥαδάμανθυς Ἀττινοῦ est théore sous Dionysios (n° 6, col. 1, l. 12).
4. Un Θεοπείθης Θεοφίλου est vainqueur au δίαυλον sous Dionysios (n° 43).
5. Un Κηφισόδωρος Δημητρίου est éphèbe sous Dionysios (n° 9, col. 1, l. 3),.
et un Δημήτριος Κηφισοδώρου est délégué du collège des ἐποποιοί (n° 51).
6. Le nom de la dernière canéphore est écrit d'une autre main.

Ἀ [γ] α θ [ῆ]   τ [ύ χ ῆ].

Ἐπὶ [Π]ύρρου ἄρχοντος ἐν Δελφοῖς, Ἀθήνησ[ιν] δὲ Διονυ[σίου τοῦ μετὰ Λυκίσκον, οἵδε ἀπε-]
στά[λ]ησαν ὑπὸ τοῦ δήμου τοῦ Ἀθηναίων π[υ]θαι[στ]αὶ ' κλ[ηρωτοί ']

Πάμφιλος Ἀρτέμωνος,
Ἀπολλόδωρος καὶ
[Λ]εύντιχος Σωσιδίου,
Νικάνωρ Νικάνορος,
Τιμόθεος Τιμοθίου,
Χαριμήδης Φαντέου,
Πιστοκράτης Σατύρου,
Δωρόθεος Δωροθέου,
Κράτερμος Ἀθηνάδου,
[Σαρα]πίων Δημητρίου,
[.....]ένης Ἀναξικράτου,
[Τιμοκλ]ῆς Ἱππάρχου²,
[......]ν Ἀγα(......),

Μήδειος Μηδείου,
Διονύσιος καὶ
Νικήτης Ἀθηνοδίου,
Ἑρμογένης Καλλιστράτου,
Ἀττινᾶς Ἡρακλείδου,
Τιμόστρατος Ἀρίστωνος,
Ἑρμοκλῆς Κλειδάμου,
Νικόλαος Αἰσχρωνος,
Λυκόφρων Μενεκράτου,
Ἀντίγονος Ἀλεξάνδρο[υ],
Σωσίθεος Σωσιπάτρο[υ],
Ἀνδροκλῆς Φιλιστίω[νος],
[Ἀλ]έξανδρ[ο]ς Νε[......],

[...]αγήνωρ [Ἀ]λε[ξά]νδ[ρ]ου,
[.....]άσιο[ς Ἀπ]ολλωνίου,
[........ Ἐ]ρμαΐσκου,
[........]ος Θεοδίου,
[.....]σίας Ζήνωνος,
Ἀρισάθης Ἀττάλου,
Ἀσκληπιάδης Ξένωνος,
Χαιρεμένης Ξένωνος,
Σωσιγένης Σωσιγένου,
Ξενόδικος Λυσιμάχου,
Χαρικλῆ[ς] Θεογένου,
[Ν]ικαρ[........].

Σ[τρ]α[.......]ος,
Βούλων Λεωστράτο[υ],
Κάλλιππος Δημητρίου,
Μαρσύας Θήρωνος,
Ἡλιόδωρος Ἡλιοδώρου,
Ἀνδροκλῆς Λυκίσκου,
Σώστρατος Κλεάρχου,
Νικοφῶν
καὶ Φιλόδρομος οἱ Φιλοδρόμου,
οἱ Ἰσμηνίου,
(Πολύκλειτος Ἀλεξάνδρου).

1. L'orthographe ordinaire du mot, dans nos inscriptions, est πυθαΐσται, avec un seul ι au milieu. Cependant cf. n° 8, l. 3 : πυθαίδα; col. 1, l. 29 : Πτολεμαιίδος; — n° 15, col. 1, l. 8 et 37 et *ibid.*, col. 4, dernière ligne : Πτολεμαιίδος.
2. Un Τιμοκλῆς Ἱππάρχου est vainqueur ἐκ τῶν ἱππέων ἀκάμπιον (n° 43).

c) Pythaïde d''Αγαθοκλῆς.

N° 14 (Pl. II, A)[1] :

['Αρχεθέωρος π]υθαϊστῶν ·
'Αγαθο[κλῆς] 'Αγαθοκλέους.
Πυθαϊ[στ]αὶ κ(λ)ηρωτοί ·
'Ηρακλ[είδ]ης Καλλιμάχου,
Σωσικρά[της Νικ]οστ[ράτου[2]],
'Απολλων[ίδη]ς 'Απολλωνίου,
Μητρόδωρος 'Ερμώνα(κτος),
'Απολλώνιος 'Απολλωνίου,
Σώστρατος Λακρατεί(δου),
Νικάνωρ ('Ερμίππου),
Τιμογένης Τιμογένου,
'Έρμιππός 'Απολλωνίου,
'Απολλώνιος 'Απολλωνίου,
Φιλιστίδης Σωσιγένου,
'Απολλώνιος 'Απολλωνίου,
Διονυσόδωρος 'Απολλωνίου.
'Εστιάτωρ ·
[Τεισά]νωρ 'Ηρακλείδου.

N° 13, b (Pl. II, A) :

Πυρφόρος ἡ ἐγ Δελφ[ῶν ·]
Τιμώ.
Πυθαϊσταὶ ἐξ Εὐπατ[ριδῶν ·]
Άδρων Καλλίου,
Καλλίας Εὐκτήμον[ος],
Τιμοκράτης Τιμοκρ[......],
Θεαῖος Λέοντος.

'Εκ Πυρρακιδῶν ·
Αἰνείας 'Ηρακλείδου.

Μάντις · Χαρμύλος Χαρμύλου.
'Εκ Κηρύκων ·
Θεμιστοκλῆς Θε[ο]φράστου,

1. Une seconde copie de cette inscription a été retrouvée à Athènes (C. I. A., II, 955). Les deux textes ne sont pas parfaitement semblables : d'abord les pythaïstes ne sont pas énumérés dans le même ordre ; puis la copie de Delphes donne un nom de plus, un troisième 'Απολλώνιος 'Απολλωνίου ; enfin, à la l. 11, nous lisons ici Τιμογένης Τιμογένου, au lieu de Τιμαγένης Τιμαγένου. — Une fois de plus, nous voyons là que les anciens étaient loin d'apporter, dans la reproduction de leurs actes officiels, la minutie scrupuleuse à laquelle nous sommes habitués aujourd'hui. Pour d'autres exemples analogues (cf. B. C. H., XXIV, 1900, p. 89 et 218 ; ici même, p. 31, n. 1).

2. Ce nom est à substituer dans le Corpus, à la restitution de Koumanoudis : [Νικο]κράτης Ν[ικ]οστράτου.

'Αρχωνίδης Ναυ[κ]ράτου ¹,
Φιλωτάδης ('Αρισταίχμου) ².

'Εξ Εὐνειδῶν ·
    Φιλόξενος Νικίου,
    Διοσχουρίδης Διοσκ[ο]υρίδου,
    Νικίας [Νι]κίου.
'Εκ Τετραπολέων ·
    Χαρίσανδρος Φα[νό]λεω.
'Ο [ὲ]πὶ τὰς ἀ[πα]ρχάς ·
    'Αμφικράτης 'Ε[πιστράτ]ου.

N° 12 (fig. 2) :

Trois pythaïstes sont cités à la suite du groupe des
archontes (cf. p. 33).

d) PYTHAÏDE D''Αργεῖος.

N° 27 (fig. 6) :

FIG. 6.

'Αργεθ[έω]ρος πυθαϊστῶν ·
Σαρα[πίων] Σαραπίωνος.
Πυθαϊ[σταὶ κ]ληρωτοί ·
Θρασυ[κλ]ῆς 'Αρχελάου,
Νέων ['Α]ριστοδούλου,
Φιλόδημος Διονυσοδώρου,
Σωσιγένης Δεινίου,
Διονύσιος Διονυσί[ου],
Διονυσό[δω]ρος Φιλοδήμου,
Φιλόθεο[ς ....]ρου,
[...............]σου.

1. Pour la restitution de ce nom, cf. p. 31, n. 1.
2. Le Φιλωτάδης, dont le graveur a négligé d'indiquer le père, est sans doute
Φιλωτάδης 'Αρισταίχμου, pythaïste des Κήρυκες sous Argeios (n° 23 *a*).

4

N° 24 (Pl. II, *B*) :

᾿Επὶ ᾿Αργείου ἄρ[χο]ντος, πυθ[αϊσταὶ οἵδε ·]
     πυθαϊστὴς ὁ δ᾽ αὐ[τὸς καὶ..................]σας¹.
       Διοκλῆς Σαρα[πίωνος],

Μηνόφιλος Χρυσογόνου,	[..........κ]αὶ
Καλλίξενος Καλλιξένου,	[.......]ς οἱ Περικλέους,
Ζήνων καὶ Αἰαντίδης	[.....]ος καὶ ᾿Ασωποκλῆς
οἱ Μαρσύου,	[οἱ ᾿Α]ριστονίκου.
Διονυσόδωρος Διονυσίο[υ],	Πυθαϊσταὶ παῖδες·
Διονύσιος Διονυσίου,	[᾿Α]λέξανδρος Πολυκλεί(του,)
᾿Αριστομένης Βούλωνος,	Νικαγόρας Πολυκλείτου,
Διόδωρος Θεοφίλου,	Παμμένης Ζήνωνος,
᾿Ασκληπιάδης Φιλάνθου,	᾿Αμμώνιος Ζήνωνος,
᾿Εχέδημος ᾿Αρκέτου,	Παμμένης Δημητρίου,
Κλεομένης καὶ Διόδω[ρος]	Ζήνων Δημητρίου,
οἱ Κλεομένου,	᾿Ηρόδοτος Δημητρίου,
Λυκίσκος Λυκίσκου,	Ζήνων καὶ Διοκλῆς
᾿Αρκεσίλαος ᾿Ηρακλ[είων]ο[ς],	οἱ Διονυσίου,
᾿]σίφ[ιλ]ος καὶ Τιμα[....]ς	Σωκ[ρά]της ᾿Επιγάρου,
[οἱ ᾿Ι]σιφίλ[ου],	[........Π]ύρ[ρου],
Νικαγόρας καὶ Πασιτέλη[ς]	[..................]
οἱ ᾿Αλεξάνδου,	Κλε[...............]
᾿Επίγονος Μεννέου,	Φιλ[...............]
Ζώπυρος Μεννέου,	Σω[σ.............]
Θεοφραστίδης Θεοφραστίδου,	Φι[..............]
Ξενοκλῆς Διφίλου,	᾿Αργ[..............]
Θήρων Ζήνωνος,	Συν[............]κου.
Καλλίστρατος Οἰνοφίλου,	
᾿Αδείμαντος Μνασαγόρου,	
Διονύσιος Μνασαγόρου,	

On le voit, les deux groupes des théores et des pythaïstes étaient composés d'éléments fort divers. Pour les théores, les uns sont envoyés par le peuple (ἐξαπεστάλησαν ὑπὸ τοῦ δήμου); ils sont énumérés sans distinction d'aucune sorte, et leur nombre est loin de rester uniforme dans toutes les pythaïdes. D'autres représentent les tribus : nous n'en avons d'exemple certain que pour trois d'entre elles (n°ˢ 23, *a* et 23, *b*)²; mais on en peut conclure à l'existence d'une députation semblable pour les neuf

---

1. Les trois lettres ΣΑΣ forment évidemment la fin d'un participe aoriste; mais, Διοκλῆς Σαραπίωνος ne reparaissant dans aucun autre de nos textes, il est impossible de déterminer quelle fonction il remplissait en même temps que celle de pythaïste.

2. Le fragment n° 18 paraît appartenir à un texte du même genre pour la pythaïde d'Agathoclès (cf. p. 85-86).

autres. Une troisième catégorie de théores est déléguée par certaines des grandes familles de l'Attique ; la Tétrapole maratho-nienne a constamment aussi les siens ; et enfin nous en trouvons encore avec les cavaliers et avec les artistes dionysiaques[1].

Même diversité dans l'origine des pythaïstes. Les uns sont désignés par le peuple (ἐξαπεστάλησαν ὑπὸ τοῦ δήμου τοῦ Ἀθηναίων πυθαϊσταὶ κληρωτοί) ; leur nombre est fort variable, et parfois on lit, à leur suite, la mention d'un ἑστιάτωρ[2]. D'autres sont des pythaïstes enfants (πυθαϊσταὶ παῖδες). Puis il y a, comme pour les théores, des pythaïstes pris dans la noblesse et dans la Tétra-pole. Enfin les cavaliers en ont un aussi sous Agathoclès[3].

Le chef de ces différentes fractions s'appelle toujours archi-théore, avec les pythaïstes comme avec les théores.

Maintenant, de quelle façon étaient nommés ces person-nages ? Évidemment, les députés des familles nobles ou de la Tétrapole, des cavaliers ou des artistes dionysiaques, en un mot de toutes les associations particulières étaient élus par les membres de leur γένος ou de leur collège. Ils l'étaient sans doute à vie ; car, chez les Κήρυκες, par exemple, Φιλωτάδης, pythaïste sous Agathoclès, l'est encore sous Argeios ; et, de même, chez les Εὐνεῖδαι, nous retrouvons dans les deux mêmes archontats Διοσκουρίδης Διοσκουρίδου et Νικίας Νικίου. — Pour les py-thaïstes choisis par le peuple, ils sont expressément dési-gnés comme tirés au sort (πυθαϊσταὶ κληρωτοί) ; on peut avec vraisemblance admettre, par analogie, la même chose pour les théores du peuple. Il n'est donc pas étonnant de voir les uns et les autres énumérés sans suivre l'ordre des tribus[4]. Mais, d'autre part, il nous faut aussi noter que fréquemment deux

---

1. Pour les cavaliers, il y a un théore (nommé avec les cavaliers de la tribu Hippothontis) dans le numéro 8. — Pour le collège des artistes diony-siaques, cf. nᵒˢ 48 et 49.

2. Sous ce titre, il faut sans doute entendre un personnage chargé de pourvoir à la nourriture, et peut-être au logement des pythaïstes pendant leur séjour à Delphes. On peut du moins le supposer d'après ce qui se passait pour les Dionysies et les Panathénées (Cf. scol. de Patmos. B. C. H., 1, 1877, p. 147, Lept., § 21 : ἑστιάτορες · οἱ τὰς φυλὰς ἐν τοῖς Διονυσίοις καὶ Παναθηναίοις τρέφοντες).

3. Si les deux morceaux réunis dans le numéro 12 appartiennent bien à la même pierre (et on ne peut guère en douter), il faut encore faire un groupe à part pour les fils de magistrats (archontes, héraut de l'Aréopage, etc.).

4. Le fait peut se vérifier, d'une façon plus ou moins complète, pour presque toutes nos listes. Mais il est particulièrement sensible dans le numéro 14. Une seconde copie de cette inscription se retrouve, nous l'avons dit, dans le Corpus ; et là tous les noms sont accompagnés de leur démotique.

frères sont cités à la suite l'un de l'autre[1] ; ils peuvent se
retrouver ensemble dans des listes différentes[2] ; et, dans une
même famille, il arrive d'avoir, pour une seule année, un ou
deux fils pythaïstes, et une fille canéphore[3]. Ces derniers
faits ne s'expliquent guère qu'à la condition d'admettre un
tirage au sort restreint, ou l'union fréquente de plusieurs noms
sur les bulletins de vote. Apparemment, la charge de pythaïstes
ou de théores entraînait des frais assez considérables ; si donc
des citoyens riches la sollicitaient, fussent-ils parents, on
acceptait volontiers leurs offres. Or le cas ne devait pas
manquer de se produire ; car cette générosité était un moyen
d'attirer sur soi l'attention : tout en faisant œuvre de piété,
on travaillait à sa popularité ; et les filles même, dans cette
occasion, pouvaient aider leur père ou leurs frères.

En somme, nous avons là un certain nombre d'indications
nouvelles sur la façon dont se recrutaient les théores et les
pythaïstes. Manifestement il nous est impossible désormais de les
confondre les uns avec les autres ; mais nous en sommes toujours
réduits aux hypothèses sur leur rôle. D'après les usages ordinaires de la Grèce, il paraît probable que les théores avaient
pour mission uniquement de représenter, aux sacrifices et aux
jeux de Delphes, soit le peuple entier, soit la classe qui les
avait nommés. Les pythaïstes, eux, devaient prendre une part
plus active à la fête. En effet leur nom même de πυθαϊσταί semble
bien indiquer en eux les membres essentiels de la Πυθαΐς. De
plus, les pythaïdes tirés au sort, c'est-à-dire les délégués
d'Athènes même, ont pour archithéore non pas un quelconque
d'entre eux (ce qui est le cas pour les théores), mais le chef de
la pythaïde entière, l'archonte éponyme sous Agathoclès, le
premier stratège sous Argeios. Enfin nous voyons, par la mention de deux διδάσκαλοι τοῦ χοροῦ τῶν Πυθαϊστῶν, qu'ils avaient à

---

1. Trois fils d'Εὔβουλος sont théores sous Dionysios (nº 6). C'est peut-être le
résultat d'un hasard si, l'année d'Agathoclès, six pythaïstes sur treize sont fils
d'un Ἀπολλώνιος (nº 14). Mais ailleurs on relève des groupes, qui semblent
représenter diverses branches d'une même famille, comme, parmi les
pythaïstes enfants de l'archontat d'Argeios (nº 24, col. 2), Παμμένης Ζήνωνος·
Ἀμμώνιος Ζήνωνος, Παμμένης Δημητρίου, Ζήνων Δημητρίου, Ἡρόδοτος Δημητρίου.
2. Par exemple, nº 17, col. 2, sous Agathoclès : Ζήνων καὶ Διοκλῆς Διονυσίου·
col. 3 : Ἀλέξανδρος καὶ Νικαγόρας Πολυκλεί(του). — Nº 24, col. 2, sous Argeios,
(à la suite l'un de l'autre) : Ἀλέξανδρος Πολυκλεί(του), Νικαγόρας Πολυκλείτου;
et, un peu plus bas : Ζήνων καὶ Διοκλῆς οἱ Διονυσίου.
3. Cf. p. 88.

exécuter eux-mêmes un chœur. Ils ne se bornaient sans doute pas là : et, dans les sacrifices, tout en laissant, bien entendu, la première place aux prêtres, ils ne devaient pas être réduits, comme les théores, à l'état de simples figurants[1].

Je ne reviens pas sur les pythaïstes et les théores tirés au sort par le peuple. Mais il est nécessaire d'insister sur ceux des familles nobles et de la Tétrapole marathonienne.

ROLE PARTICULIER DE CERTAINES FAMILLES NOBLES.

Prenons d'abord les grandes familles. Dans nos listes, nous en voyons trois déléguer des théores :

Εὐπατρίδαι (sous Τίμαρχος)
- Κόνων Κόνωνος,
- Ἀπολλόδωρος Κόνωνος,
- Κόνων Κόνωνος,
- Θεόπομπος Κόνωνος,
- Χαριλῆς Θεοδώρου.

Ἐρυσιχθονίδαι (sous Ἀργεῖος)
- Διονύσιος Διονυσοδώρου, archithéore,
- Χαρμύλος Χαρμύλου, théore,
- Καλλίξενος Ἀσκληπιάδου —
- Ἡρακλείδης Καλλισθένου —

Πυρρακίδαι
- (sous Τίμαρχος) : Εὐκλῆς Τιμάνακτος.
- (sous Διονύσιος) : Τιμάναξ Εὐκλέους Φλυεύς.
- (sous Ἀργεῖος)
  - Τιμάναξ Εὐκλέους,
  - Εὐκλῆς Τιμάνακτος,
  - Σωσικράτης Θεοτίμου.

D'autre part, quatre familles, à notre connaissance, nomment des pythaïstes[2]. Parmi elles, nous retrouvons encore les Εὐπατρίδαι et les Πυρρακίδαι.

Εὐπατρίδαι (sous Ἀγαθοκλῆς)
- Λέων Καλλίου,
- Καλλίας Εὐκτήμονος,
- Τιμοκράτης Τιμοκρ[.....],
- Θεκῖος Λέοντος,
- (Χαρμύλος Χαρμύλου, μάντις).

1. Nous aurons encore à relever plus loin (p. 86, note 1), dans un petit détail, un nouvel indice de la supériorité du pythaïste sur le théore.

2. Ce n'est pas à dire, bien entendu, qu'aucune autre famille athénienne n'ait possédé le privilège d'une représentation spéciale dans la théorie de Delphes. Par exemple, l'inscription n° 29 paraît être le reste d'une liste de canéphores prises toutes parmi les [......]ντίδαι.

Πυρρακίδαι (sous Ἀγαθοκλῆς) : Αἰνέας Ἡρακλείδου.

Κήρυκες
(sous Ἀγαθοκλῆς)
{ Θεμιστοκλῆς Θεοφράστου,
Ἀργωνίδης Ναυκράτου,
Φιλωτάδης (Ἀρισταίχμου).

(sous Ἀργεῖος)
{ Σοφοκλῆς Λεοντίου,
Ἀμονοκλῆς Λεοντίου,
Φιλωτάδης Ἀρισταίχμου.

Εὐνεῖδαι
(sous Ἀγαθοκλῆς)
{ Φιλόξενος Νικίου,
Διοσκουρίδης Διοσκουρίδου,
Νικίας Νικίου.

(sous Ἀργεῖος)
{ Διοσκουρίδης Διοσκουρίδου,
Νικίας Νικίου,
Διοσκουρίδης Θέρσωνος.

Tous ces personnages de grande maison seraient pour nous intéressants à étudier. Malheureusement, à la fin du iiᵉ siècle, leur rôle politique n'était pas bien considérable : la plupart sont inconnus, même dans les textes épigraphiques; à plus forte raison est-il difficile de reconstituer leur généalogie et de remonter, sur la foi de simples homonymies, à leurs ancêtres de l'époque classique.

Pour les Eupatrides et pour les Kérykes seuls nous arrivons à cet égard à quelque résultat. Ainsi, pour les premiers, on est en droit maintenant de leur rapporter, en le complétant un peu, le stemma des Habron-Kallias dressé par M. Köhler dans le premier volume du *C. I. A.*, II (p. 223). Sur Ἅβρων Καλλίου et Καλλίας Εὐκτήμονος, M. Nikitsky, dans l'article de l'*Hermès* où nous avons déjà renvoyé plusieurs fois, a pu réunir un certain nombre de renseignements, et nous avons vu de plus (nº 21) que Καλλίας Εὐκτήμονος a rempli la charge d'ἐξηγητὴς ὑπὸ τοῦ δήμου καθεσταμένος, sous Argeios.

Dans la liste des pythaïstes Eupatrides de l'archontat d'Agathoclès, nous trouvons encore deux noms qui reviennent dans d'autres de nos textes; mais ils désignent, je crois, des personnages différents. Ainsi, un Θεαῖος Λέοντος est κῆρυξ τοῦ θεοῦ sous Argeios (nº 21); or, dans la dodécade, cette charge est sûrement remplie par un membre de la famille des Kérykes (cf. nº 57 et suiv.); il devait en être de même déjà dans la pythaïde, et, par conséquent, bien que cette appellation de Θεαῖος soit assez rare à Athènes, il nous faut sans doute admettre comme contemporains, à la fin du IIe siècle, deux Θεαίος Λέοντος, l'un Eupatride et l'autre Kéryx.

La difficulté est plus grande encore pour Χαρμύλος Χαρμύλου. Reportons-nous à la pierre même (n° 13, b). La ligne μάντις · Χαρμύλος Χαρμύλου, ainsi que les deux lignes de gauche (ἐκ Πυρρακιδῶν · Αἰνείας Ἡρακλείδου), sont d'une écriture particulière : au lieu des petites lettres uniformément grêles, propres à la pythaïde d'Agathoclès, nous avons ici des caractères un peu plus hauts et terminés — constamment dans le bas, parfois aussi, mais rarement, dans le haut — par des pleins bien accentués. Ces trois lignes ont donc été gravées d'une autre main ; mais était-ce avant ou après Agathoclès? La question a une double importance ; car elle doit nous apprendre non seulement si Χαρμύλος Χαρμύλου a appartenu à la pythaïde d'Agathoclès, mais encore s'il était Pyrrhakide ou Eupatride[1]. Supposons d'abord le cas où nos trois lignes se rattacheraient à une inscription antérieure : il serait déjà assez étrange qu'on eût écrit le nom du μάντις à côté et non au-dessous d'Αἰνείας Ἡρακλείδου, où la place ne manquait pas ; mais il le serait plus encore qu'on se fût imaginé ensuite d'encadrer Χαρμύλος dans une colonne nouvelle, dont il formerait une ligne à peine distincte des autres. Au contraire, voyons là simplement une correction faite après coup : assurément, il n'est pas très naturel de trouver le μάντις au milieu des pythaïstes ; mais on avait sans doute oublié son nom à la suite des exégètes (n° 13, a) ; on l'a donc ajouté où l'on a pu. Or il devait y avoir, à l'origine, un vide à la suite des Eupatrides, comme il en reste encore un à la suite des Kérykes ; on y a introduit la mention du μάντις, et on l'a fait à cette place parce que, selon toute vraisemblance, il appartenait à la famille des Eupatrides, comme d'ailleurs les exégètes. Sous Argeios, il est vrai, nous connaissons un Χαρμύλος Χαρμύλου, théore ἐξ Ἐρυσιχθονιδῶν (n° 23, a) ; mais c'est un personnage différent ; car, dans la même pythaïde, le μάντις s'appelle encore Χαρμύλος Χαρμύλου (n° 21), et, s'il s'agissait du même homme dans la liste des théores, on aurait sans doute ajouté à son nom son titre de μάντις.

---

1. L'inscription 13, b, et sa voisine de gauche avaient deux réglages différents. Les trois lettres ΙΔΔ appartiennent sûrement à la seconde ; mais on ne peut tirer de là aucune indication pour Αἰνείας Ἡρακλείδου ; car cette ligne, comme celle de dessus, est à cheval sur les deux réglages.

Parmi les autres Eupatrides, nous connaissons encore assez bien Χαρικλῆς Θεοδώρου. Il était du dème de Phalère, et figure, ainsi qu'un Θεόδωρος Χαρικλέους, dans ce catalogue d'Athéniens nobles (*C. I. A.*, II, 1047) dont un grand nombre, nous l'avons dit, se retrouvent dans nos listes delphiques. Il a été phylarque sous Dionysios (n° 9) ; il a remporté une victoire aux jeux de Delphes (n° 40) ; et enfin nous le voyons désigné par le hiérophante Nouphradès pour offrir, dans l'Eleusinion d'Athènes, un banquet à Pluton sur un lit de parade (*C. I. A.*, IV², 949 : ἐπισφθεὶς... τὴν κλίνην στρῶσαι τῷ Πλούτωνι καὶ τὴν τράπεζαν κοσμῆσαι κατὰ τὴν μαντείαν τοῦ θεοῦ).

A la branche des Eupatrides où quatre personnages, sous Timarchos, portent le nom de Κόνων, appartient sans doute le Κόνων Κόνωνος Κειριάδης, qui, vers 150 avant Jésus-Christ, propose un décret en faveur d'un agonothète (*C. I. A.*, II, 446). Mais rien ne nous indique s'il faut compter parmi ses ancêtres le fameux Conon, fils de Timothée, qui releva les Longs-Murs d'Athènes.

Reste un dernier Eupatride dont nous trouvons aussi la mention à Delphes : Τιμοκράτης Τιμοκρ[.....]. Le nom de son père peut se compléter en Τιμοκρίτου ou Τιμοκράτους. M. Köhler paraît s'être décidé pour la première hypothèse ; car, en publiant dans les suppléments du second volume du *Corpus* attique (*C. I. A.*, IV², 1190, *c*) une dédicace de quatre pythaïstes du IVᵉ siècle, il les suppose Eupatrides, et cela d'après l'inscription de M. Nikitsky. Comme il est question dans celle-ci à la fois d'Εὐπατρίδαι, de Κήρυκες, d'Εὐνεῖδαι et de Τετραπολεῖς, le rapprochement doit porter évidemment sur les premiers ; or un seul nom est commun aux deux textes : Τιμοκρίτος Τιμοκράτους dans le *Corpus*, Τιμοκράτης Τιμοκρ[ίτου] à Delphes. Mais l'un vivait au milieu du IVᵉ siècle, l'autre à la fin du IIᵉ ; leur parenté, si elle n'est pas prouvée d'autre part, paraît donc peu certaine ; et d'ailleurs on trouve aussi, dans l'index du *Corpus*, des Τιμοκράτης Τιμοκράτους.

Pour nos Kérykes, il me suffit de renvoyer au chapitre que M. Foucart a consacré au *dadouque* dans son mémoire sur *les Grands Mystères d'Eleusis*[1] ; on y trouvera tout ce qui pouvait être tiré de leur mention à Delphes pour l'histoire de cette famille.

---

1. Deuxième partie (*Personnel, Cérémonies*), p. 46 et sqq.

Quant aux membres des autres γένη, nous ne connaissons à peu près rien de leur vie. — J'ai déjà indiqué, à propos d''Αρχωνίδης Ναυ[...]ράτου qu'on pouvait hésiter, pour le nom de son père, entre Ναυκράτου et Ναυσιστράτου. — Un Διοσκουρίδης Διοσκουρίδου est éphèbe sous Timarchos (n° 4). — Enfin, à Διονύσιος Διονυσοδώρου se rattachent peut-être les deux pythaïstes de l'archontat d'Argeios, Διονυσόδωρος et Διονύσιος Διονυσίου (n° 24).

En somme, les Eupatrides et les Kérykes mis à part, nous manquons trop souvent de renseignements sur nos pythaïstes et théores delphiques. A ce point de vue, nos listes ajoutent donc peu de chose à l'histoire et à la généalogie des grandes familles de l'Attique. Nous y trouvons pourtant déjà cet avantage d'apprendre qu'au moins pour l'époque romaine, tel ou tel nom était porté dans certaines maisons. Mais surtout nous sommes désormais assurés d'un fait entièrement nouveau, la participation particulière de cinq γένη au moins, les Εὐπατρίδαι, les Κήρυκες, les Εὐνεῖδαι, les Ἐρυσιχθονίδαι et les Θυρρακίδαι à l'envoi de la pythaïde. De là nous devons évidemment conclure à l'existence de rapports anciens entre eux et l'Apollon de Delphes; et, en effet, nous en trouvons presque toujours la trace dans leurs légendes.

Ainsi, il paraît aujourd'hui bien établi que les Eupatrides faisaient remonter leur origine à Oreste[1]. Leur nom même d'Eupatrides est l'épithète par excellence de celui qui remplit bien ses devoirs envers son père; dans les tragiques, nous la voyons appliquée également au fils et à la fille d'Agamemnon[2]. Rappelons-nous dès lors l'histoire d'Oreste. Après le meurtre de sa mère, il est en butte à la vengeance implacable des

---

1. Cf. Hirzel, *die Eupatriden* (dans *Rhein. Museum für Phil.*, 1888, p. 631 et sqq.); — Töpffer, *Attische Genealogie*, p. 175 et sqq.

2. Sophocle, *Elect.*, v. 160 :

> ὃν ἁ κλεινὰ
> γᾶ ποτε Μυκηναίων
> δέξεται εὐπατρίδαν, Διὸς εὔφρονι
> βήματι μολόντα τάνδε γᾶν Ὀρέσταν.

Id., *Ibid.*, v. 1070 : (Ἠλέκτρα)

> οὔτε τι τοῦ θανεῖν προμηθὴς τό τε μὴ βλέπειν ἑτοίμα,
> διδύμαν ἑλοῦσ' Ἐρινύν· τίς ἂν εὐπατρις ὧδε βλάστοι;

Euménides ; elles le poursuivent jusqu'au seuil du temple de
Delphes, et, devant l'Aréopage encore, elles réclament la puni-
tion du coupable. Aussi les Eupatrides restent-ils plus tard
exclus à perpétuité du culte de ces déesses[1]. Au contraire,
Apollon a reçu Oreste en grâce à Delphes; il lui a permis de
se purifier, et, quand l'Aréopage doit rendre le jugement dé-
finitif, il continue à le protéger de concert avec Athéna. Naturellement, il en devait résulter des liens très étroits entre le dieu
et son suppliant. Déjà, dans Eschyle[2], Oreste demande à Apollon
de lui expliquer (ἐξηγεῖσθαι) si son crime se justifie, afin qu'il
puisse à son tour démêler devant ses juges les difficultés de cette
délicate question. Là sans doute est l'origine du rôle des Eupatrides
comme exégètes ; car précisément ils s'occupent des expiations
(τὰ τοὺς ἐναγεῖς καθαίροντα), de la purification des suppliants (ἡ
τῶν ἱκετῶν κάθαρσις)[3]. Nous l'avons vu, deux exégètes,
l'ἐξηγητὴς πυθόχρηστος et l'ἐξηγητὴς ὁ ὑπὸ τοῦ δήμου καθεσταμένος,
sont pris parmi eux, même encore à l'époque impériale ; le
μάντις était peut-être aussi constamment un Eupatride ; et, de
plus, dans la théorie athénienne, ils se font représenter directement par des théores et des pythaïstes. Tout cela s'explique
fort bien par la légende d'Oreste, comme un signe de la reconnaissance de ses descendants pour la protection dont le dieu
de Delphes avait couvert leur ancêtre.

Les rapports des Κήρυκες avec Apollon n'ont pas, dans les
récits mythologiques, une explication aussi simple. Mais
d'abord notons à leur sujet une donnée importante et certaine : non-seulement les Κήρυκες ont des députés dans la

---

1. Polémon, *F. H. G.*, III, p. 131, fr. 49 = Scol. Soph., *OEd. à Col.*, 489 :
ἄποστα φωνῶν. Τοῦτο ἀπὸ τῆς δρωμένης θυσίας ταῖς Εὐμενίσι φησί · μετὰ γὰρ
ἡσυχίας τὰ ἱερὰ δρῶσι, καὶ διὰ τοῦτο οἱ ἀπὸ Ἡσύχου θύουσιν αὐταῖς, καθάπερ
Πολέμων ἐν τοῖς πρὸς Ἐρατοσθένην φησίν, οὕτω · « τὸ δὲ τῶν Εὐπατριδῶν γένος
οὐ μετέχει τῆς θυσίας ταύτης. »

2. Eschyle, *Eum.*, v. 599 :

.... Ἐξηγοῦ δέ μοι,
Ἄπολλον, εἰ σφε σὺν δίκῃ κατέκτανον ·
δρᾶσαι γὰρ ὥσπερ ἐστὶν οὐκ ἀρνούμεθα,
ἀλλ' εἰ δικαίως εἴτε μὴ τῇ σῇ φρενὶ
δοκεῖ τόδ' αἷμα κρίνον, ὡς τούτοις φράσω.

3. Athénée, IX, p. 409, *f* — 410, *a* : Ἰδίως δὲ καλεῖται παρ' Ἀθηναίοις ἀπό-
νιμμα ἐπὶ τῶν εἰς τιμὴν τοῖς νεκροῖς γινομένων καὶ ἐπὶ τῶν τοὺς ἐναγεῖς
καθαιρόντων, ὡς καὶ Κλείδημος ἐν τῷ ἐπιγραφομένῳ Ἐξηγητικῷ...... Παρέθετο
ταῦτα καὶ Δωρόθεος, φάσκων καὶ ἐν τοῖς τῶν Εὐπατριδῶν πατρίοις τάδε γεγράφθαι
περὶ τῆς τῶν ἱκετῶν καθάρσεως.

Pythaïde, mais encore le κῆρυξ τοῦ θεοῦ est pris dans leur famille, et il est en même temps prêtre d'Hermès : ἱερεὺς τοῦ πατρῴου Κηρύκων Ἑρμοῦ καὶ κῆρυξ Ἀπόλλωνος Πυθίου. Nous l'apprenons, il est vrai, par des textes d'époque impériale (cf. n° 57 et suiv.); mais évidemment les Κήρυκες ne se sont pas avisés tout à coup, vers la fin du 1er siècle avant Jésus-Christ, de rattacher leurs origines à la fois à Apollon et à Hermès.

Sur Hermès, pas de difficultés : tous les textes nous le donnent comme l'ancêtre des Κήρυκες, par l'intermédiaire d'un éponyme Kéryx, qui est son fils [1]. Maintenant faut-il expliquer les relations des Κήρυκες avec Apollon simplement par celles d'Hermès même avec Apollon dans les légendes courantes de la Grèce? et nous suffit-il de rappeler, suivant l'hymne homérique, Hermès volant d'abord les troupeaux d'Apollon, puis réconcilié avec lui par Zeus, et enfin, après lui avoir fait cadeau de la cithare, son invention, devenant son ami fidèle? Je ne sais si cette explication si simple, admise de tous, était bien propre à satisfaire l'orgueil nobiliaire d'une grande famille; en tout cas, il y a lieu, je crois, de noter certaines confusions de légendes attiques qui ne doivent pas être l'effet du hasard. Tous les mythographes, avons-nous dit, s'accordent pour donner Hermès comme père à Kéryx; mais on lui attribue, comme mère, tour à tour une des trois filles de Cécrops, Pandrose[2], Aglaure[3] ou Hersé[4]. Or de l'union d'Hermès et d'Hersé était né aussi Képhalos[5], dont l'histoire est en liaison étroite avec Apollon.

---

1. Harpocration, s. v. Κήρυκες : γένος ἐστὶν ἐν Ἀθήναις οὕτως ὀνομαζόμενον, κέκληται δὲ ἀπὸ Κήρυκος τοῦ Ἑρμοῦ. — Cf. Hésychius et Suidas, au même mot.

2. Scol. Hom., A, 334 : Ἑρμῆς γάρ. μιγεὶς Πανδρόσῳ τῇ Κέκροπος θυγατρί, ἔσχεν υἱὸν ὀνόματι Κήρυκα, ἀφ' οὗ τὸ τῶν Κηρύκων γένος, ὡς ἱστορεῖ Πτολεμαῖος. — Cf. Schol. d'Eschine, Tim., 20 : κηρύκων ἐστὶν ἐν Ἀθήναις γένη τέσσαρα, πρῶτον τὸ τῶν πανάγνων οἵ εἰσιν ἀπὸ Κήρυκος τοῦ Ἑρμοῦ καὶ Πανδρόσου τῆς Κέκροπος (c'est la famille des Κήρυκες). δεύτερον δὲ τῶν περὶ τοὺς ἀγῶνας, τρίτον τὸ τῶν περὶ τὰς πομπάς (= famille des Εὐνεῖδαι; cf. Pollux, VIII, 103, cité p. 61, n. 1), τέταρτον τὸ τῶν περὶ τὰς ἀγορὰς καὶ τὰ ὤνια.

3. Pausan., I, 38, 3 : τελευτήσαντος δὲ Εὐμόλπου, Κῆρυξ νεώτερος λείπεται τῶν παίδων, ὃν αὐτοὶ Κήρυκες θυγατρὸς Κέκροπος Ἀγλαύρου καὶ Ἑρμοῦ παῖδα εἶναι λέγουσιν, ἀλλ' οὐκ Εὐμόλπου.

4. Kaibel, Ep. gr., 1046, v. 32 (inscript. du Τριόπειον d'Hérode Atticus) :

Ἕρσης ἐκγεγαῶτα καὶ Ἑρμέω. εἰ ἐτεὸν δὴ
Κῆρυξ Ἡρῴδεω πρόγονος Θησηϊάδαο.

5. Apollodore, III, 14, 3 : Ἕρσης δὲ καὶ Ἑρμοῦ Κέφαλος, οὗ ἐρασθεῖσα Ἠὼς ἥρπασε, καί, μιγεῖσα ἐν Συρίᾳ, παῖδα ἐγέννησε Τιθωνόν, οὗ παῖς ἐγένετο Φαέθων.

En effet, après avoir tué son épouse Procris, il est obligé de
s'exiler[1], comme l'a fait Apollon après le meurtre du serpent
Python; quand ses descendants veulent rentrer en Attique, ils
vont consulter l'oracle de Delphes, et, sur ses indications, ils
fondent d'abord le Pythion de Daphni[2]. On le voit, en mêlant
les légendes de Kéryx et de Képhalos, il était facile aux Κήρυκες,
s'ils le désiraient, de se rattacher par là encore à Apollon.
Quoi qu'il en soit, leurs rapports avec lui ne sont pas douteux,
et non seulement avec le dieu de Delphes, mais aussi avec
celui de Délos; car, dans les lois de Solon, on trouvait la mention de deux des leurs à propos des fêtes de Délos; ils avaient
même le privilège d'être nourris, pendant un an, dans le Délion[3].

Pour les Εὐνεῖδαι, aucun texte, à ma connaissance, ne
témoigne nettement de leurs relations avec Delphes. Leur héros
éponyme, Eunéos, est fils de Zeus et de la reine de Lemnos,
Hypsipylé; les lexicographes nous montrent en eux un γένος
μουσικόν, et nous voyons par les inscriptions qu'ils partageaient
avec les technites la prêtrise de Dionysos Melpoménos : il n'y
a là rien de commun avec Apollon. M. Nikitsky explique le rôle
des Εὐνεῖδαι dans la Pythaïde par leurs rapports avec Dionysos; sans doute Dionysos était, lui aussi, l'objet d'un culte à
Delphes; mais la pythaïde n'était pas envoyée par Athènes en
l'honneur de ce dieu, et l'explication de M. Nikitsky, — bien que
je n'en aie pas d'autre à proposer, — me paraît fort difficile à
admettre. A plus forte raison peut-on trouver trop ingénieux ce
rapprochement, où, de l'existence à Acharnes, d'une part d'un
collège de παράσιτοι en relations avec Apollon, et d'autre part
d'un culte de Dionysos Melpoménos (parmi beaucoup d'autres),
M. Nikitsky veut conclure que les παράσιτοι apolliniens sont
précisément nos Eunéïdes. Bref, nous devons nous borner, au moins pour l'instant, à constater, en fait, l'existence de
pythaïstes pris dans cette famille. Notons cependant que les

1. Hellanicos, *F. II. G.*, Did., I, p. 56, fr. 82 (= Scol. Eurip., *Or.*, 1648) : Εἶτα
Κέφαλος,...., ὅστις Πρόκριν τὴν Ἐρεχθέως ἔχων γυναῖκα, καὶ ἀποκτείνας, ἐξ
Ἀρείου πάγου δίκην ὡς δικασθεὶς ἔφυγεν.
2. Pausan., I, 37, 6-7: δεκάτῃ δὲ ὕστερον γενεᾷ, Χαλκῖνος καὶ Δαῖτος, ἀπόγονοι
Κεφάλου, πλεύσαντες ἐς Δελφοὺς ᾔτουν τὸν θεὸν κάθοδον ἐς Ἀθήνας· ὁ δέ σφισι
κελεύει θῦσαι πρῶτον Ἀπόλλωνι ἐνταῦθα τῆς Ἀττικῆς ἔνθα ἂν ἴδωσιν ἐπὶ τῆς γῆς
τριήρη θέουσαν.
3. Athénée, VI., p. 234, *e-f* : ἐν δὲ τοῖς κύρβεσι τοῖς περὶ τῶν Δηλιαστῶν
οὕτως γέγραπται· « καὶ τὸ κήρυκε ἐκ τοῦ γένους τῶν Κηρύκων τοῦ τῆς
μυστηριώτιδος· τούτους δὲ παρασιτεῖν ἐν τῷ Δηλίῳ ἐνιαυτόν. »

Εὐνεῖδαι semblent avoir quelque lien avec les Κήρυκες; car, sous Argeios comme sous Agathoclès, leurs pythaïstes sont nommés à la suite les uns des autres; à l'époque impériale, nous trouvons même une fois (n° 63) la mention d'un personnage élu ἐκ Κηρύκων καὶ Εὐνειδῶν; et enfin parmi eux était prise une des quatre grandes classes de hérauts d'Athènes, ceux des processions[1]. De ce côté serait peut-être à chercher l'origine de leur participation à la Pythaïde.

La présence des Ἐρυσιχθονίδαι s'explique d'une façon beaucoup plus sûre. Leur γένος n'est pas mentionné dans le livre de M. Töpffer; mais évidemment il se rattachait à Erysichthon. Or celui-ci nous est bien connu : il personnifie, nous l'avons indiqué en commençant, les premières relations de l'Attique avec Délos, et, par suite, avec Apollon. D'après la légende, Erysichthon fut possesseur de l'île de Délos, nommée autrefois Ortygie[2] : là il fonda le temple d'Apollon Délien[3], et il y consacra le premier xoanon qu'on ait offert au dieu dans une théorie[4]. C'est lui aussi qui apporta de Délos à Athènes la plus vieille statue d'Ilithyia[5]; enfin on le faisait mourir à Prasiai, au retour d'une théorie qu'il venait de conduire à Délos, et l'on y montrait encore son tombeau au temps de Pausanias[6]. On voit dès lors combien il est intéressant de trouver dans la pythaïde des théores nommés par la famille des Ἐρυσιχθονίδαι. Evidemment le souvenir se perpétuait des rapports primitifs d'Apollon avec Erysichthon, c'est-à-dire avec le dème de Prasiai : les familles originaires de la Paralie sont traitées à Delphes sur le même pied que les plus illustres d'Athènes même,

---

1. Pollux, VIII, 103 : Κῆρυξ· ὁ μέν τις τῶν μυστικῶν, ἀπὸ Κήρυκος τοῦ Ἑρμοῦ καὶ Πανδρόσου τῆς Κέκροπος· ὁ δὲ περὶ τοὺς ἀγῶνας· οἱ δὲ περὶ τὰς πομπὰς, ἐκ τοῦ Εὐνειδῶν γένους· οἱ δὲ κατ' ἀγορὰν τὰ ὤνια προκηρύττοντες.

2. Phanodémos, dans Athen., IX, p. 392, d (F. H. G., Did., I, p. 366, fr. 1) : Περὶ δὲ τῆς γενέσεως αὐτῶν (= τῶν ὀρτύγων), Φανόδημος, ἐν δευτέρῳ Ἀτθίδος, φησὶν ὡς κατεῖχεν Ἐρυσίχθων Δῆλον τὴν νῆσον τὴν ὑπὸ τῶν ἀρχαίων καλουμένην Ὀρτυγίαν.

3. Syncelle, Chronogr., p. 153, c : τὸ ἐν Δήλῳ ἱερὸν Ἀπόλλωνος Δηλίου ὑπὸ Ἐρυσίχθονος υἱοῦ Κέκροπος ἱδρύνθη.

4. Plutarque, fragm. X (dans Eusèbe, Praep. ev., III, 8, p. 99) : ἡ δὲ τῶν ξοάνων ποίησις ἀρχαῖον ἔοικεν εἶναί τι καὶ παλαιόν, εἴγε ξύλινον μὲν ἦν τὸ πρῶτον εἰς Δῆλον ὑπὸ Ἐρυσίχθονος Ἀπόλλωνι ἐπὶ τῶν θεωριῶν ἄγαλμα.

5. Pausanias, I, 18, 5 : μόνοις δὲ Ἀθηναίοις τῆς Εἰλειθυίας κεκάλυπται τὰ ξόανα ἐς ἄκρους τοὺς πόδας. Τὰ μὲν δὴ δύο εἶναι κρητικὰ καὶ Φαίδρας ἀναθήματα ἔλεγον αἱ γυναῖκες, τὸ δὲ ἀρχαιότατον Ἐρυσίχθονα ἐκ Δήλου κομίσαι.

6. Paus., I, 31, 2 : Ἔστι δὲ μνῆμα ἐπὶ Πρασιαῖς Ἐρυσίχθονος, ὡς ἐκομίζετο ὀπίσω μετὰ τὴν θεωρίαν ἐκ Δήλου, γενομένης οἱ κατὰ τὸν πλοῦν τῆς τελευτῆς.

et leurs privilèges subsistent encore intacts au commencement
du Ier siècle.

Il devait en être de même pour les Πυρρακίδαι. Leur γένος,
comme le précédent, n'est cité dans aucun texte; mais l'unique
mention que l'on trouve de leur éponyme, Pyrrhakos, le rattache à Erysichthon[1]. Hésychius, il est vrai, se borne à nous
les donner comme contemporains; mais si, à propos de Pyrrhakos, il nomme Erysichthon de préférence à tant d'autres
noms, c'est sans doute que des légendes aujourd'hui perdues
rapprochaient les deux héros, et que le souvenir de l'un appe-
lait naturellement celui de l'autre.

ROLE DE LA TÉTRAPOLE MARATHONIENNE.

L'exemple de la Tétrapole marathonienne est encore plus
frappant[2]. Cette portion du territoire de l'Attique avait formé
pendant assez longtemps dans le pays un groupe particulier. Là
habitaient surtout des familles venues d'Ionie, qui avaient
apporté avec elles, outre leurs institutions, leur culte national,
celui d'Apollon. Athènes une fois devenue la capitale du pays,
la Tétrapole naturellement perdit beaucoup de son indépen-
dance. Pourtant, au IVe siècle, elle a encore ses archontes
à elle (C. I. A., II, 1324), et les formules de ses décrets ne sont
pas exactement celles d'Athènes (C. I. A., II, 601). De même,
au point de vue religieux, la Tétrapole demeure spécialement attachée à Apollon. Nous connaissons par les auteurs un
Pythion à Œnoé, un Délion à Marathon[3]; et, de plus, l'Ecole

---

1. Hésychius, s. v. Πύρρακος· ἥρως τις κατ' Ἐρυσίχθονα γεγονώς.
2. A propos de cette Tétrapole, M. Nikitsky se demande si l'expression
assez fréquente, οἱ Τετραπολεῖς, désigne ou non un γένος. Les textes de Delphes
tranchent la question d'une manière définitive (Cf. n°s 34 et 35) : il s'agit d'un
κοινόν, et l'inscription du Corpus (C. I. A., II, 601) était bien copiée et restituée.
3. Philochore (dans Scol. Soph., Œd. à Col., 1047) : ..... Καὶ ἔστιν ἱεροσκοπία τῆς μὲν εἰς Δελφοὺς θεωρίας ἐν τῷ ἐν Οἰνόῃ Πυθίῳ, τῆς δὲ εἰς Δῆλον ἐν τῷ
ἐν Μαραθῶνι Δηλίῳ.

Américaine a retrouvé à Icaria les restes d'un autre Pythion avec l'inscription gravée sur le seuil (*C. I. A.*, IV², 1657, *b*) : Ἰκαριῶν τὸ Πύ[θι]ον. Icaria, il est vrai, n'est pas un des quatre bourgs constituant, à proprement parler, la Tétrapole (Œnoé, Probalinthos, Tricorynthos, Marathon); mais, situé sur le versant nord du Pentélique, dans l'étroite vallée qui débouche en face de Vrana, il paraît bien en avoir dépendu. Or dans son Pythion on a découvert un bas-relief portant la dédicace d'un pythaïste (*C. I. A.*, IV², 1190, *b*); du même endroit provient également, selon toute vraisemblance, une dédicace analogue faite cette fois par quatre pythaïstes (*C. I. A.*, IV², 1190, *c*), c'est-à-dire qu'on ne se bornait pas à adorer Apollon à Icaria même : les gens de la Tétrapole prenaient soin aussi d'envoyer officiellement des députés à Delphes.

En effet, nous avons conservé trois décrets rendus par les Delphiens en l'honneur de la Tétrapole.

N° 33 (*fig.* 7) :

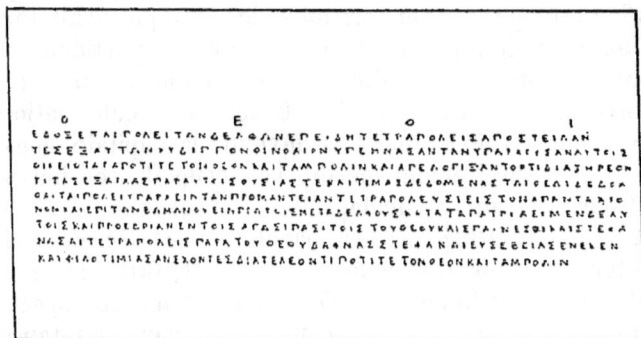

735

FIG. 7.

Θεοί.

Ἔδοξε τᾶι πόλει τῶν Δελφῶν· ἐπειδὴ Τετραπολεῖς, ἀποστείλαντες ἐξ αὐτῶν Κύδιππον Οἰνοαῖον, ὑπέμνασαν τὰν ὑπάρχουσαν αὐτοῖς
οἰκειότατα ποτί τε τὸν θεὸν καὶ τὰμ πόλιν, καὶ ἀπελογίξαντο ὅτι διατηρέοντι τὰς ἐξ ἀρχᾶς παρ' αὐτοῖς θυσίας τε καὶ τιμὰς δεδομένας τῶι θεῶι· δεδόχ-

θαι ται πόλει ὑπάρχειν τὰν προμαντείαν Τετραπολεῦσι εἰς τὸν ἄπαντα χρόνον, καὶ ἐπὶ τῶν βωμῶν θύειν πρώτοις μετὰ Δελφοὺς κατὰ τὰ πάτρια, εἶμεν δὲ αὐτοῖς καὶ προεδρίαν ἐν τοῖς ἀγῶσι πᾶσι τοῖς τοῦ θεοῦ, καὶ ἐπαινέσ[α]ι καὶ στεφανῶσαι Τετραπολεῖς παρὰ τοῦ θεοῦ δάφνας στεφάνωι εὐσεβείας ἕνεκεν
καὶ φιλοτιμίας ἃν ἔχοντες διατελέοντι ποτί τε τὸν θεὸν καὶ τὰμ πόλιν.

N° 34 (fig. 8) :

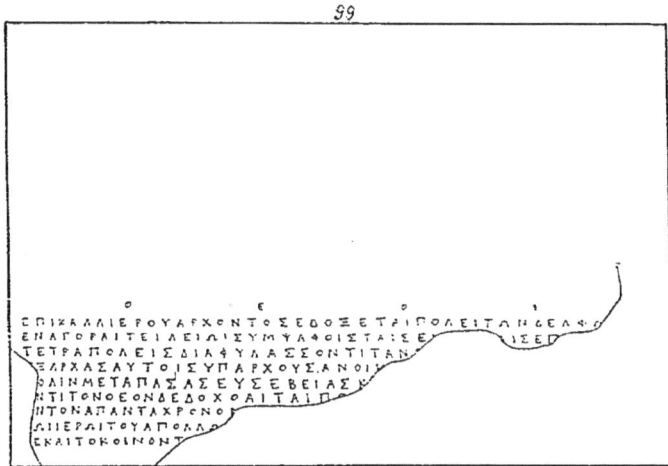

FIG. 8.

L. 3 : ΤΕΙΛΕΙΩΙ (sic).

Θ ε ο ί.

Ἐπὶ Καλλιέρου ἄρχοντος, ἔδοξε ται πόλει τῶν Δελφῶ[ν]
ἐν ἀγορᾶι τε<ι>λείωι σὺμ ψάφοις ταῖς ἐ[ννόμο]ις· ἐπ[ειδὴ]
Τετραπολεῖς διαφυλάσσοντι τάν[τε εὔνοιαν καὶ τὰν]
[ἐ]ξ ἀρχᾶς αὐτοῖς ὑπάρχουσαν οἰκ[ειότατα¹ ποτὶ τὰμ]
[π]όλιν μετὰ πάσας εὐσεβείας, κ[αὶ τιμέοντες διατελέ-]
[ο]ντι τὸν θεόν· δεδόχθαι ται π[όλει καταμόνους εἶμεν]
[ἐ]ν τὸν ἄπαντα χρόνο[ν τὰς ἀναγεγραμμένας αὐτοῖς ἐν]
[τ]ῶι ἱερῶι τοῦ Ἀπόλλω[νος προεδρίας καὶ τιμάς, ἐπαινέσαι]
[δ]ὲ καὶ τὸ κοινόν τ[ῶν Τετραπολέων].

1. On attendrait ici la formule : ποτί τε τὸν θεὸν καὶ τὰμ πόλιν; mais elle est
beaucoup trop longue pour la lacune, à moins de supposer en cet endroit une
correction faite au-dessus de la ligne.

N° 35 (*fig.* 9) :

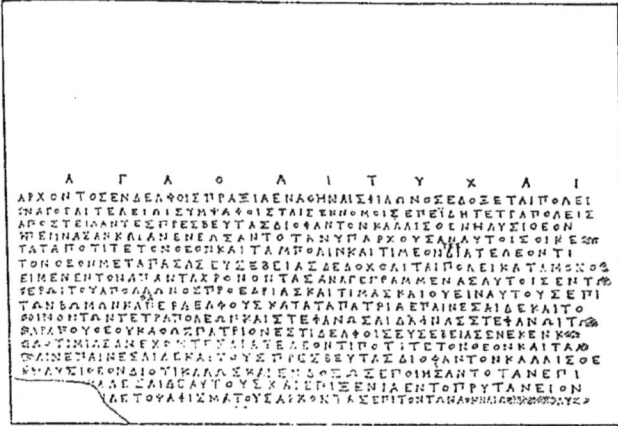

Fig. 9.

Dans le bas de la pierre, le coin gauche est assez effacé; la lecture pourtant est certaine. Les derniers mots sont plus serrés que le reste de l'inscription.

Ἀγαθᾶι τύχαι.

Ἄρχοντος ἐν Δελφοῖς Πραξία, ἐν Ἀθήναις Φίλωνος, ἔδοξε τᾶι πόλει
ἐν ἀγορᾶι τελείωι σὺμ ψάφοις ταῖς ἐννόμοις· ἐπειδὴ Τετραπολεῖς,
ἀποστείλαντες πρεσβευτὰς Διόφαντον, Καλλισθένη, Λυσίθεον,
[ὑ]πέμνασαν καὶ ἀνενεώσαντο τὰν ὑπάρχουσαν αὐτοῖς οἰκε[ιό-]
τατα ποτί τε τὸν θεὸν καὶ τὰμ πόλιν, καὶ τιμέοντες διατελέοντι
τὸν θεὸν μετὰ πάσας εὐσεβείας· δεδόχθαι τᾶι πόλει καταψαφίσο[υς]
εἶμεν ἐν τὸν ἅπαντα χρόνον τὰς ἀναγεγραμμένας αὐτοῖς ἐν τ[ῶι]
[ἱ]ερῶι τοῦ Ἀπόλλωνος προεδρίας καὶ τιμάς, καὶ θύειν αὐτοὺς ἐπὶ
τῶν βωμῶν καθάπερ Δελφοὺς κατὰ τὰ πάτρια, ἐπαινέσαι δὲ καὶ τὸ
[κ]οινὸν τῶν Τετραπολέων, καὶ στεφανῶσαι δάφνας στεφάνωι τ[ῶι]
[π]αρὰ [τ]οῦ θεοῦ καθῶς πάτριόν ἐστι Δελφοῖς εὐσεβείας ἕνεκεν κ[αὶ]
[φ]ιλοτιμίας ἃν ἔχοντες διατελέοντι ποτί τε τὸν θεὸν καὶ τὰ[μ]
π[ό]λιν, ἐπαινέσαι δὲ καὶ τοὺς πρεσβευτὰς Διόφαντον, Καλλισθέ-
[νη], Λυσίθεον διότι καλῶς καὶ ἐνδόξως ἐποιήσαντο τὰν ἐπι-
[δα]μίαν, κ]αλέσαι δὲ αὐτοὺς καὶ ἐπὶ ξένια ἐν τὸ πρυτανεῖον,
[ἀ]ναγράψα]ι δὲ τὸ ψάφισμα τοὺς ἄρχοντας ἐπὶ τὸν τῶν Ἀθηναίω[ν θησ]αυ[ρόν].

Nous voyons là que la Tétrapole était pleine de piété et d'attentions pour Apollon et pour Delphes. Sacrifices et honneurs étaient accordés au dieu depuis une haute antiquité; et on ne laissait pas se relâcher avec le temps ces liens d'amitié : on prenait soin d'envoyer tantôt un, tantôt plusieurs ambassadeurs

pour en rappeler le souvenir et pour les renouveler. Naturellement la Tétrapole, en échange, avait obtenu des privilèges,
qui étaient inscrits dans le sanctuaire d'Apollon, la promantie,
la proédrie à tous les jeux, et surtout le droit d'offrir ses sacrifices sur le même pied que les Delphiens. Ces divers avantages
lui sont confirmés à perpétuité, et le κοινὸν τῶν Τετραπολέων
tout entier reçoit de la ville de Delphes une couronne de laurier.

Notons bien l'époque où sont rendus ces décrets. Le troisième est daté à la fois par l'archonte de Delphes, Praxias, et
celui d'Athènes, Philon. Or nous avons à Delphes un Πραξίας
Εὐθύκου, archonte en 178; il devient prêtre d'Apollon de 154
à 144 environ (prêtrise VI), et nous le retrouvons encore
comme ambassadeur, à deux reprises, auprès d'Attale II (dont
le règne s'étend de 159 à 138), et comme membre de la première commission d'épimélètes chargés de régler l'emploi des
sommes données par le roi de Pergame[1]. Puisque c'est, à notre
connaissance, le seul archonte de ce nom, il est naturel d'identifier notre Praxias avec lui. Il est vrai, son collègue d'Athènes,
Philon, est d'ordinaire placé un peu plus bas; M. von Schœffer
le met en 151[2]; M. Homolle entre 150 et 147[3]; M. Ferguson
vers 145[4]. Mais ces divergences montrent assez qu'on manque
d'argument décisif à son sujet[5]. Or il n'y a pas d'inconvénient,
au contraire, à le placer en 178. En effet l'année où il est archonte, un Σίμων Πέρις est épimélète des Orgéons du Pirée[6];
et précisément un Σίμων Σίμωνος Πέρις figure dans une liste
d'Orgéons du Pirée sous Eupolémos, en 185[7], et présente une
motion devant cette association sous Hermogène, en 183[8]. Pour
faire descendre l'archonte Philon jusqu'en 150 ou 145, il fallait
distinguer deux Simon dans les trois décrets cités du *Corpus*
attique; en adoptant la date de 178, nous avons maintenant
l'avantage de les ramener à un seul.

Notre deuxième texte porte seulement le nom de l'archonte

1. *B. C. H.*, V, 1881, p. 157 et sqq.
2. Pauly-Wissowa, *Real-Encycl.*, II, 1, p. 591.
3. *B. C. H.*, XVII, 1893, p. 165.
4. Ferguson, *The athenian archons*, p. 69.
5. M. Kirchner, dans sa *Prosopographia attica*, le range parmi les archontes
dont la date ne peut pas être fixée avec précision; toutefois il le place vers
le début du IIe siècle (cf. n° 14810, et les tableaux à la fin du vol. II).
6. *C. I. A.*, II, 621.
7. *C. I. A.*, IV², 623, *d*.
8. *C. I. A.*, II, 624.

delphien Calliéros. Il était déjà connu par une proxénie[1], et
M. Pomtow lui attribue l'année 204 environ[2]. Nous accepterons
cette date comme une approximation fort vraisemblable[3].

Quant à l'inscription n° 33, elle ne renferme aucune indication
de magistrat, et le député de la Tétrapole, Κύδιππος Οἰνοκίος,
est inconnu. Je placerais cependant volontiers ce texte avant
les deux autres : car nous y voyons les privilèges de la Tétrapole énumérés en détail (προμαντείαν, προεδρίαν, etc.), au lieu
d'être simplement indiqués en bloc (τὰς ἀναγεγραμμένας ἐν τῷ
ἱερῷ τοῦ Ἀπόλλωνος προεδρίας καὶ τιμάς). De même, les gens de
la Tétrapole sont obligés ici de rendre un compte exact de leur
piété (ἀπελογίξαντο), et de démontrer pour ainsi dire qu'ils n'ont
laissé tomber en désuétude aucun des sacrifices ni des honneurs
rendus à Apollon (διατηρέοντι τὰς ἐξ ἀρχᾶς παρ' αὐτοῖς θυσίας τε
καὶ τιμὰς δεδομένας τῷ θεῷ); plus tard, on se borne à un rappel
général de leurs bonnes dispositions pour Delphes et pour son
dieu. Peut-être encore pourrait-on relever, comme marquant
un progrès dans leurs privilèges, la différence des formules
θύειν πρώτοις μετὰ Δελφούς et θύειν καθάπερ Δελφούς. Pour ces
diverses raisons, je considère donc l'inscription n° 33 comme
antérieure aux deux autres, mais sans l'en écarter cependant
beaucoup et sans dépasser le dernier quart du IIIᵉ siècle. L'exa-
men des caractères épigraphiques paraît d'ailleurs confirmer
cette vue : le π a assez régulièrement la forme Γ et non Π;
mais on rencontre déjà, pour le μ, les deux signes M et Μ.

Si cette chronologie est exacte, nos trois décrets se trouvent
être antérieurs à toute la série des listes relatives à la pythaïde.
Évidemment de ce que, sur le Trésor des Athéniens, aucun
document de ce genre ne nous est parvenu avant l'archontat de
Timarchos, il ne s'en suit pas avec certitude qu'Athènes, dans la
première moitié du IIᵉ siècle, par exemple, n'ait pas envoyé
une seule pythaïde à Delphes. Remarquons cependant d'abord
qu'il nous reste du Trésor un fort grand nombre de textes;
or le monument est petit, et seuls le mur Sud et les antes

---

1. *B. C. H.*, VI, 1882, p. 219.
2. Pauly-Wissowa, *Real-Encycl.*, IV, 2, p. 2631.
3. Nous retrouvons bien aussi un Καλλίερος comme néocore, garant ou
témoin dans un grand nombre d'actes d'affranchissement de la prêtrise III
et du début de la prêtrise IV, c'est-à-dire entre 180 et 160 environ. Mais,
comme nous possédons à ce moment la liste complète des archontes de
Delphes, il doit s'agir là d'un second Καλλίερος, petit-fils de celui qui
figure dans le décret relatif à la Tétrapole.

pouvaient recevoir des inscriptions. D'autre part il serait assez
surprenant, si la pythaïde avait existé au début du II° siècle,
qu'on ne se fût pas avisé, avant Timarchos, d'en conserver le
souvenir par quelques inscriptions ; car, pour la même époque,
nous avons des proxénies et même des affranchissements. Enfin
nous verrons plus loin (n° 48, l. 4 ; cf. p. 134-135) que la pythaïde
a subi une réorganisation vers le temps de Dionysios, et que
les Athéniens reçoivent précisément un éloge du peuple de
Delphes pour avoir décidé de la célébrer dorénavant à des
intervalles plus rapprochés.

Ainsi, au moment où Athènes néglige plus ou moins sa
grande théorie delphique, la Tétrapole, elle, reste toujours
fidèle à Apollon ; mais c'est sans aucun doute avec l'assentiment de la capitale. En effet nos trois textes sont gravés sur
le Trésor des Athéniens ; la mention en est même faite en
propres termes dans le libellé de l'un d'eux. Et il y a plus :
ils n'ont pas été écrits dans un coin quelconque, mal en vue ;
ils étaient tous sur des pierres d'ante, et tournés du côté de la
façade, c'est-à-dire en très belle place. Nous ne sommes donc
pas surpris, quand renaît l'usage de la pythaïde, de lire, à côté
des représentants de la noblesse athénienne, les noms de
théores et de pythaïstes de la Tétrapole.

(sous Τίμαρχος)	Πύθιων Πυθίωνος, Ἀρκεσίλαος Ἁρπάλου, Εὔνικος (?) Σωστράτου.	théores.
(sous Διονύσιος)	Μητρόδωρος Καλλιστράτου, Δαμόκριτος Δαμοκρίτου, Ἡνιοχίδης Εὐφιλήτου.	théores.
(sous Ἀγαθοκλῆς)	Χαρίσανδρος Φανόλεω.	pythaïste.
(sous Ἀργεῖος)	Ζήνων Ἡροδότου, Διόφαντος Εὐθυμένου, Δημήτριος Διονυσίου, Εὔνομος Εὐθυδίκου, Ἡρόδοτος Ζήνωνος.	archithéore. théores. pythaïste.

Ces personnages sont presque tous inconnus. Le seul dont
le nom se retrouve ailleurs avec quelque certitude est Ἡνιοχίδης
Εὐφιλήτου, agoranome sous Lykiskos, c'est-à-dire un an avant
d'être théore à Delphes (C. I. A., II, 1208, b) ; il nous reste seulement la fin de son démotique [...]ύσιος, sans doute [Τρικορ]ύσιος. —
Un Χαρίσανδρος Φανόλεω prend part, probablement comme théore,
à la théorie de l'archontat d'Agathoclès (n° 17, col. 1, l. 19) ; c'est

peut-être un parent du nôtre. — Enfin le nom d'Ἡρόδοτος est porté par un πύθιος θεωρός de Probalinthos dans un fragment de décret évidemment analogue à ceux que nous citions tout à l'heure.

N° 36 (*fig.* 10) :

FIG. 10.

Fragment de droite, l. 5, au début : il existe bien, sur la pierre, un vide après le B.

```
|...................................................]ον, καὶ ἀ-
|π]ελ[ογί]ξαντο ὅ[τι διατηρίοντι τὰς ἐξ ἀρχᾶς παρ' αὐτοῖς θυσίας τε καὶ τιμὰς
                    δεδομένας τῷ θεῷ]· δεδόχθαι τᾶι πό[λ-]
ει ὑπάρχειν τὰ[ν προμαντείαν Τετραπολεῦσιν εἰς τὸν ἄπαντα χρόνον, καὶ ἐπὶ
                    τῶν βωμῶν θ]ύειν πρότοις μετὰ Δελφοὺς
κατὰ τὰ [πά]τρια, |εἶμεν δὲ αὐτοῖς καὶ προεδρίαν ἐν τοῖς ἀγώνοις πᾶσι τοῖς τοῦ
                    θεοῦ, καὶ ἐ]παινέσαι καὶ στεφανῶσαι [Τ-]
ετραπολεῖς [παρὰ τοῦ θεοῦ δάφνας στεφάνῳ καθὼς πάτριόν ἐστι Δελφοῖς, ἐφ' ἅι
                    ἄγοντες εὐσε]βείαι διατελίοντι ποτί τε τ[ὸ-]
ν θεὸν καὶ τὰν [πόλιν ἁμῶν, σπουδᾶς καὶ φιλοτιμίας οὐδὲν ἐλλείποντες, ἐπαινέσαι
                    δὲ καὶ τοὺ]ς πυθ[ίου] θεωροὺς Ἡρόδ[οτ-]
ον Προβαλίσιον, [.................................................
                    ἐπὶ ταῖ φιλοτιμί αι καὶ [ἀναστροφ-]
ᾶι ἇι πεποίην[ται, ................
```

En somme, nous ignorons à peu près tout de la biographie de ces délégués; mais nous pouvons du moins constater ce fait important que, dans la pythaïde, la région de la Tétrapole, constituée en un κοινόν, a constamment une place à part à côté des grandes familles de la noblesse. C'était là évidemment, encore à la fin du II⁰ siècle, un souvenir de la manière dont le culte d'Apollon s'était introduit en Attique : on se rappelait que, d'après les légendes les plus anciennes, en se rendant de Délos à Delphes, le dieu avait débarqué dans la Paralie et

traversé la Tétrapole ; et il en était tenu compte, avec le
consentement d'Athènes, dans les cérémonies officielles intéressant tout l'Etat. Au reste, la Tétrapole devait avoir des
privilèges analogues dans la théorie de Délos : pour cette fête,
un vaisseau sacré partait d'Athènes[1] ; mais un autre était envoyé
de Marathon, et, au temps de Démosthène, ce fut un scandale
pour l'Attique entière quand les croiseurs macédoniens osèrent
un jour venir enlever la Paralos à Marathon même[2].

L'ESCORTE : ÉPHÈBES ET CAVALIERS.

1° **Éphèbes.** — Dans un grand nombre de fêtes athéniennes,
nous savons, soit par le témoignage des auteurs, soit par des
documents épigraphiques, soit même par des monuments figurés,
qu'il existait une escorte d'éphèbes et de cavaliers[3]. Nous
n'avions, pour la pythaïde, aucune indication; mais nous ne
devons pas nous étonner d'y voir un cortège analogue.

En effet, sous Timarchos, sous Dionysios, sous Agathoclès
et sous Argeios, nous avons conservé les listes des éphèbes
envoyés par Athènes. Une fois (n° 9), ils sont désignés comme
ἀγαγόντες τὴν Πυθαΐδα; le reste du temps, leur intitulé porte :
οἱ ἔφηβοι οἱ προπέμψαντες τὴν Πυθαΐδα. Cette dernière formule
est, je crois, la plus propre à nous expliquer leur rôle : ils faisaient officiellement partie de la théorie, et c'est eux qui

---

1. Platon, *Phédon*, p. 58, *b-c*.
2. Dém., Ire *Philip.*, 34 : ... τὰ τελευταῖα δ' εἰς Μαραθῶν' ἀπέβη, καὶ τὴν ἱερὰν
ἀπὸ τῆς χώρας ῷχετ' ἔχων τριήρη. — Cf. le commentaire d'Harpocration, s. v.
ἱερὰ τριήρης : ... λέγοι ἂν (Δημοσθένης) τὴν Πάραλον, ὡς συνιδεῖν ἔστιν ἔκ τε τῆς
Φιλοχόρου καὶ ἐκ τῆς Ἀνδροτίονος ὁμοίως ϛ'. — On se rappelle aussi que, pour
mettre en route la théorie de Délos, l'observation des signes sacrés se faisait
du Délion de Marathon, comme du Pythion d'Oenoé pour la Pythaïde. (Cf.
Philochore : passage cité, p. 62, n. 3).
3. Pour les éphèbes, cf. A. Dumont, *Éphébie attique*, 1, chap. VII. — Pour
les cavaliers, cf. A. Martin, *les Cavaliers Athéniens*, p. 145 et sqq.

ouvraient la marche. La même chose d'ailleurs avait lieu aux Eleusinia[1].

a) Pythaïde de Τίμαρχος.

Nº 4 (Pl. I, *B*) :

(L'intitulé manque[2])

Σώστρατος Διοφάντου,
Μηρόδοτος Κρίτωνος,
Δημήτριος Φίλωνος,
Νικόδημος Στράτωνος,
Ἡρακλίων Δημοφῶντος,
Πόσιχος Δημητρίου,
Ζώπυρος Ὀνησάνδρου,
Ἀντισθένης Ἡλιοδώρου,
Νίκανδρος Δέξωνος,
Εὐκλῆς Γλαυκίου,
Τιμοσθένης Θεοδότου,
Ἀπελλῆς Ἀριστοβίου,
Ἄρχιππος Θεοτίμου,
Μιλτιάδης Ὀφέλου,
[..............]
[...............]ου,
[..............]άτου,
[..........]κουρίδου,
[.........Ν]ικοφῶντος,
[.........]ς Τιμοθέου,
[Ἀ]πολλώνιος Μενεκράτου,
Εὐσθένης Σιλανοῦ,
Μενέφρων Ἡγησίππου,
Μενεκράτης Μενεστράτου,
Διονύσιος Θεοδώρου,
Θεόφιλος Θεοφίλου,
Θεόφιλος Καλλιστράτου,
Ἰσοχῶν Σοφοκλέους,

[......... ..Φι]λήμονος,
Δημ[ό]στρατος Ναυκλέους,
Εὐβίοτος Παρμενίωνος,
Ἀντίοχος Παρμενίωνος,
Διο[κλ]ῆς Πασίωνος,
Νι[....]ος Ἀττάλου,
Ἀπο[λ]λωνίδης Μνησιθέου,
Ἀπολλώνιος Ἀρτεμιδώρου,
Ἀμύντας Ἀμύντου,
Κύδιμος Δαμοκρίτου,
Ἀνθεστήριος Πρωτογένου,
Καλλιτέλης Ἀριμνήστου,
Νικ[ό]δημος Νικοδήμου,
[Ἀρι]στόβουλος Καλλικράτου,
Λεόντιχος Θεογείτονος,
Δημέας Δημίου,
Ἀνδρόνικος Ξένωνος,
Ἀπολλόδωρος Ἀπολλοδώρου,
Σωσιγένης Ἀμφηρείδου,
Μνάσιππος Διοκλέους,
Εὐμαρείδης Εὐφάνου,
Διοσκουρίδης Διοσκουρίδου,
Πυθίων Μενίππου,
Μενίσκος Μενάνδρου,
Δεξίοχος Δέξωνος,
Φιλίων Φιλοθέου,
Εὐφράνωρ Δημητρίου,
Θόας Ἡρακλείδου,

['Ι]ππ[όνικο]ς Ἱππονίκου,
Διοκλῆς Διοκλέους.

---

1. *C. I. A.*, 470, 7 : ὑπαπήντησαν δὲ καὶ τοῖς ἱεροῖς ἐν ὅπλοις μέχρι τῆς Ἠχοῦς καὶ προέπεμψαν αὐτά.
2. C'est donc par hypothèse que nous tenons pour des éphèbes les personnages dont les noms suivent. Mais comme, sous l'archontat de Timarchos, nous avons déjà une liste de théores (nº 2) et une liste de pythaïstes (nº 3), et que, d'une façon générale, les cavaliers sont énumérés par tribus (cf. nᵒˢ 8 et 15), cette supposition est au moins fort vraisemblable.

b) PYTHAÏDE DE Διονύσιος μετὰ Λυκίσκον.

N° 9 (Pl. I, *B*) :

Θ ε ό ς .   Τ ύ χ α ν   ἀ γ α θ ά ν.

Οἱ ἐφηβεύσαντες ἐπὶ Διονυσίου ἄρχοντος τοῦ μετὰ Λυκίσκον Ἀθήνησι, ἱερέως δὲ το[ῦ]
Ἀπόλλωνος Εὐμήλου τοῦ Νουμηνίου Ἀθηναίου, στρατηγοῦντος δὲ ἐπὶ τὰ ὅπλα Θε‑
ορράστου τοῦ Ἡρακλείτου Ἀχαρνέως, ἐπὶ δὲ τὸ ναυτικὸν Ἱππάρχου τοῦ Τιμοκλέους
Πειραιέως, ἐπὶ δὲ τὸ ἱππικὸν Διοκλέους τοῦ Διοκλέους Ἀθηναίου, φυλαρχούντων δ[ὶ]
Ἑρμωνος τοῦ Διονυσίου γόνει δὲ Ἀντιφῶντος Ἀθηναίου, Ἁγίου τοῦ Βούλωνος Ἀθηναίου, Χαρικλίους τοῦ Θεο‑
δώρου Ἀθηναίου, Ξενοκλέους τοῦ Δημητρίου Ἀθηναίου, ἐπὶ δὲ τὸν Πειραιᾶ<:> Πυρρίνου
τοῦ Ἀθηναγόρου Κυδαντίδου, ἐπὶ δὲ Ἐλευσῖνα Ἐπιφάνου τοῦ Ἱππακοῦ Λαμπτρέως, ἐξη‑
γητοῦ ὄντος πυθογρήστου Ὀφέλου τοῦ Ἀέρωνος Βατῆθεν, κοσμητοῦ δὲ Ἀπολλω‑
νίου τοῦ Ἀπόλλων<ν>ίου Σουνιέως, ἀγαγόντες τὴν Πυθαΐδα μετὰ τῶν διδασκάλω[ν],
παιδοτρίβου Νίκωνος τοῦ Ἀλέξιδος Βηρυτίου, ὁπλομάχου δὲ Σωτάδου τοῦ Σωτέλου
Σολέως, ἀκοντιστοῦ δὲ Νικάνδρου τοῦ Δημητρίου Εὐωνυμέως, τοξύτου δὲ Ποντίλου το[ῦ]
Νίκιδος Οἴηθεν, γραμματέως δὲ Θαρρίνου τοῦ Θαρρίκου Λαμπτρέως, ὑπηρέτου δὲ Ἱέρωνο[ς]
τοῦ Ἡρακλείδου Ἀναγυρασίου, ὑποσπλομάχου δὲ Ἀρτεμιδώρου τοῦ Νέωνος
Ταρσέως, χαριστήριον Ἀπόλλωνι.
Ταραντιναρχο[ύν]των Διογένου το[ῦ Ἀ]ρόπου, Λύσωνος τοῦ Δημοκράτου
      [Ἀθην]αίω[ν.]

[Θ]αρσ[ύτα]; Μενεθή[μου]¹,
Χάρης Χάρητος,
Κηφισόδωρος Δημητρίου,
Πυθίλας Ἀπολλωνίου,
Φίλων Φίλωνος,
Ἀριστόνικος Λυσιμάχου,
Ἑστιαῖος Φιλοκράτου,
Δημήτριος Ζήνωνος,
Διόφαντος Δημητρίου,
Μιλτιάδης Μιλτιάδου,
Διοσκουρίδης Διονυσίου,
Διόδοτος Ἡρακλείδου,
Διοσκουρίδης Ἀριστοκλέους,
Κλεομένης Θεοδώρου,
Τελεσίας Τιμομάχου,
Ἀσκληπιόδοτος Ἰάσονος,
[....................]
[.......]ος Διογνήτου,
[.....]μένης Ὠχυμένου,
Π[ύρ]ρος Δημοκλείδου,
Πλιστίας Διονυσίου,
Διογένης Διογένου,
Ν[έ]ων Φιλοκράτου,
Ἀπολλόδωρος Ἀπολλοδώρου,
Ἄτταλος Ἀδράστου,
Διονύσιος Διονυσίου,
Ἀ[ρ]ιστόβουλος Ἀριστοβούλου,
Σ[ώ]σανδρος Νικοστράτου,
Ὄ[λ]υμπος Μητροδώρου,
Σ[π]άρτοκος Σπαρτόκου,
Μη[ν]όθωρος Ἡρακλείδου,

Ἀγαθοκλῆς ....
Δημήτριος Δη[......],
Νικίας Εὐφημίδο[υ],
Διόδοτος Φιλοστράτ[ο]υ,
Ἀριστόδαμας Ἀρίστ[ω]νος,
Δινοκλῆς Φιλοστράτου,
Διονύσιος Διογένου,
Λυσίμαχος Φιλοξένου,
Φιλήμων Ληναίου,
Ἀντίμαχος Νικίου,
Δεξίθεος Δεξιθέου,
Ἀθηνό(δ)ιος Ἀθηνοδώρου,
Ἀθηναγόρας Πυρρίνου,
Μουσαῖος Εὐηγόρου,
Μηνόδωρος Διογίν[ου],
Ἀπολλόδοτος Σῶε[.....],
[........ Διον]υσίου,
[............]μων,
Νικά[νωρ Δημ]έου²,
Τιμοκρά[τ]ης Ἀλεξάνδρου,
Χαιροκλῆς Χαιροκλέους,
Τιμοκλῆς Δημοκλείδου,
Χαρμίδης Παραμόνου,
Πολυαίνετος Ἀμύκλου,
Ὀνησίφιλος Φίλωνος,
Διόδωρος Διοδώρου,
Φωντιόδης Ἱππάρχου,
Σώσιππος Νικάνορος,
Θεόδωρος Θεοδώρου,
Ἐπικράτης Ἀφροδισίου,
Δημαγόρας Εὐθυδόμου,

[......]σις Φι[......]ι,
[Ζ]ηνόδο[τος............]
Ἀχαιός Ἀπολ[λοδ]ώρ[ου],
Σώφιλος Σωφίλου,
Ἀριστίων Εὐδόξου,
Δαμῶναξ Ἀσκύνδου,
Ἀπολλώνιος Διονυσίου.
Ἐν Δελφοῖς γυμνασιαρχοῦ[ν-]
τος Κλεομάντιος τοῦ Ἥρω[ς]·
ἐφηβευόντων δὲ
Διοδώρου τοῦ Μνασιθ[έου],
Νικία τοῦ Ἀριστί[ων]ος,
Ξενοκράτεος τοῦ Ἀγησιλ[άου],
Ξέν[ω]νος τοῦ Πεισιθέο[υ],
[.....]ος τοῦ Γοργίλου,
[.....]νου τοῦ Φιλλία,
[.................]
[.................]
ΙΙ[.................]
Σμ[.................]
Πλε[.................]

1. Je restitue Θαρσ[ύτα]; d'après Μενέδημος [Θ]αρσύ(του), n° 17, col. 2, l. 15.
2. Une copie, prise un moment de la découverte de la pierre, porte, sans lacune, ΝΙΚΑΝΩΡΔΗΜΕΟΥ.

c) PYTHAÏDE D''Αγαθοκλῆς.

N° 16 (Pl. II, A) :

'Επὶ 'Αγαθοκλέους ἄρχον[το]; 'Αθήνησιν, κοσμ[η]τοῦ δὲ τῶν ἐφή[δων 'Αλ]κίμου τοῦ Καλλίππου, ἔφηδοι οἱ προπέμψαντες τὴν πυθαίδα·

'Ηρακλείδης 'Ηρακλείδου,
Δημήτριος Ζήνωνος,
Πάτρων Ζήνωνος,
'Αθηναγόρας Ζήνωνος,
Φιλόστρατος Φιλοστράτου,
Θάρσιππος Στρατοκλέους,
Διονύσιος Λακρατείδου,
Δημήτριος Ποσειδωνίου,
'Αριστόβουλος 'Αριστοβούλου,
Ζώπυρος Ἕρμωνος,
Φυρόμαχος Ἑρμολάου,
'Απολλώνιος 'Αντιδώρου,
'Ιάσων 'Ιάσονος,
Παρμενίων Παρμενίωνος,
'Ιάσων 'Ιάσονος,
Φιλόθεος Θεοφίλου,
'Αργένεως 'Αργένεω,
'Αρτέμων 'Αθηναίου,
Βάκχιος Διοκλέους,
Φίλων Αἰνησιδήμου,
Εὔδικος 'Αλκίμου,
'Ασ[κληπιά]δης Μ[......],
Δω[ρό]θεος Διος[κουρίδου],
'Αριστίδης [.....ω]νίου,
Γναῖος Δί[ω]νος,
'Απο[λλώ]νιος 'Αρχελάου,
Θεόφιλος Γλαύκωνος,
'Απολλώνιος 'Αρχενίκου,
Καλλίστρατος Θρασυδού(λου),
Θρασυκλῆς 'Αρχελάου,
'Αχαιός Φιλιππίδου,
Τιμοκράτης 'Αστίνου,
Θεοκύδης 'Απολλοδώρου,
Νικίας Σωπάτρου,
Εὐφρόνιος 'Απολλοδώρου,
Θαρσύτας Θαρσύτου,
Μηνόφιλος Μηνοφίλου,
Θρασέας Θρασέου,
Σαραπίων 'Ανδρονίκου,
'Αλέξανδρος Λίνέου,
Φιλόχορος Φιλοχόρου,

'Αρναῖος Βα[κχ]ίου,
"Αλκιμος 'Αρι[σ]τοκλέους,
Φιλιστίδης [Φ]:λιστίδου,
'Απολλωνί[δ]ης Σωσίππου,
Κλεώνυμο[ς] Κλεωνύμου,
Βασιλείδη[ς] Βασιλείδου,
'Απολλωνίδ[η]ς 'Αττάλου,
Εἰκάδιος Εἰκ[αδ]ίου,
"Ατταλος 'Α[πολ]λωνίου,
'Αφροδίσιος [Εὐδόξου] [1],
Δίων Δίωνο[ς],
Μενεκράτη[ς........].
Φείδυλλος [...ω]νος,
'Ολυμπιόδωρ[ος] Παρμονίδου,
Φιλόστρατ[ος] Φιλοστρά(του),
'Ασκληπιά[δης] Πασίωνος,
'Αριστογεί[νης] Πολυνίκου,
Πάτρων [.........],
Δημήτρι[ος..........],
"Αλεξις Η[............],
[Κτ]λλιστ[............],
[.........Κα]λλιμά[χου],
[.........]ωνος,
[.......]ς Θεοδώρου,
[Διον]υσόδωρος Διονυσοδού(ρου),
[...]ξενίδης Μενοίτου,
[..]νων Φίλωνος,
[Μη]νόδωρος Θεοδωρίδου,
[Δι]ονύσιος Διονυσίου,
[Μ]ηνόδωρος Διονυσίου,
['Α]πολλωνίδης 'Ισιδώρου,
Διογ[ένη]ς Ζηνοδίου,
Εὐ[θ]ύδρομος Εὐθυδόμου,
Μενέμαχος Σωσάνδρου,
'Ασκληπιάδης 'Ασκληπιά(δου),
Δημήτριος 'Αρίστωνος,
Μενέλαος Διονυσίου,
'Ηλιόδωρος 'Απολλωνίου,
'Αντίφιλος 'Αντιφίλου,
Εὔφρις Πάτρωνος,
'Ηρακλείδης 'Ηρακλείδου,

'Ολυμπιόδωρος Σατυρίωνος,
Ποσειδώνιος Ποσειδωνίου,
'Αρισταγόρας 'Αρισταγόρου,
Θεόφιλος Λυσιμάχου,
Σωκλῆς 'Επικράτου,
Εὐκλέων 'Αντιόχου,
Δημήτριος Δημητρίου,
'Αγάσιππος Παρμονίδου,
Ναυσίστρατος 'Ηρακλε(.....),
Θεόφιλος Θεομνήστου,
'Ολυμπιόδωρος Χαρίτωνος,
Εὔδοξος Εὐδόξου,
[.....]ων Νίκωνος,
Μενεκ[ρά]της 'Αντιπάτρου,
Μενέστρα[τος Δ]ιονυσοδό(ρου).

Παιδευταί

Ποσειδώνιος 'Αγαθοκλέους,
Μενίσκος Εἰκαδίου,
'Ονησίφιλος Φίλωνος,
Σπάρτοκος Σπαρτόκου,
Διον[υ............],
Διονύσιος Εὐξ........],
'Αντίλοχος 'Αντιμάχου,
Καλχηδών 'Ηρακλείδου.

1. Je restitue 'Αφροδίσιος [Εὐδόξου] d'après C. I. A., IV², 1226 d, l. 5 (dédicace d'éphèbes à Hermès, sous l'archontat d'Agathoclès).

N° 25 (Pl. II, *B*) :

['Επ]ὶ   Ἀργεί[ου]   ἄρχοντος   Ἀθήν[ησιν,   κοσμητο]ῦ   δὲ   τῶν   ἐφήβων   Ἐπιμάχου   τοῦ   Ἐπιμάχου,
[ἐφη]ϐοι   [οἱ   π]εροπέμψαντες   τὴν   πυθ[αΐδα]·

Φιλόστρατος Φιλοστράτου,
Δημήτριος Ἀμμωνίου,
Διονύσιος Ἀμμωνίου,
Σαραπίων Σαραπίωνος,
Ἡφαιστίων Ἡφαιστίωνος,
Λεύκιος Λευκίου,
Λυσίας Λυσιμάχου,
Θεόδωρος Λυσιμάχου,
Μνασαγόρας Ἀρτέμωνος,
Ἰάσων Ζωΐλου,
Σωκράτης Σωκράτου,
Ἑρμοκράτης Ἀ[σκλ]η[π]ίωνος,
Μοσχίων Συμμάχου,
[Δ]ιονύσιος Ἐπικτήτου,
Διονύσιος Κηφισοδώρου,
[......]άνης Ν[ικ.....],
[....]ιστος Στράτωνος,
Τ]ιμόθεος Ἀμπελίδου,
[Ἰσ]ίδωρος Ἰσιδώρου,
[Ἡ]λιόδωρος Ἡλιοδώρο[υ],
Μένανδρος Μενάν[δρου],
Βάκχιος Βακχίου,

Ἕρμων Εὐπόρ[ου],
Λίων Λέοντος,

Φιλωνίδη[ς Φ]ιλωνίδ(ο)υ,
Θέωρος Θε[ώρο]υ,
Ἀνδρόνικο[ς] Δημαινέτου,
Γναῖος Αὖλ[ου],
Ἀπολλώνι[ος Ε]ὐκταίου,
Ἀρισταγόρας [.....]ομάχου,
Σαραπίων Σαρ[απ]ίωνος,
Δημήτριος Ἀλεξάνδρου,
Σταθίως Ἀπο[λλ]οφάνου,
Ἡγέλοχος Θ[εο]δώρου,
Ζήνων Ζή[ν]ωνος,
Ἀνδρόν[ικος ....]όστρωνος,
[..]αρ[............]ύνου,
[Ἀ]λεξίων Ἀλεξί[ωνος],
Ξενόφιλος Ξενοφίλου,
Λίνείας Σωσιδίου,
Μενεκράτης Μενεκράτου,
Καλλίας Καλλίου,
Σώστρατος Ἰσιδώρου,

Ἡρόδοτος Μουσαίου,
Ἑρμαγόρας Ἑρμαγόρου,
Γάϊος Μάρκου,
Τιμογένης Τιμογένου,
Ἰάσων Ἰάσονος,
Θεόδωρος Διονυσίου,
Δημήτριος Χρυ(σο)γόνου,
Τιμοκλῆς Τιμοκλέους,
Νίκανδρος Ἐπινίκου,
Ἀσκληπιάδης Καλλιξένου,
Ἀπολλωνίδης Διοσκο(ύ)ρίδου,
Διοκλῆς Φιλίππου,
Αὖλος Λευκίου Βάσσιος,
Νίκων Νίκωνος,
Διοκλῆς Διοκλέους,
Θεοκλῆ[ς Θ]εοκλέους],
[...]ίας [...]ι[...]ου,
Ἰσίδοτος Νικομάχου,
Φίλων Φίλωνος,
Σωσίθιος Θέωνος,
Θέων Θέωνος,
Νικίας Νικοκλέους,
Μνασίας Μνασέου.

Παιδε[υταί·]
Ὁμολώϊχος [.........],
Διονύσιος [.........],
Πάτρων Τιμ[........],
Ἡρόδοτος Β[... .....],
Φιλοκλῆς Θ[.........],
Ἀμεινιάδη[ς ....],
Καλλίας Κρι[.........].

Ἱππεῖς οἱ ἐλθόν[τες·]

Σθένελος Σθε[νέλου],
Δαμοκλείδης [.........],
Διονυσ[...........],
Σε[ν...............],
....

(la pierre manque)

Je ne puis pas ici, à propos de tous ces éphèbes, rechercher ce que nous savons d'eux par d'autres textes. Je me bornerai donc à quelques observations générales.

Entre nos listes de Delphes et les inscriptions éphébiques du *Corpus*, une différence nous frappe à première vue : le nom des tribus est toujours indiqué à Athènes; il ne l'est jamais à Delphes. De cette simple remarque il paraît déjà ressortir avec assez de vraisemblance que les éphèbes, dans la pythaïde, ne sont pas rangés par ordre de tribus. Le fait se vérifie d'ailleurs avec une entière certitude; car, pour nos quatre listes, un certain nombre de personnages nous sont connus. A cela objectera-t-on la fréquence des homonymies à cette époque? mais, par un heureux hasard, nous possédons un fragment de liste éphébique de l'archontat d'Agathoclès (*C. I. A.*, IV², 1226 *d*), où sont énumérés, avec leurs dèmes, un certain nombre de jeunes gens qui avaient sans doute pris part à des cérémonies en l'honneur d'Hermès. Presque tous se retrouvent à Delphes (n° 16); l'identification n'est pas douteuse, puisqu'il s'agit de la même année ; or ils sont nommés dans l'ordre suivant :

1ʳᵉ colonne :	Φιλόστρατος Φιλοστράτου	Κολωνῆθεν	tribu	Αἰγηΐς	=	2
2ᵉ —	{	Ἀφρόδισιος (Εὐδόξου)	Μαραθώνιος	—	Αἰαντίς	=	10
	{	Ἀσκληπιάδης Πασίωνος	Ἁλαιεύς	—	Κεκροπίς	=	8
	{	Εὔφρις Πάτρωνος	Προβαλίσιος	—	Ἀτταλίς	=	12
3ᵉ —	{	Ὀλυμπιόδωρος Σατυρίωνος	Ἐργιεύς	—	Αἰγηΐς	=	2
	{	Ἀρισταγόρας Ἀρισταγόρου	Πειραιεύς	—	Ἱπποθωντίς	=	9

Dans ce même texte du *Corpus*, nous lisons deux noms qui ne reviennent pas à Delphes : Τιμησιάναξ Τιμησιάνακτος et Νέων Νέωνος. Le second figurait peut-être dans la deuxième colonne; il donnerait alors la restitution de la ligne [......]ωνος, bien que l'espace semble un peu grand sur la pierre pour ces six lettres. Mais Τιμησιάναξ, en tout cas, n'a pas fait partie de la pythaïde; par conséquent, Athènes n'envoyait pas à Delphes tous les éphèbes d'une année. Au reste, leur nombre même l'indiquait assez : ils sont 56 sous Timarchos, 69 sous Dionysios, 97 sous Agathoclès, 66 sous Argeios; or la moyenne, vers ce moment, s'élève à 125 environ[1].

Maintenant quelle raison décidait, dans la théorie del-

1. A. Dumont, *Eph. att.*, 1, p. 51 et sqq.

phique, de l'importance de notre escorte d'éphèbes? Tenait-on
compte de l'argent disponible, telle ou telle année, pour les
mettre en état de paraître avec tout l'éclat désirable? ou bien
faut-il voir là le résultat de certaines nécessités militaires ou
religieuses, qui auraient retenu en Attique tantôt beaucoup et
tantôt peu d'éphèbes? Nos textes ne nous fournissent là-dessus
aucune indication. Du moins nous ne devons pas avoir affaire
à une fraction constante du corps entier; car il en résulterait
des variations d'effectif inadmissibles. Quant au mode de leur
nomination, nous ne le connaissons pas davantage; mais, comme
pour les pythaïstes et les théores, nous voyons assez souvent
deux et parfois même trois frères cités à la suite l'un de l'autre.

Sur la question des magistrats et fonctionnaires éphébiques,
l'inscription n° 9 présente un intérêt particulier; car son intitulé nous donne l'énumération complète de ces personnages[1].
Des deux premiers noms il n'y a pas, semble-t-il, à tenir compte
à ce point de vue : l'archonte éponyme marque simplement la
date; et le prêtre d'Apollon Pythien ne serait sans doute pas
mentionné s'il ne s'agissait pas ici de la théorie envoyée en
l'honneur du dieu de Delphes. Mais viennent ensuite cinq stratèges qui évidemment avaient avec les éphèbes des rapports
particuliers. D'abord le στρατηγὸς ἐπὶ τὰ ὅπλα, dont l'importance, nous l'avons dit, va toujours croissant à partir de
l'époque romaine : il devait non seulement diriger les exercices
militaires des futurs hoplites, mais encore surveiller leurs
études littéraires. La présence du στρατηγὸς ἐπὶ τὸ ναυτικὸν indique
que les jeunes Athéniens ne restaient pas étrangers aux choses
de la marine : on les exerçait en particulier à mettre à flot et
à tirer à sec les vaisseaux[2].

---

1. Parmi eux, les uns sont désignés par leur dème, d'autres simplement par
la mention Ἀθηναῖος. Des faits analogues ont déjà été relevés (B. C. H., I, 1877,
p. 45 et sqq ; — VII, 1883, p. 345 ; — S. Reinach, Traité d'épigr., p. 513), mais
sans qu'on ait trouvé, à ma connaissance, une explication capable de se prêter
également à tous les cas. Ici, le stratège de la cavalerie Διοκλῆς Διοκλέους est
appelé Ἀθηναῖος ; tous ses collègues ont un démotique. Les quatre phylarques
sont aussi Ἀθηναῖοι ; mais cela ne les empêche pas ailleurs d'être rangés dans
des tribus (Cf. n° 8 : Ἀγίας Βούλωνος· Ἐρεχθηΐδος ; — Ἕρμων Ἀντιφῶντος.
Αἰγεῖδος).

2. C. I. A., II, 467, 37 : ἐποιήσαντο δὲ καὶ τὰς καθολκὰς καὶ τὰς νεωλκίας,
πειθαρχοῦντες τοῖς ὑπὸ τῶν στρατηγῶν παραγγελλομένοις. De même, C. I. A., II,
470, 21. — Il n'y a pas lieu, je crois, de rapporter aux éphèbes, comme le fait
M. Dumont (Eph. att., I, p. 149) le passage de Télès cité par Stobée (Flor.,
XCVIII, 72) : ἐξ ἐφήβων ἐστί, καὶ ἤδη εἴκοσι ἐτῶν, ἔτι φοβεῖται καὶ παρατηρεῖ

A la défense des ports du Pirée étaient affectés plusieurs
·stratèges ; Aristote, dans l''Ἀθηναίων πολιτεία[1], en mentionne
deux : il y en avait même trois au commencement du Ier siècle[2].
L'un d'eux, nous le voyons, s'occupe des éphèbes; nous n'avons
pas à nous en étonner ; car, dès la première année, on leur
assignait pour garnison Munychie ou l'Acté[3].

Leurs rapports avec le stratège d'Eleusis s'expliquent encore
·sans peine. Les éphèbes, pendant leur deuxième année, avaient
à faire le service de patrouilles et à occuper les forts de la
frontière[4]; or le stratège d'Eleusis commandait précisément
les postes d'Eleusis, de Phylé et de Panaktos[5]. En outre, il
intervenait aussi dans les Eleusinia, où les éphèbes, de leur
·côté, jouaient un rôle assez considérable.

On est plus surpris de rencontrer sur nos listes tant d'offi-
·ciers de cavalerie : car les exercices équestres pour l'éphébie
ne sont pas mentionnés par Aristote. Or nous avons ici
·d'abord un στρατηγὸς ἐπὶ τὸ ἱππικόν, puis quatre phylarques, et
·encore deux tarantinarques, c'est-à-dire deux chefs de cette
portion de la cavalerie qui avait pour mission de harceler
l'ennemi à coups de traits, sans en venir aux mains avec lui[6].
Nos éphèbes étaient donc formés aux divers services de la
·cavalerie, et peut-être nous faut-il reconnaître des éphèbes-
cavaliers dans ces ἱππεῖς peu nombreux, mentionnés avec
un simple sous-titre, à la suite des éphèbes de l'archontat
·d'Argeios.

Après les stratèges vient l'ἐξηγητὴς πυθόχρηστος, chargé
·sans doute d'expliquer aux éphèbes leurs devoirs religieux ;
puis les magistrats éphébiques proprement dits, le cosmète et
les διδάσκαλοι. Ceux-ci, au nombre de sept — tantôt Athéniens,

---

·καὶ ταξίαρχον καὶ στρατηγόν. Παρακοιτεῖν ὅπου δεῖ, οὗτοι παρακοιτοῦσι · ..... εἰς τὰ
πλοῖα ἐμβαίνειν, οὗτοι ἐμβαίνουσιν. Il s'agit là des jeunes gens sortis de l'éphébie.

1. Arist., 'Αθ. πολ., LXI, 1 : δύο δὲ (στρατηγοὺς διατάττουσιν) ἐπὶ τὸν Πειραιέα,
·τὸν μὲν εἰς τὴν Μουνιχίαν, τὸν δ' εἰς τὴν Ἀκτήν, οἳ τῆς φυλακῆς ἐπιμελοῦνται τῶν
ἐν Πειραιεῖ.

2. C. I. A., II, 1207.

3. Arist., 'Αθ. πολ., XLII, 3 : συλλαβόντες δ'οὗτοι (= les sophronistes et
le cosmète) τοὺς ἐφήβους, πρῶτον μὲν τὰ ἱερὰ περιῆλθον, εἶτ' εἰς Πειραιέα
πορεύονται καὶ φρουροῦσιν οἱ μὲν τὴν Μουνιχίαν, οἱ δὲ τὴν Ἀκτήν.

4. Arist., 'Αθ. πολ., XLII, 4 : τὸν δὲ δεύτερον (ἐνιαυτὸν) ....., περιπολοῦσι τὴν
·χώραν καὶ διατρίβουσιν ἐν τοῖς φυλακτηρίοις.

5. C. I. A., IV², 629, b.

6. Suidas, dans les Vocabula rei militaris : αὐτῶν δὲ (= τῶν ἱππέων πόρρωθεν
βαλλόντων) οἱ μὲν μόνον ἀκοντίζουσιν, εἰς δὲ χεῖρας τοῖς πολεμίοις οὐκ ἔρχονται ·
·καὶ καλοῦνται ἱππακοντισταὶ καὶ Ταραντῖνοι.

et tantôt étrangers[1], — remplissent des fonctions bien connues ;
une seule différence est à noter avec les textes athéniens :
nous ne trouvons pas d'ἀφέτης après l'ἀκοντιστής ; mais nous avons,
en dernier lieu, un ὑποπλομάγος. Cette nomination de maîtres-
adjoints ne fera que se généraliser par la suite.

A côté des διδάσκαλοι, il existait encore des παιδευταί. Le
hasard ne nous a pas conservé, à Delphes, les noms des uns
et des autres pour le même archontat ; néanmoins, leur présence
simultanée dans l'éphébie ne paraît guère douteuse. Leur rôle
n'est pas connu d'une façon précise ; mais, toujours nommés à
la suite des éphèbes et non dans l'intitulé, ils paraissent avoir
été inférieurs en dignité aux διδάσκαλοι c'est-à-dire aux professeurs des divers exercices militaires. De plus, les διδάσκαλοι
pouvaient rester en fonctions plusieurs années de suite : par
exemple, l'ἀκοντιστής Nicandros et l'ὑπηρέτης Hiéron sont déjà
cités sous Démétrios, en 123/2 (*C. I. A.*, II, 471) ; Nicandros
le sera même encore sous Ménoitès, en 105/4 (*C. I. A.*, II, 465)[2] ;
les παιδευταί au contraire ont tous changé d'Agathoclès à Argeios,
et leur nombre ne demeure pas tout à fait identique. Peut-être
faut-il supposer qu'à côté des διδάσκαλοι, préposés plus spécialement à l'instruction des éphèbes, ils avaient, eux, le soin de
leur éducation : ce serait donc à peu près la charge des sophronistes du IVe siècle. Ceux-ci, il est vrai, étaient désignés à
raison d'un par tribu, tandis que nous trouvons seulement, sous
Agathoclès, huit, et, sous Argeios, sept παιδευταί ; mais il ne
faut pas oublier que nous n'avons pas à Delphes le corps
entier des éphèbes.

2° **Cavaliers.** — Pour les cavaliers comme pour les éphèbes,
aucun texte jusqu'ici ne nous avait révélé leur participation à
la pythaïde. Bien plus, leur présence dans les grandes processions d'Athènes ne nous est assurée par des témoignages
certains que pour un très petit nombre d'entre elles[3] ; il est
donc intéressant de les voir figurer dans la théorie delphique.
Nous avons leurs noms pour deux années, sous Dionysios et
sous Agathoclès.

1. M. Dumont (*Eph. all.*, I, p. 204) fait remarquer que, « si un professeur
spécial est étranger, il est inscrit après ses collègues Athéniens ». Le fait ne
se vérifie pas ici.
2. Ces dates sont celles qu'adoptent MM. Ferguson et Kirchner (ouvrages
cités).
3. A. Martin, *Les Cavaliers athéniens*, p. 145 et sqq.

a) Πυθαΐδε DE Διονύσιος μετὰ Λυκίσκων.

N° 8 (*fig.* 11, partie droite) :

N° 42

KAΛΛΙΘΕΟΣ
ΛΥΣΙΑΔΟΥ
ΔΙΑΥΛΟΝ

ΠΥΡΡΟΣ
ΠΥΡΡΟΥ
ΑΚΑΜΠΙΟΝ

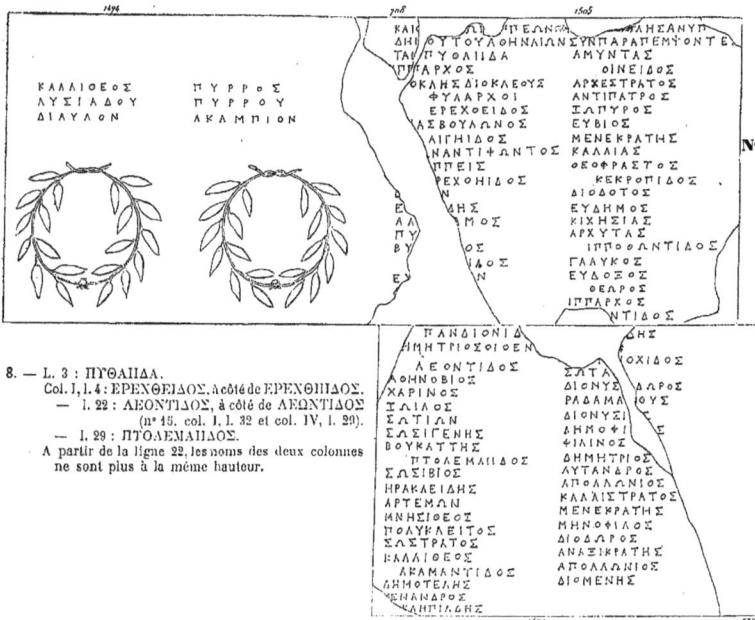

N° 8

KAIC   ΙΓ ΓΕΛΝΤΑ   ΑΗΣΑΝΥΠ
ΔΗ ΟΥΤΟΥΑΘΗΝΑΙΩΝΣΥΠΠΑΡΑΠΕΜΨΟΝΤΕ
ΤΑΡ ΠΥΘΑΙΙΔΑ   ΑΜΥΝΤΑΣ
ΙΠΠΑΡΧΟΣ   ΟΙΝΕΙΔΟΣ
ΘΚΛΗΣΔΙΟΚΛΕΟΥΣ ΑΡΧΕΣΤΡΑΤΟΣ
   ΦΥΛΑΡΧΟΙ   ΣΙΛΥΡΟΣ
ΕΡΕΧΘΕΙΔΟΣ   ΕΥΒΙΟΣ
ΑΣΒΟΥΛΛΝΟΣ   ΜΕΝΕΚΡΑΤΗΣ
ΑΙΓΗΙΔΟΣ   ΚΑΛΛΙΑΣ
ΝΑΝΤΙΦΛΝΤΟΣ   ΘΕΟΦΡΑΣΤΟΣ
ΠΠΕΙΣ   ΚΕΚΡΟΠΙΔΟΣ
ΡΕΧΟΗΙΔΟΣ   ΔΙΟΔΟΤΟΣ
Ν   ΕΥΔΗΜΟΣ
Ε   ΔΗΣ   ΚΙΧΗΣΙΑΣ
ΑΛ   ΑΡΧΥΤΑΣ
ΠΥ   ΜΟΣ ΙΠΠΟΘΛΝΤΙΔΟΣ
ΒΥ   ΓΛΑΥΚΟΣ
Ε   ΛΟΣ   ΕΥΔΟΞΟΣ
Ν   ΘΕΡΟΣ
        ΙΠΠΑΡΧΟΣ
        ΝΤΙΔΟΣ

ΠΑΝΔΙΟΝΙΔ
ΔΗΜΗΤΡΙΟΣΟΙΘΕΝ   ΔΗΣ
ΛΕΟΝΤΙΔΟΣ   ΟΧΙΔΟΣ
ΑΘΗΝΟΒΙΟΣ   ΣΛΤΑ
ΧΑΡΙΝΟΣ ΔΙΟΝΥΣ ΔΛΡΟΣ
ΣΙΛΛΟΣ   ΡΑΔΑΜΛ ΟΥΣ
ΣΛΤΙΛΝ   ΔΙΟΝΥΣΙ
ΣΛΣΙΓΕΝΗΣ   ΔΗΜΟΦΙ
ΒΟΥΚΑΤΤΗΣ   ΦΙΛΙΝΟΣ
   ΠΤΟΛΕΜΑΙΙΔΟΣ ΔΗΜΗΤΡΙΟΣ
ΣΛΣΙΒΙΟΣ   ΛΥΤΑΝΔΡΟΣ
ΗΡΑΚΛΕΙΔΗΣ   ΑΠΟΛΛΛΝΙΟΣ
ΑΡΤΕΜΛΝ   ΚΑΛΛΙΣΤΡΑΤΟΣ
ΜΝΗΣΙΘΕΟΣ ΜΕΝΕΚΡΑΤΗΣ
ΠΟΛΥΚΛΕΙΤΟΣ ΜΗΝΟΦΙΛΟΣ
ΣΛΣΤΡΑΤΟΣ   ΔΙΟΔΛΡΟΣ
ΚΑΛΛΙΘΕΟΣ   ΑΝΑΞΙΚΡΑΤΗΣ
  ΑΚΑΜΑΝΤΙΔΟΣ ΑΠΟΛΛΛΝΙΟΣ
ΔΗΜΟΤΕΛΗΣ ΔΙΟΜΕΝΗΣ
ΧΝΑΝΔΡΟΣ
ΧΛΗΠΙΛΔΗΣ

N° 8. — L. 3 : ΠΥΘΑΙΔΑ.
   Col. I, l. 4 : ΕΡΕΧΘΕΙΔΟΣ, à côté de ΕΡΕΧΘΗΙΔΟΣ.
  — l. 22 : ΛΕΟΝΤΙΔΟΣ, à côté de ΛΕΩΝΤΙΔΟΣ
      (n° 15. col. l, l. 32 et col. IV, l. 29).
  — l. 29 : ΠΤΟΛΕΜΑΙΙΔΟΣ.
A partir de la ligne 22, les noms des deux colonnes
ne sont plus à la même hauteur.

Καὶ ο[ἴδε τ]ῶν [ἰπ]πέων [συναπεστά]λησαν ὑπ[ὸ τοῦ]
δή[μ.]ου τοῦ Ἀθηναίων συνπαραπέμφοντε[ς]
. τὰ[ν] πυθαΐδα ¹.

                Ἀμύντας.
['Ἱ]ππαρχος·   Οἰνεῖδος·
  [Δι]οκλῆς Διοκλέους.   Ἀρχέστρατος,
    Φύλαρχοι·   Ἀντίπατρος,
    Ἐρεχθεῖδος·   Ζώπυρος,
 [Ἀγί]ας Βούλωνος.   Εὔδιος,
    Αἰγηΐδος·   Μενεκράτης,
 ["Ἑρμω]ν Ἀντιφῶντος ². Καλλίας,
  ['Ἱ]ππεῖς·   Θεόφραστος.
  ['Ἐ]ρεχθηΐδος·   Κεκροπίδος·
Ε[.....]ν,   Διόδοτος,
Ε[.....]δης,   Εὔδημος,
Ἀλ[κίδ]αμος,   Κιχησίας,
Πύ[ρρος],   Ἀργύτας.
Βύ[τταχ]ος.   Ἱπποθωντίδος·
  [Αἰγη]ΐδος·   Γλαῦκος,
['Εὐ[.....]ν,   Εὔδοξος.
Ἀ[........],   Θεωρός·
. . . .   Ἵππαρχος.
. . . .   [Αἰα]ντίδος·
  Πανδιονίδ[ος·]   [........]δης,
[Δ]ημήτριος Ὀ(α)θεν ³.   . . . .
  Λεοντίδος·   ['Ἀντι]οχίδος·
Ἀθηνόδιος,   Σώτα[ς],
Χαρῖνος,   Διονυσ[ό]δωρος,
Ζωΐλος,   Ῥαδάμα[ν]θυς,
Σωτίων,   Διονύσι[ος],
Σωσιγένης,   Δημόφι[λο]ς,
Βουκάττης.   Φιλῖνος,
  Πτολεμαΐδος·   Δημήτριος,
Σωσίδιος,   Λύτανδρος,
Ἡρακλείδης,   Ἀπολλώνιος,
Ἀρτέμων,   Καλλίστρατος,
Μνησίθεος,   Μενεκράτης,
Πολύκλειτος,   Μηνόφιλος,
Σώστρατος,   Διόδωρος,
Καλλίθεος.   Ἀναξικράτης,
  Ἀκαμαντίδος·   Ἀπολλώνιος,
Δημοτέλης,   Διομένης.
[Μ]ένανδρος,
['Ασ]κληπιάδης,

1. Sur cette orthographe et sur celle de Πτολεμαΐδος (col. I, l. 29), cf. p. 47, note 1.

2. Les noms des deux phylarques se complètent avec certitude d'après les numéros 9 et 10.

3. Je corrige en Ὀ(α)θεν, forme substituée assez fréquemment à Ὤαθεν ; car on ne peut songer à Οἰ(η)θεν, le dème d'Οἴη appartenant à la tribu Οἰνηΐς.

b) PYTHAÏDE D''Αγαθοκλῆς.

N° 15 (Pl. II, *A*) :

['Ε π]ὶ 'Αγαθοκλέους ἄρχοντος 'Αθήνησ[ιν, οἵδε]
[οἱ] ἱππεῖς οἱ ἀγαγόντες τὴν πυθαΐδ[α.]

"Ιππαρχος ·
Κράτων 'Απολλωνίδου.
Πυθαϊστής ·
'Απολλωνίδης Κράτωνος.
Ταραντίναρχος ·
Λύσανδρος Γλαύκου.
Φύλαρχοι ·
Πτολεμαίδος ·
Ἡράκων Χαρικλέους.

Αἰαντίδος ·
Εὐκλῆς Ἡρώδου.
'Ιππεῖς ·
'Ερεχθεΐδος ·
[Β]ύττακος,
[Π]υρικλῆς,
[Εἰ]ρηναῖος,
['Αθ]ηνόδωρος.
[Α]ἰγεΐδος ·
[.....]ριλος,
['Απο]λλώνιος,
[......] "Αβρω(νος),
....
['Ηρ]άκλειτος,
Νικογένης Λυάν(δρου),
'Ιέρων 'Ιέρωνος,
'Εργοκλῆς,
Δέξανδρος Σατύ(ρου).
Πανδιονίδος ·
'Ιάσων,
Σέλευκος.
Λεωντίδος ·
'Επικλῆς,
Νικάνωρ,
Διονύσιος,
Εἰρηναῖος.
Πτολεμαίδος ·
Πολύκλειτος,
Φάεννος Φαέν(νου),
Βασιλείδης,
Εὐφάνης Τιμώ(ν...),
Μνασέας,
Κλειτόμαχος,
Φιλωτάδης.

'Ακαμαντίδος ·
Τιμοκράτης,
Κτησικλῆς,
Δημήτριος,
Διονυσόδωρος.
Οἰνεΐδος ·
Μενεκράτης,
Δημοκράτης,
Καλλίας,
Καλλισθένης,
'Ιερώνυμος,
Νικοκράτ[ης].
[Κε]κροπίδος ·
Κηφ[ισ]όδωρος,
Θεο[...]ος,
Φιλά[νθης],
Διοπείθης,
Φιλήμων,
Διόδοτος,
'Αγάθιππος,
Προκλῆς,
'Εστιαῖος,
Σθένελος,
'Αχαιός,
Διονύσιος.
'Ιπποθωντίδος ·
Εὔδοξος,
Διονύσιος Ξενο(.....),
Μνάσων Διοδώ(ρου),
Διονύσιος.
Αἰαντίδος ·
Διοσκουρίδης,
Κράτερμος,

Κράτης,
Δημήτριος,
Ζηνίων,
Φανύλεως,
Θεύδοτος,
'Αρίστων.
'Αντιογίδος ·
'Αρτέμων,
Εὔδημος,
Βούλων,
'Αλέξανδρος,
....
[....ω]ν,
[.....]ανδρος.
['Ατ]ταλίδος ·
[.....]οκλῆς,
Ζ[...],
Μ[...]ριλος,
Μ[..]φων,
Σω[..]ρατος.
Πα[..]αιος,
Ρο[δ..]ος,
'Απ[ο....ο]ς Εὐθ(.....),
Θε[....]οτος,
Θ[...]λος.
Γ[ρα]μματεὺς
ἱππέων ·
Λέων.
Συστρατιῶται ·
Δι[ο]γένης,
[.....]ρος,
[.....]δωρος,

'Απολλώνιος Διονυσίου
Κτήσαρχος,
Μνησίθεος,
Διοκλῆς,
[Ε]ὐδιος,
[Η]ροκλῆς,
[Βάχ]χιος,
[Παν]τακλῆς,
[...]ὑπατρος,
[.....]γύρας,
....
....
....
Μένιππος,
'Απολλωνίδης.
Μελίτων,
Εὐκλῆς,
Διονύσι[ος],
'Αριστ[οκ]λῆς,
Κ[..]σιπος,
'Αρίστων,
Εὔφημος.
Κράτης,
'Ασκληπιογένης,
"Ατταλος,
Δημοκλῆς.

'Ιππεῖς ·
Λεωντίδος ·
(Ζ)ωΐλος Κλεάν(δρου),
Νικήτης.
Πτολε[μα]ΐδο[ς]

N° 30 (Pl. I, A)[1] :

> [..]ο[. . . .]ος.
>   Κεκροπίδος· Σαραπίων,
> ’Απολλόδωρος.
>   Ἱπποθωντίδες·
> Μήδειος.
>   Πανδιονίδος·
> Δωσίθεος.
>   ’Αντιοχίδος·
> ’Ανδροκλῆς.
>   ’Ατταλίδος·
> Κηφισόδωρος.

Le rôle des éphèbes, nous l'avons vu, était indiqué par l'expression προπέμψαντες τὴν πυθαΐδα; pour les cavaliers, le terme propre est συμπαραπέμψοντες τὴν πυθαΐδα : ils accompagnaient la procession en encadrant le cortège sur les côtés.

Dans nos deux listes, ils ont régulièrement à leur tête un de leurs hipparques sur deux, et deux de leurs phylarques sur douze[2]. Ces derniers, sous Dionysios (c'est-à-dire la seule année où il nous soit possible de nous en rendre compte), sont pris parmi ceux qui ont à s'occuper des éphèbes. En outre, dans la pythaïde d'Agathoclès, la plus brillante de toutes à notre connaissance, nous voyons aussi un tarantinarque. Nous avons déjà parlé un peu plus haut (cf. p. 78) de cette cavalerie légère des Ταραντῖνοι employée par les Athéniens. Je ne sais s'il s'agit là d'un corps de mercenaires, ou bien d'une portion du contingent national instruite à combattre d'une façon particulière; leurs chefs, en tout cas, sont Athéniens, et ils paraissent avoir eu le pas sur les phylarques; car ils sont nommés avant eux dans la liste des cavaliers d'Agathoclès (n° 15) et dans le décret rendu en l'honneur des officiers de cavalerie sous Dionysios (n° 10). Nous savons d'ailleurs, par Arrien[3], que le tarantinarque comman-

---

1. Ce fragment me paraît bien convenir pour terminer la colonne IV de l'inscription précédente. Dans ce cas, l'assemblage représenté sur la planche I, A, devrait se placer au-dessous de celui qui est figuré sur la planche II, A, et le numéro 29 se trouverait à la suite du numéro 13, b. La chose n'a rien d'invraisemblable au contraire; cependant, ne pouvant la vérifier sur de simples estampages, j'ai donné les deux dessins isolément.

2. Je suppose qu'il y a, à ce moment, douze phylarques, et non plus dix; en d'autres termes, qu'on a continué à en nommer un par tribu. En tout cas, l'un de ceux dont nous avons ici la mention, Ἡράκων Χαρικλέους, appartient à une tribu de création récente, la Πτολεμαΐς.

3. Arrien, *Tactique*, chap. XVIII.

dait à 256 hommes ; le phylarque, même à l'époque où la cavalerie athénienne possédait ses effectifs les plus forts, n'avait sous ses ordres qu'un escadron de 100 hommes.

Viennent enuite les cavaliers, énumérés dans l'ordre officiel des tribus, mais sans l'indication, au moins en général, de leur père ni de leur dème. Le chiffre total de la délégation est assez variable : 58 hommes sous Dionysios, 78 sous Agathoclès. L'écart est encore plus sensible pour la représentation des diverses tribus dans une même pythaïde : par exemple, sous Agathoclès, la Πανδιονίς fournit seulement deux cavaliers; la Κεκροπίς en a douze. Le fait serait fort curieux à constater, si nous étions sûrs d'avoir là une députation proportionnelle à l'importance numérique des tribus à la fin du IIe siècle; malheureusement, pour les cavaliers comme pour les autres membres de la pythaïde, nous ignorons tout à fait de quelle manière ils étaient choisis. Employait-on un tirage au sort ? cela nous expliquerait comment, d'une tribu à l'autre, il existe une telle différence dans le nombre des cavaliers envoyés à la pythaïde ; mais alors il est assez étrange que le hasard n'ait pas éliminé chaque année une ou plusieurs tribus. Faut-il, au contraire, songer à une élection combinée de façon à assurer des représentants à chaque tribu? Cette fois on se heurte à un autre embarras : l''Ατταλίς n'est pas nommée sous Dionysios, et l'on en serait réduit à supposer, — la onzième tribu, 'Αντιοχίς, ayant seize noms, quand la Πανδιονίς en a un seul, l'Αιαντίς deux, et que le chiffre maximum pour les autres ne dépasse pas sept, — que ces seize derniers noms sont à partager entre deux tribus. Le graveur aurait sauté juste la ligne où se trouvait le mot 'Ατταλίς : une hypothèse de ce genre, pour n'être pas impossible, n'en reste pas moins fort incertaine.

Nos listes présentent d'autres obscurités. Dans la pythaïde d'Agathoclès, après l'énumération des cavaliers des douze tribus et de leur γραμματεύς, nous trouvons les noms de trente συστρατιῶται, également sans patronymique ni démotique. Qu'est-ce que ces soldats, compagnons d'armes des cavaliers? Dans la langue des inscriptions, le terme στρατιῶται désigne assez souvent des mercenaires ; mais cette acception n'est pas constante (cf., par exemple, C. I. A., IV², 964 b); et, ici en particulier, il serait bien étonnant, non pas que des étrangers eussent un rôle dans la pythaïde (les archers scythes marchaient en tête de la procession des Panathénées), mais qu'on

eût gravé leurs noms sur le Trésor des Athéniens. Ces noms
d'ailleurs n'ont rien d'exotique. On songe alors à une escorte
d'hoplites qui aurait fermé la marche, comme l'ouvraient les
éphèbes : le terme συστρατιῶται désignerait des soldats à pied,
par opposition aux ἱππεῖς. Mais peut-être aussi vaut-il mieux
entendre par là un peloton de tarantins, dont la mention est
toute naturelle en compagnie des cavaliers. En tout cas, il est
à noter que, sous Agathoclès, où nous avons une liste de
συστρατιῶται, nous trouvons un tarantinarque parmi les officiers ;
sous Dionysios, nous n'avons ni tarantinarque ni συστρατιῶται.

Ce n'est pas tout : dans cette même pythaïde d'Agathoclès,
après les cavaliers nommés dans l'ordre normal des tribus et
après les συστρατιῶται, viennent encore d'autres cavaliers. S'il
faut placer au-dessous du numéro 15, comme je l'admettrais assez
volontiers, l'inscription n° 30, nous avons là sept tribus énumérées au hasard (puisque la Πανδιονίς suit la Κεκροπίς), et représentées seulement par un ou deux personnages, dont je ne
devine pas le rôle.

J'avais pensé aussi à rattacher à nos listes de cavaliers le
fragment ci-dessous, dont le début est analogue au précédent[1].

N° 18 (*fig.* 12) :

Fig. 12.

Κεκρ[οπίδος ·]
Ἑρμίας Ἀγα[......].
Πανδιονί[δος ·]
Εὔανδρος Καλλ[.....].

1. La Πανδιονίς se trouve même encore nommée après la Κεκροπίς.

’Αρχεθέωρο[ς·]
’Αγαθοκλῆς ’Αγαθ[οκλέους].
Θεωροί·
Διονυσόδωρος Κανδ[.....],
Καλλικρατίδης Κτησι[.....],
Ἡράκλειτος Μενάνδ[ρου],
Εἰρηναῖος Πραξικλέ[ους],
Νίκων Αὐτοβούλου.

Le rapprochement n'est guère probable; car, d'après la mention
d'Agathoclès comme archithéore, la pierre en question appartient
évidemment à la pythaïde de cette année, et, par conséquent,
elle devrait prendre la place du numéro 30; de plus, les noms
énumérés dans ce fragment sont suivis régulièrement de leur
patronymique. Il nous faut donc voir là plutôt des théores pris
dans les tribus, comme sous Argeios (n° 23, *a* et *b*). — Mais
du moins nous n'aurions pas eu à nous étonner de trouver la
mention de théores des cavaliers; car, sous Dionysios, ils en
ont certainement un, nommé avec la tribu Ἱππcθωντίς; et, sous
Agathoclès, nous leur connaissons d'autre part un pythaïste, cité
entre l'hipparque et les autres officiers[1]. La classe des cavaliers,
constituée en un κοινόν (cf. n° 10), ne se bornait donc pas à fournir une escorte : elle avait aussi sa représentation particulière
dans le corps même de la théorie.

LES FEMMES DANS LA PYTHAÏDE : CANÉPHORES, PYRPHOROS, PRÊTRESSE D'ATHÉNA.

1° **Canéphores.** — Telle était la composition de la pythaïde
proprement dite à la fin du II° siècle avant notre ère; mais il
s'y joignait encore un certain nombre de femmes : des canéphores, une pyrphoros, et une prêtresse d'Athéna. Elles ne font
pas partie intégrante de la procession; elles sont seulement
envoyées en même temps qu'elle et à côté d'elle : ἀπεστάλησαν
μετὰ τῆς πυθαΐδος (n° 3); παρεγενήθη μετὰ τᾶς πυθαΐδος (n° 20).

Nous avons conservé, plus ou moins mutilées, trois listes de
canéphores. Elles contiennent onze noms sous Timarchos, treize
sous Agathoclès (si toutefois, d'après le caractère de l'écriture, on peut rapporter à cet archontat la liste n° 29, comme
nous l'avons déjà fait pour le numéro 30), et huit sous Argeios.

1. Cette différence dans la place donnée au pythaïste et au théore est peut-
être encore un signe de la supériorité du premier sur le second.

a) Pythaïde de Τίμαρχος.

N° 3 (*fig.* 5) :

Texte déjà cité (p. 46), à la suite des pythaïstes.

b) Pythaïde d'Ἀγαθοκλῆς.

N° 29 (Pl. I, *A*) :

[Κανηφόροι αἵδε ἐκ......]ντιδῶν·
[...............] Ἄβρωνος,
....
ΙΙ[............]λωνίου,
Πατ[...........],
Δαμε[.........],
Μ[.]νι[........],
Ἀθην[...........]ου,
Ἀπο[..........]ωνος,
Λα[...........]ου,
Ἡρα[.........],
Μνᾶσις Ἀ[ρι]σ[τ.....],
Καλλινίκη Αἰσχίνου,
Ἀρχίππη Δρομοκλέους.

c) Pythaïde d'Ἀργεῖος.

N° 26 (Pl. II, *B*).

[Καν]ηφόροι·
[Ἀπ]ολλοδώρα Σαραπ[ί]ωνος,
[Θε]οδώρα Σαραπίω[ν]ος,
[...]μὼ Μιλτιάδ[ο]υ,

[Ἀρι]στίππη Θεοφ[ί]λου,

Μ[ε]γίστη Ζή[ν]ωνος,
Π[ά]ριον Ἀχαιοῦ,

Μ[.......Ἀ]ρύπου,
Μ[.....]ν Ἀρίστωνος.

Le rôle des canéphores est indiqué par leur nom même : elles portaient des corbeilles contenant les offrandes ou les instruments nécessaires aux sacrifices. Nous étions sûrs de leur présence à plusieurs des grandes fêtes d'Athènes, en particulier aux Panathénées et aux Dionysies ; nous savions même qu'il

s'en trouvait une au moins dans la pythaïde (*C. I. A.*, II, 1388 :
ἡ [β]ουλή, ὁ δῆμος [κ]ανηφορήσασαν [τ]ῷ Ἀπόλλωνι [τὴ]ν Πυθαίδα).
Ce dernier renseignement nous est maintenant complété et
précisé. Elles sont nommées sans aucune distinction de tribus.
Peut-être les choisissait-on de préférence dans certaines
familles ; car, sous Agathoclès, la fin de la première ligne
(.........ντιδῶν) semble être le nom d'un γένος. En tout cas, nous
voyons parfois deux sœurs figurer à côté l'une de l'autre (Ἀπολ-
λοδώρα et Θεοδώρα Σαραπίωνος, sous Argeios). Ou bien encore, la
même année, elles ont des frères cités comme πυθαϊσταὶ παῖδες : sous
Timarchos, Ἀρτεμισία et Πολέμων Ἀττάλου (nº 3, l. 26 et 14) ;
Σωστράτη et Μένανδρος Σωτίωνος (ibid., l. 25 et 8) ; Ἀριστονίκη,
Λυκόφρων et Μηνόφιλος Λυκόφρονος (ibid., l. 24 et 4) ; — sous
Argeios, Μεγίστη, Παρμένης et Ἀμμώνιος Ζήνωνος (nº 26, l. 6 ;
nº 24, col. 2, l. 8 et 9). Evidemment, tous ces enfants sont pris
dans les meilleures maisons du pays, et d'ailleurs les lexicographes
nous disent formellement que, pour les Panathénées, les
canéphores devaient être athéniennes et de naissance noble.
Les mêmes prescriptions existaient sans doute pour la pythaïde.

2º **Pyrphoros**. — Je n'ai pas à m'étendre sur la πυρφόρος :
car les trois seuls textes où il soit question d'elle sont déjà publiés,
et ils ont fait l'objet de plusieurs commentaires (*B. C. H.*,
XVIII, 1894, p. 87 ; — *Id.*, p. 91 ; — *Hermès*, XXVIII, 1893,
p. 620 ; — *Wochensch. f. kl. Phil.*, XII, 1895, col. 639-640 ;
— *Philologus*, LIV, 1895, p. 592-593).

Le rôle de cette prêtresse, — et c'est le point essentiel, —
avait été bien indiqué dès l'abord par M. Couve[1]. Elle allait à
Delphes chercher du feu dans un trépied sacré (ἔλαξεν τὸν ἱερὸν
τρίποδα ἐκ Δελφῶν), elle l'emportait à Athènes sur un char
(ἀπεκόμισεν, — ἀγαγὼν τὸν τρίποδα ἐφ' ἅρματος), et elle avait avec
elle, comme escorte, (τὴν πυρφόρον ἤγαγεν) un personnage officiellement désigné par l'Etat.

Une cérémonie de ce genre n'était pas particulière au sanctuaire de Delphes. Ainsi, à Délos, chaque année un vaisseau
sacré venait de Lemnos prendre du feu sur l'autel d'Apollon
(Θεωρὶς ναῦς ἐκ Δήλου πυρφορεῖ), et, pendant ce temps, tous les

---

1. Je mentionne seulement pour mémoire l'hypothèse de M. Curtius sous-
entendant ἅμαξα après le mot πυρφόρος. Le simple rapprochement de l'inscription de M. Nikitsky (πυρφόρος ἡ ἐκ Δελφῶν· Τιμώ) indique assez qu'il
s'agit là d'une prêtresse, et non d'une voiture.

foyers étaient éteints dans l'île de Lemnos[1]. A Athènes même, il existait un ἱερεὺς πυρφόρος ἐξ Ἀκροπόλεως, qui, au moins à l'époque impériale, avait un siège d'honneur au théâtre de Dionysos[2] : on avait donc besoin, pour certains sacrifices, de feu provenant de l'Acropole. Mais il y a plus ; nous connaissons au moins un cas où l'on s'était ainsi adressé à Delphes : c'est après la bataille de Platées. Athéniens et Spartiates avaient consulté Apollon Pythien sur les honneurs à rendre aux dieux en reconnaissance de cette grande victoire ; l'oracle commanda d'élever un temple à Zeus Libérateur, mais de n'y pas sacrifier avant d'avoir purifié le pays souillé par la présence des barbares. Tous les habitants, aux environs, furent donc contraints à éteindre leurs foyers, et un Platéen partit en toute hâte rallumer un feu pur au foyer commun de la Grèce (ἐναύσασθαι καθαρὸν πῦρ ἐκ Δελφῶν, ἀπὸ τῆς κοινῆς ἑστίας). Plutarque, à cette occasion, nous raconte le détail de la cérémonie : le Platéen, arrivé à Delphes, commence par se purifier ; il s'asperge d'eau lustrale, se couronne de laurier, puis s'approche de l'autel, y prend du feu et se remet en course pour Platées (ἁγνίσας δὲ τὸ σῶμα καὶ περιρρανάμενος, ἐστεφανώσατο δάφνη, καὶ, λαβὼν ἀπὸ τοῦ βωμοῦ τὸ πῦρ, δρόμῳ πάλιν εἰς τὰς Πλαταιὰς ἐχώρει)[3]. Quelque chose de semblable devait se passer, encore à la fin du IIe siècle et au commencement du Ier, pour la πυρφόρος athénienne[4].

La théorie de Lemnos était annuelle, et nous savons, par Philostrate, à quelle occasion elle se célébrait; au contraire, nous ignorons entièrement pour quel motif Athènes envoyait une πυρφόρος à Delphes, et à quel intervalle de temps elle le faisait.

M. Pomtow ramène nos trois textes à deux années. En réalité, ils appartiennent à trois années distinctes. L'un est daté de l'archontat de Ἥρυς à Delphes, c'est-à-dire de Διονύσιος μετὰ Λυσίσκον à Athènes.

---

1. Philostrate. *Heroica*, XX, 24 : passage cité par M. Couve.
2. *C. I. A*, III, 254.
3. Plutarque, *Vie d'Aristide*, chap. xx.
4. Sur le respect dont on entoure encore, vers cette époque, le foyer sacré de Delphes, cf. une formule de serment amphictyonique qui, très vraisemblablement, date de 117 avant Jésus-Christ (*B. C. H.*, XXVII, 1903, p. 107, col. B, l. 13) : [Καὶ εὐορκοῦντι μέν μοι εἴη πολλὰ καὶ ἀγαθά,] ἐφιορκοῦντι δὲ Θ[έμις] καὶ Ἀπόλλων Πύθιος καὶ Λατὼ καὶ Ἀρτεμ[ις καὶ] Ἑστία καὶ πῦρ ἀθάνατον καὶ θεοὶ πά[ντες καὶ πᾶσαι κακίστῳ ὀλέθρῳ τὴν] σωτηρίαν μοι [ἀφέλωσι]ν.

N° 11 (*B. C. H.*, XVIII, 1894, p. 91, premier texte) :

[Θ]εό[ς.   Τύ]χαν ἀγαθάν.

ἱ['Επεὶ 'Αλ]κίδαμος Εὐφάνους, ['Αθηναῖος] πολίτας, εὐσεβῶς καὶ ὁσίως διακείμενος
ποτί τε τὸν θεὸν
ᾳ[καὶ ποτὶ] τὰν πόλιν ἁμῶν, ἀγαγ[ὼν δὲ κ]αὶ τὸν τρίποδα ἐφ' ἅρματος ἀξίως τοῦ τε
θεοῦ καὶ τοῦ ὑμετέρου
᾿[δάμου κ]αὶ ἁμῶν, τάν τε παρεπιδαμίαν [καὶ] ἀναστροφὰν ἐποιήσατο ὡς ἐνδέχεται
κάλλιστα· ἀγαθᾶι τύ-
χαι δεδόχθαι τᾶι πόλει τῶν Δελφῶν [ἐπ]αινέσαι 'Αλκίδαμον Εὐφάνους 'Αθηναῖον
ἐπί τε τᾶι ποτὶ τὸν θε-
ὸν εὐσεβείαι καὶ ποτὶ τὰν πόλιν ἁμ[ῶν] εὐνοίαι, καὶ ὑπάρχειν αὐτῶι καὶ ἐκγόνοις
παρὰ τᾶς πόλιος προξε-
νίαν, προμαντείαν, προδικίαν, ἀσυλίαν, [ἀτ]έλειαν, προεδρίαν ἐμ πᾶσι τοῖς ἀγώνοις
οἷς ἁ πόλις τίθητι, καὶ τὰ
ᾳἄλλα τίμια πάντα ὅσα καὶ τοῖς ἄλλοις π[ροξ]ένοις καὶ εὐεργέταις τᾶς πόλιος ὑπάρχει.
᾿Άρχοντος Πύρρου,
βουλευόντων τὰν δευτέραν ἑξάμη[νον] 'Εχεφύλου τοῦ Πολυκλείτου, Ταραντίνου τοῦ
Ξενοκρίτου, γραμ-
ᾳματεύοντος δὲ Σωτύλου τοῦ Σωσ[τράτ]ου.

Le deuxième — je crois l'avoir établi plus haut (p. 26 et
sq.) — doit être rapporté à l'archontat d'Agathoclès.

N° 13, *b*, au début (Pl. II, *A*) :

Πυρφόρος ἡ ἐγ Δελφ[ῶν ·]
Τιμώ.

Le dernier porte le nom de Μέντωρ à Delphes = 'Αργεῖος à
Athènes.

N° 28 (*B. C. H.*, XVIII, 1894, p. 87) :

'Αγαθῇ τύχῃ τῆς βουλῆς καὶ τοῦ δήμου τοῦ 'Αθηναίων.
'Επὶ Μέντορος ἄρχοντος ἐν Δελφοῖς, ἐν δὲ 'Αθήναις
'Αργείου, ἔλαβεν τὸν ἱερὸν τρίποδα ἐκ Δελφῶν καὶ ἀπεκόμισεν, καὶ τὴν πυρφόρον ἤγαγεν 'Αμφικράτης 'Επιστράτου 'Αθηναῖος.

Ce sont, on le voit, trois années de pythaïde. Évidemment
il peut y avoir là un simple effet du hasard; mais, puisqu'on
en est réduit à se contenter de vraisemblances, il est encore

plus naturel d'admettre une coïncidence constante entre l'envoi
de la πυρφόρος et celui de la pythaïde. Peut-être même le
transport du feu sacré de Delphes à Athènes était-il une des
cérémonies essentielles de la théorie[1].

3° **Prêtresse d'Athéna.** — On n'a pas retrouvé à Delphes, sur
le Trésor des Athéniens, une seule mention de la prêtresse
d'Athéna; et pourtant elle accompagnait, au moins parfois,
la pythaïde; car on a découvert à Athènes, il y a déjà
longtemps, la copie d'un décret rendu par les Delphiens
dans une occasion de ce genre. L'inscription est datée de
l'archonte delphien Ξενοκράτης Ἀγησιλάου, dont nous savons
désormais fort exactement l'époque : il est le correspondant
d'Ἀγαθοκλῆς à Athènes.

N° 20 (C. I. A., II, 550) :

```
. . . . . . . . . . . . . . . . Ἐπειδὴ, τοῦ δ[άμου]
[τ]οῦ Ἀθηναίων ἀγαγόντος τὰν Πυθαΐδα τ[ῷ]
[Ἀ]πόλλωνι τῷ Πυθίῳ μεγαλομερῶς καὶ [ἀξ-]
[ίω]ς τοῦ τε θεοῦ καὶ τᾶς αὐτοσαυτοῦ ἀρετᾶ[ς,]
[π]αρεγενήθη μετὰ τᾶς Πυθαΐδος καὶ ἁ τᾶς Ἀ-
θάνας ἱέρεια Χρυσίς, Νικήτου θυγάτηρ, καὶ τάν
τε ἐπιδαμίαν καὶ ἀναστροφὰν ἐποιήσατο
καλάν καὶ εὐσχήμονα καὶ ἀξίαν τοῦ τε δά-
μου τοῦ Ἀθηναίων καὶ τᾶς ἁμετέρας πόλιος ·
ἀγαθᾷ τύχᾳ δεδόχθαι τᾷ πόλει τῶν Δελ-
φῶν ἐπαινέσαι Χρυσίδα, Νικήτου Ἀθηναίου
θυγατέρα, καὶ στεφανῶσαι αὐτὰν τῷ τοῦ
θεοῦ στεφάνῳ ᾧ πάτριόν ἐστιν Δελφοῖς · [δε-]
δόσθαι δὲ αὐτᾷ καὶ ἐκγόνοις παρὰ τᾶς πόλ[ιος]
προξενίαν, προμαντείαν, προδικίαν, ἀσυλίαν,
ἀτέλειαν, προεδρίαν ἐμ πᾶσι τοῖς ἀγώνοις οἷς
[ἁ] πόλις τίθητι, καὶ γᾶς καὶ οἰκίας ἔγκτησιν καὶ
τἆλλα τίμια πάντα ὅσα καὶ τοῖς ἄλλοις προξέ-
νοις καὶ εὐεργέταις τᾶς πόλιος ὑπάρχει. Ἄρχο[ν-]
τος Ξενοκράτ(εο)ς τοῦ Ἀγησιλάου, βουλευόντων
τὰν δευτέραν ἑξάμηνον Τιμολέωνος τοῦ Ἐμ[με-]
νίδα, Νικοδάμου τοῦ Στράτωνός, γραμματε[ύ-]
οντος δὲ βουλᾶς Ἄρχωνος τοῦ Καλλικράτε-
ος.
```

1. On est porté naturellement tout d'abord à chercher une corrélation entre
cette purification du feu et la grande fête d'expiation à Athènes, les Thargélies.
Mais celles-ci se célébraient au commencement du mois Thargélion (= Mai);
or la Pythaïde, nous le verrons plus loin (p. 171), avait lieu, autant que nous
pouvons nous en rendre compte, entre Juillet et Octobre, soit sept mois
plus tôt, pour le moins, dans la même année.

Nous connaissions déjà d'après plusieurs indices l'union, à Delphes, des deux cultes d'Athéna et d'Apollon Pythien. L'exemple le plus frappant en est peut-être un décret honorifique relatif à Chersonnésos du Pont : des ambassadeurs de cette cité sont chargés d'offrir, au nom de leurs concitoyens, un sacrifice de cent victimes à Apollon et un autre de douze à Athéna[1]. D'ailleurs, vers l'entrée de la ville, il y avait un sanctuaire d'Athéna, désignée comme Pronoia ou Pronaia[2]; dans le prologue des *Euménides* d'Eschyle, la Pythie ne manque pas d'affirmer sa dévotion envers elle en la citant aussitôt après les divinités qui tour à tour ont possédé l'oracle[3]; son nom accompagne ceux d'Apollon, d'Artémis et de Latone dans les imprécations prononcées par les Amphictyons contre les violateurs de leurs arrêts[4]; et ainsi, à la suite de la première guerre sacrée, le territoire de Cirrha leur avait été consacré à tous quatre[5]. Ici nous avons, je crois, quelque chose de plus à constater : non seulement les Athéniens, quand ils viennent à Delphes, tiennent à honorer les diverses divinités du lieu; mais encore leur prêtresse d'Athéna se joint en personne à la procession organisée en l'honneur d'Apollon. Par conséquent ils admettaient, eux aussi, pour leur compte, des relations étroites entre Apollon et Athéna.

En effet, d'après eux, Athéna avait joué un rôle important lors de la naissance d'Apollon. Dans la tradition primitive, Latone, au moment de son accouchement, était secourue par Eileithyia[6]; et celle-ci, en souvenir de son intervention bienfaisante, recevait toutes sortes d'hommages à Délos : on lui offrait des sacrifices, on chantait en son honneur un vieil

---

1. *B. C. H.*, VI, 1882, p. 214, l. 8-9 : Θυσίαν συνετέλεσαν τῶι θεῶι ἑκατόμβαν βούπρω[ιρον καὶ] δωδεκαΐδα βούπρωιρον τᾶι Ἀθαναι.

2. Harpocration, s. v. Προναία : ὠνομάζετό τις παρὰ Δελφοῖς Ἀθηνᾶ Προναία διὰ τὸ πρὸ τοῦ ναοῦ ἱδρῦσθαι. — Pausan., X, 8, 6 : Ἐσελθόντι δὲ ἐς τὴν πόλιν εἰσὶν ἐφεξῆς ναοί ..... ὁ τέταρτος Ἀθηνᾶς καλεῖται Προνοίας. — De même, Πρόνοια dans Dém., 1er *disc. contre Aristogiton*, 34.

3. Eschyle, *Eumén.*, v. 21 : Παλλὰς Προναία δ' ἐν λόγοις πρεσβεύεται.

4. Eschine, *Contre Ctésiph.*, 110-111 : Γέγραπται γὰρ οὗτος ἐν τῇ ἀρᾷ · « Εἴ τις τάδε παραβαίνοι ἢ πόλις ἢ ἰδιώτης ἢ ἔθνος, ἐναγὴς ἔστω τοῦ Ἀπόλλωνος καὶ τῆς Ἀρτέμιδος καὶ Λητοῦς καὶ Ἀθηνᾶς Προναίας. Καὶ μήποτε ὁσίως θύσαιεν οἱ μὴ τιμωροῦντες τῷ Ἀπόλλωνι μηδὲ τῇ Ἀρτέμιδι μηδὲ τῇ Λητοῖ μηδ' Ἀθηνᾷ Προναίᾳ, μηδὲ δέξαιντο αὐτῶν τὰ ἱερά. »

5. Eschine, *Ibid.*, 108 : Καὶ ἀναιρεῖ ἡ Πυθία ... τὴν χώραν αὐτῶν ἐκπορθήσαντας καὶ αὐτοὺς ἀνδραποδισαμένους ἀναθεῖναι τῷ Ἀπόλλωνι τῷ Πυθίῳ καὶ Ἀρτέμιδι καὶ Λητοῖ καὶ Ἀθηνᾷ Προναίᾳ ἐπὶ πάσῃ ἀεργίᾳ.

6. *Hym. homér. à Apoll. Délien*, v. 97 et sqq. ; — Paus., I, 18, 5.

hymne du Lycien Olen[1], et dans le temple d'Apollon on consacrait des coupes ou d'autres objets avec dédicace à son nom[2]. Mais les Athéniens, on le sait assez, ne se faisaient pas scrupule de modifier selon leurs convenances les légendes mythologiques. Ils avaient donc, à un moment donné, substitué à Eileithyia leur déesse nationale, Athéna. C'est de là, disaient-ils, que lui était venu son surnom de Πρόνοια, parce qu'elle avait veillé sur l'accouchement de Latone[3] : arrivée au cap Zoster, Latone, commençant à ressentir les douleurs de l'enfantement, y avait dénoué sa ceinture ; mais Athéna la protégeait ; c'est elle qui l'avait fait passer de l'Attique, par-dessus les iles, jusqu'à Délos ; et là enfin avait eu lieu la délivrance[4]. Au cap Zoster, un autel était donc consacré à la fois à Athéna, à Apollon, à Artémis et à Latone[5] ; à Prasiai aussi, — dont nous avons signalé l'importance pour l'introduction du culte apollinien en Attique, — Athéna Pronoia avait un temple à côté de celui d'Apollon[6] ; et, bien entendu, on lui en avait élevé un également à Délos[7].

Il est vrai, il ne s'agit encore là que d'Apollon Délien et d'Athéna Pronoia ; or, dans notre texte du *Corpus*, nous avons affaire à Apollon Pythien, et Athéna, nommée sans épithète, ne peut être que la grande déesse protectrice d'Athènes, Athéna Polias[8]. Evidemment, c'est là le résultat d'un nouveau tra-

---

1. Pausan., *loc. laud.* : καὶ θύουσί τε Εἰλειθυίᾳ Δήλιοι καὶ ὕμνον ᾄδουσιν Ὠλῆνος.

2. Par exemple, dans un inventaire de l'archontat de Démarès (*B. C. H.*, VI, 1882, p. 34, l. 50) : φιάλη καρυωτή · Κτησυλίς, Ἀριστολόχου θυγάτηρ, Πυθέου δὲ γυνή, Εἰλειθυίει.

3. Suid. et Etymol. Magn., s. v. Πρόνοια Ἀθηνᾶ · ὅτι προυνόησεν ὅπως τέκῃ ἡ Λητώ.

4. Aristid., I, p. 157 Dind. : Λητώ τε γάρ, λυσαμένη τὴν ζώνην ἐν Ζωστῆρι τῆς Ἀττικῆς, καὶ λιποῦσα τὴν ἐπωνυμίαν τῷ τόπῳ, βαδίζουσα ἀεὶ εἰς τὸ πρὸς ἕω, τῆς Προνοίας Ἀθηνᾶς ἡγουμένης, ἀπ᾿ ἄκρας τῆς Ἀττικῆς ἐπιβᾶσα τῶν νήσων εἰς Δῆλον καταίρει. — Toute cette légende était développée par Hypéride dans son discours Δηλιακός (f. 67 Blass).

5. Pausan., I, 31, 1 : ἐν Ζωστῆρι δὲ ἐπὶ θαλάσσης καὶ βωμὸς Ἀθηνᾶς καὶ Ἀπόλλωνος καὶ Ἀρτέμιδος καὶ Λητοῦς.

6. Bekker, *Anecd. gr.*, I, p. 299, s. v. Προναία Ἀθηνᾶ · Πρόνοια δ᾿ Ἀθηνᾶ ἐν Πρασίαις τῆς Ἀττικῆς ἵδρυται ὑπὸ Διομήδους. — Pour le temple d'Apollon, où arrivaient les offrandes des Hyperboréens, cf. Pausan., I, 31, 2.

7. Macrob., I, 17, 55 : Sed divinæ providentiæ vicit instantia, quæ creditur juvisse partum. Ideo in insula Delo, ad confirmandam fidem fabulæ, ædes Providentiæ, quam ναὸν Προνοίας Ἀθηνᾶς appellant, apta religione celebratur.

8. Le fait nous est assuré par une dédicace relative précisément à notre Χρυσὶς Νικήτου (*C. I. A.*, II, 1392, *b*), où elle est appelée en propres termes

vail opéré par les Athéniens sur leurs traditions mythologiques.
Nous en saisissons çà et là d'autres traces. Par exemple, au
Pythion de Daphni, Apollon avait d'abord été adoré seul; plus
tard, on y trouve en même temps la statue d'Athéna, avec
celles d'ailleurs de Déméter et de Koré[1]. Après la bataille de
Marathon, quand les Athéniens emploient la dîme du butin à
élever à Delphes, près de l'entrée du sanctuaire, un certain
nombre de statues, ils consacrent d'abord celles d'Athéna et
d'Apollon[2]. De même, on sait l'importance du rôle d'Athéna
dans l'*Ion* d'Euripide : elle apparaît à Ion pour lui affirmer sa
naissance divine; c'est elle qui lui révèle l'avenir brillant réservé
à sa race, et c'est elle encore qui le ramène à Athènes avec
Créuse. Tout cela témoigne de la volonté bien arrêtée chez les
Athéniens d'établir un lien étroit entre l'Apollon de Delphes et
leur grande déesse nationale. Mais comment en expliquaient-ils
l'origine? nous sommes mal fixés sur ce point.

A ce dessein sans doute répondait la tradition qui fait parfois
d'Apollon Patroos le fils d'Héphaistos et d'Athéna : Aristote,
paraît-il, n'avait pas dédaigné de la mentionner[3], et l'on ne pouvait certes pas trouver de procédé plus radical pour subordonner
Apollon à Athéna. Pourtant les Athéniens étaient assez ingénieux
pour arriver à leur but sans compromettre de la sorte la répu-
tation de la Parthénos, et, à priori, on serait presque en droit
d'affirmer qu'ils avaient dû trouver à la difficulté une solution
plus satisfaisante. Précisément le péan d'Aristonoos, découvert
dans les dernières fouilles, nous révèle une de ces légendes
dont le souvenir s'était perdu pour nous. Après avoir tué le
serpent Python, Apollon va se purifier dans la vallée de Tempé ;
mais cette expiation ne suffit pas encore : il faut que Pallas le
ramène à Delphes, et alors seulement, grâce à elle, il prend

[ἱέρεια 'Αθ]ηνᾶς Πολιάδος. Au reste, à notre connaissance, il n'existait pas à
Athènes de prêtresse d''Αθηνᾶ Προναία ou Πρόνοια.

1. Pausan., I, 37, 6 : ῎Εστι δὲ ἱερὸν ἐν ᾧ κεῖται Δήμητρος καὶ τῆς παιδὸς
ἀγάλματα, καὶ 'Αθηνᾶς τε καὶ 'Απόλλωνος. 'Απόλλωνι δὲ ἐποιήθη μόνῳ τὸ ἐξ ἀρχῆς.

2. Pausanias, X, 10, 1 : Τῷ βάθρῳ δὲ τῷ ὑπὸ τὸν ἵππον τόν δούρειον ἐπί-
γραμμα μέν ἐστιν ἀπὸ δεκάτης τοῦ Μαραθωνίου ἔργου τεθῆναι τὰς εἰκόνας· εἰσὶ
δὲ 'Αθηνᾶ τε καὶ 'Απόλλων, ...

3. Aristote, fragm. (éd. Didot, p. 348) = Clém. d'Alex., *Protrept.*, 2, 28 :
Ναὶ μὴν 'Απόλλωνα ὁ μὲν 'Αριστοτέλης πρῶτον 'Ηφαίστου καὶ 'Αθηνᾶς...... —
Cic., *De nat. deor.*, III, 22, 55 : Volcani item complures : primus Cælo
natus, ex quo et Minerva Apollinem eum, cujus in tutela Athenas antiqui
historici esse voluerunt.

définitivement possession de son sanctuaire; aussi lui reste-t-il toujours reconnaissant de ce service dont il perpétue le souvenir par des fêtes éternelles[1]. L'auteur de cet hymne, à vrai dire, est Corinthien; mais, comme son œuvre était conservée sur une stèle dans le Trésor d'Athènes, il est clair qu'elle plaisait aux Athéniens, et qu'ils l'avaient considérée comme l'expression parfaite de leur tradition nationale.

Des légendes de ce genre justifient assez bien la présence de la prêtresse d'Athéna Polias dans la théorie envoyée à Delphes en l'honneur d'Apollon Pythien. Quel y était son rôle exact? nous sommes incapables de le préciser; car la seule inscription où il soit parlé d'elle ne contient que les formules d'éloges les plus banales. Peut-être faut-il nous représenter la pythaïde comme l'ambassade des gens de Chersonnésos : avant tout, on venait adorer Apollon; pourtant on n'oubliait pas son amie, sa protectrice; et, au moins dans les années où la fête avait le plus d'éclat, on offrait aussi des sacrifices à la déesse : la prêtresse d'Athéna aurait présidé à cette partie de la cérémonie[2]. Un semblable rituel n'a rien en soi d'inadmissible. En tout cas, au fond, dans la pensée des Athéniens, il devait y avoir là une façon de rappeler leurs titres à la sympathie et à la reconnaissance du dieu de Delphes. Athéna, en la personne de sa prêtresse, faisait volontiers à son obligé une visite courtoise; mais cette démarche même empêchait de se perdre le souvenir des bienfaits passés.

1. *B. C. H.*, XVII, 1893, p. 566, strophes 3 et 4 :

Ἁγνισθεὶς ἐνὶ Τέμπεσιν Ὅθεν Τριτογενῆ προναΐ-
βουλαῖς Ζηνὸς ὑπειρόχου, αν ἐμ μαντείαις ἀ[γ]ίοις
ἐπεὶ Παλλὰς ἔπεμψε Πυ- σέβων ἀθανάτοις ἀμοι-
θῶδ(ε), <ἰή>ΐε Παιάν, [β]αῖς, ἰήΐε Παιάν,
πείσας Γαῖαν ἀνθοτρόφον χάριν παλαιὰν χαρίτων
Θέμιν τ(ε) εὐπλόκαμον θεάν, τ[ῶν] τότ(ε) αἰδίοις ἔχων
<αἳ>ἐν εὐλιθάνους ἕδρας μνήμα<ι>ς ὑψίστας ἐφέπεις
ἔχεις, ὦ ΐε Παιάν. τιμά(ι)ς, ὦ ΐε Παιάν.

2. M. Töpffer (*Att. Gen.*, p. 127 et sqq.) considère la prêtresse d'Athéna comme étant prise toujours parmi les Ἐτεοβουτάδαι. Cependant le scoliaste d'Eschine affirme qu'elle appartenait à la famille des Βουζύγαι (*Amb.*, 78 : τοῦ Βουζύγου· τοῦ ὄντος ἐκ τοῦ γένους τῶν Βουζύγων. Ἐν γὰρ ἦν καὶ τοῦτο γένος τιμώμενον παρὰ τοῖς Ἀθηναίοις, ἐξ οὗ ἐγένετο ἡ ἱέρεια τῆς Ἀθηνᾶς).

JEUX DONNÉS A L'OCCASION DE LA PYTHAÏDE

1° Concours hippiques. — A toutes les grandes fêtes de la
Grèce, après les cérémonies purement religieuses, processions
et sacrifices, avaient lieu une série de réjouissances où les exercices du corps et les plaisirs de l'esprit étaient également
représentés, ἀγών γυμνικός, ἀγών ἱππικός et ἀγών μουσικός.

De ces trois sortes de concours, les deux derniers, comme
nous allons le voir, ont existé sûrement à l'occasion de la
pythaïde; la chose est moins certaine pour le premier. Les
éphèbes prenaient sans doute part à des jeux dans le gymnase;
car, dans l'inscription de l'archontat de Dionysios (n° 9), à la
suite de leurs noms sont mentionnés le gymnasiarque et plusieurs
éphèbes delphiens. Il y avait donc entre eux des relations; et
ces relations, sous la présidence du gymnasiarque, entre
jeunes gens de Delphes et d'Athènes, ne peuvent guère
s'expliquer que par des exercices gymniques.

Dès lors, un ἀγών γυμνικός devient probable aussi pour les
hommes faits; mais nous n'en pouvons donner aucune preuve
certaine. En effet nous n'avons pas ici, comme pour les Théseia
ou pour les Panathénées, des catalogues suivis, où se trouveraient
énumérés d'abord tous les vainqueurs des jeux gymniques,
puis tous ceux des jeux équestres, et où, par conséquent, le
départ ne serait pas douteux entre les uns et les autres. Il nous
reste seulement un certain nombre de pierres éparses, sur
lesquelles sont gravés, au-dessus — ou parfois à l'intérieur —
d'une couronne, le nom d'un vainqueur et l'indication plus ou
moins concise, plus ou moins mutilée de sa victoire.

Voici la liste complète de ces textes : deux seulement

portent une date ; j'essaie cependant de les classer tous dans leurs pythaïdes respectives.

a) Pythaïde de Dionysios.

N° 37 (*fig.* 13) :

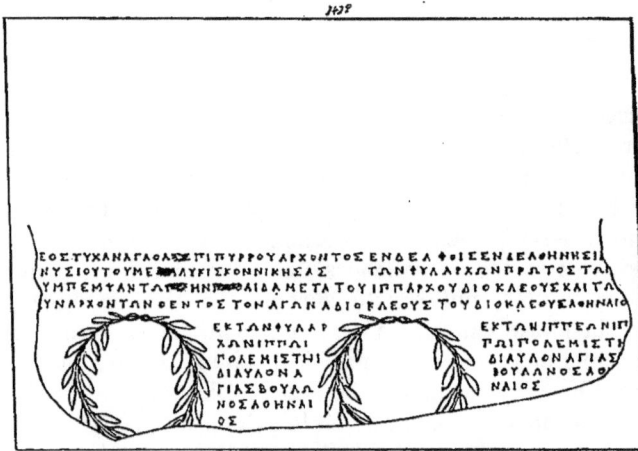

Fig. 13.

L. 2 : après NIKHΣΑΣ, il y a, dans la pierre, un trou qui devait déjà exister au moment de la gravure de l'inscription.

[Θ]εός. Τύχαν ἀγαθά[ν. Ἐ]πὶ Πύρρου ἄρχοντος ἐν Δελφοῖς, ἐν δὲ Ἀθήνησι[ν Δι-]
[ο]νυσίου τοῦ με[τὰ] Λυκίσκον, νικήσας τὸν φυλάρχων πρῶτος τῶ[ν]
[σ]υμπεμψάντω[ν τ]ὴν [πυ]θαΐδα μετὰ τοῦ ἱππάρχου Διοκλέους καὶ τῶ[ν]
[σ]υναρχόντων, θέντος τὸν ἀγῶνα Διοκλέους τοῦ Διοκλέους Ἀθηναίο[υ].

	Ἐκ τῶν φυλάρ-		Ἐκ τῶν ἱππέων· ἵπ-
	χων· ἵππωι		πωι πολεμιστ[ῆι]
(Couronne)	πολεμιστῆι	(Couronne)	δίαυλον, Ἀγίας
	δίαυλον, Ἀ-		Βούλωνος Ἀθ[η-]
	γίας Βούλω-		ναῖος.
	νος Ἀθηναῖ-		
	ος.		

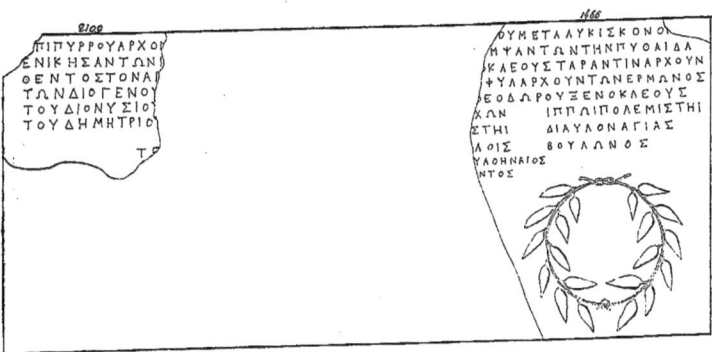

2109

ΠΙΠΥΡΡΟΥΑΡΧΟΥ
ΕΝΙΚΗΣΑΝΤΩΝ
ΘΕΝΤΟΣΤΟΝΑΠ
ΤΩΝΔΙΟΓΕΝΟΥ
ΤΟΥΔΙΟΝΥΣΙΟ
ΤΟΥΔΗΜΗΤΡΙΟ

ΤΕ

2166

ΟΥΜΕΤΑΛΥΚΙΣΚΟΝΟ
ΜΨΑΝΤΩΝΤΗΝΠΥΘΑΙΔΑ
ΚΛΕΟΥΣΤΑΡΑΝΤΙΝΑΡΧΟΥΝ
ΦΥΛΑΡΧΟΥΝΤΩΝΕΡΜΩΝΟΣ
ΕΟΔΩΡΟΥΞΕΝΟΚΛΕΟΥΣ
ΧΛΝ   ΙΠΠΛΙΠΟΛΕΜΙΣΤΗΙ
ΣΤΗΙ   ΔΙΑΥΛΟΝΑΓΙΑΣ
ΛΟΙΣ   ΒΟΥΛΛΝΟΣ
ΥΛΟΗΝΑΙΟΣ
ΝΤΟΣ

Fig. 14.

En bas du fragment 2109, les lettres TE forment le commencement d'une ligne intermédiaire, comme hauteur, entre celles dont l'extrémité est représentée par les lettres ΣΤΗΙ et ΛΟΙΣ.

['E]πὶ Πύρρου ἄρχον[τος ἐν Δελφοῖς, 'Αθήνησιν δὲ Διονυσίου τ]οῦ μετὰ
                                                        Λυκίσκου, οἵ[δε]
ἐνίκησαν τῶν ἱ[ππέων καὶ τῶν φυλάρχων τῶν συμπαραπε]μψάντων[1] τὴν
                                                        πυθαΐδα,
θέντος τὸν ἀ[γῶνα τοῦ ἱππάρχου Διοκλέους τοῦ Διο]κλέους, ταραντι-
                                                        ναρχούν-
των Διογένο[υ τοῦ 'Αρύπου, Λύσωνος τοῦ Δημοκράτεος], φυλαρχούντων
                                                        "Ερμωνος
τοῦ Διονυσίο[υ, 'Αγίου τοῦ Βούλωνος, Χαρικλέους τοῦ Θ]εοδώρου[2], Ξενοκλέους
τοῦ Δημητρίο[υ].   ['Εκ τῶν φυλάρ]χων ·   "Ιππωι πολεμιστῆι
                                   [ἵππωι πολεμι]στῆι   δίαυλον, 'Αγίας
Τε[. . . . .]   [δίαυλον ἐν ὅπ]λοις,   Βούλωνος.
. . . .   ["Ερμων Διονυσίο]υ 'Αθηναῖος,
. . . .   [γόνωι δὲ 'Αντιφῶ]ντος.

        [Couronne]   [Couronne]   (Couronne)

Ces deux pierres sont datées à la fois par l'archonte athénien
et l'archonte delphien.

N° 39 (Pl. II, *A*) :

            "Ιππῳ πολεμι[στῆ]
            δίαυλον, "Ερ[μων]
            'Αντιφῶντο[ς].

            (Couronne)

N° 40 (*fig.* 15) :

['Ακάμπιο]ν,   'Ακάμπιον,   ["Ιππωι]
[Χαρικ]λῆς   Ξενοκλῆς   πό[λεμιστῆι],
[Θε]οδώρου.   Δημητρίου   'Αγί[ας Βούλωνος].
                    'Αθηναῖος.

(Couronne)   (Couronne)   (Couronne)

1. Au lieu de συμπεμψάντων qu'on lit à l'inscription précédente, je restitue
ici [συμπαραπε]μψάντων, pour avoir un nombre de lettres suffisant, et en
m'autorisant d'ailleurs de l'intitulé du numéro 8.
2. Les noms des officiers peuvent être suppléés avec certitude d'après les
inscriptions 8 et 9.

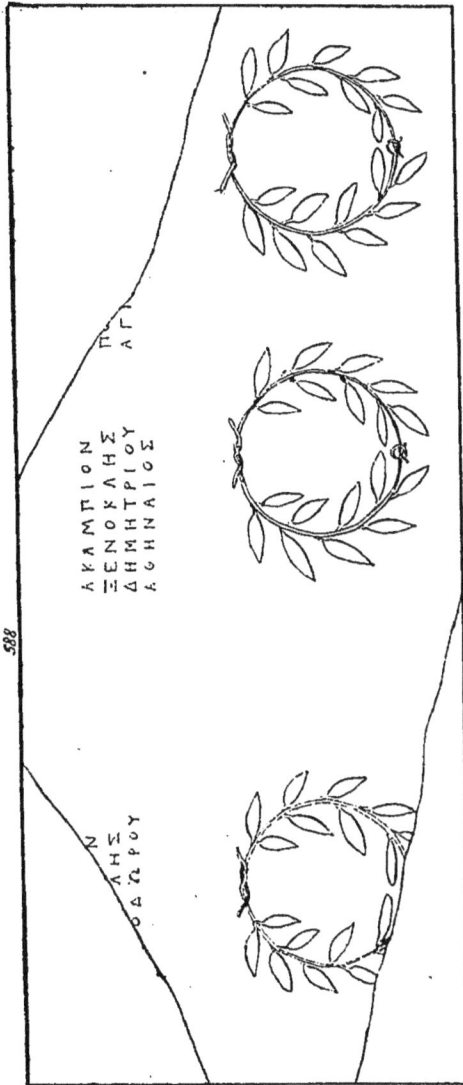

Fig. 15.

Première couronne. — D'après la place du N final à la première ligne, la victoire de Χαρικλῆς doit être celle de l'[ἀκάμπιο]ν plutôt que celle du [δίαυλο]ν.

Troisième couronne. — Au lieu de ['Ιππου] πο[λεμιστ̄η], on peut aussi songer à la restitution : πάντων· ἵππου] πο[λεμιστῆι ['Εκ δίαυλον] : mais elle donne des lignes bien longues, par rapport aux deux inscriptions voisines.

Les quatre noms contenus dans les inscriptions n°s 39 et 40 sont ceux des phylarques chargés du soin des éphèbes sous Dionysios (cf. n° 9) : si mutilés que soient trois d'entre eux, il en reste assez, je crois, pour n'avoir pas de doute à cet égard.

N° 42 (fig. 11, partie gauche) :

Καλλίθεος
Λυκάβου,
δίαυλον.

(Couronne)

Πίφρος
Πίφρου,
ἀκάμπιον.

(Couronne)

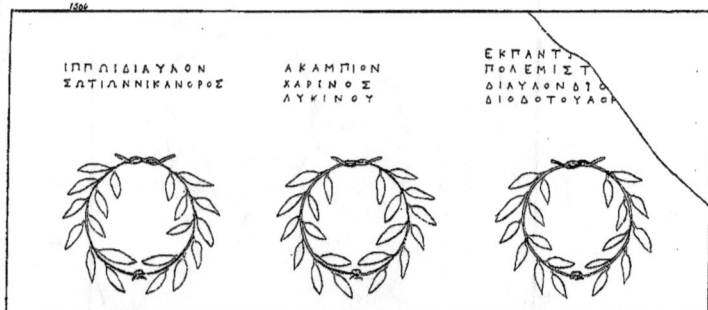

ΙΠΠΩΙΔΙΑΥΛΟΝ
ΣΩΤΙΩΝΝΙΚΑΝΟΡΟΣ

ΑΚΑΜΠΙΟΝ
ΧΑΡΙΝΟΣ
ΛΥΚΙΝΟΥ

ΕΚΠΑΝΤ...
ΠΟΛΕΜΙΣΤ
ΔΙΑΥΛΟΝΔΙΟ
ΔΙΟΔΟΤΟΥΑΘ...

Fig. 16.

Ἵππωι δίαυλον,
Σωτίων Νικάνορος.

(Couronne)

Ἀκάμπιον,
Χαρίνος
Λυκίνου.

(Couronne)

Ἐκ πάντω[ν · ἵπποι]
πολεμιστ[ἡ]
δίαυλον, Διο[.....]
Διοδότου Ἀθ[ηναῖος].

(Couronne)

De ces cinq nouveaux noms, quatre — tous ceux qui sont complets — se retrouvent dans la liste de cavaliers désignée ici sous le numéro 8 (Σωτίων et Χαρῖνος dans la tribu Léontis; Καλλίθεος dans la Ptolémaïs; — Πύρρος dans l'Erechthéis). Ils répondent, par conséquent, à la pythaïde de Dionysios.

N° 43 (*fig.* 17) :

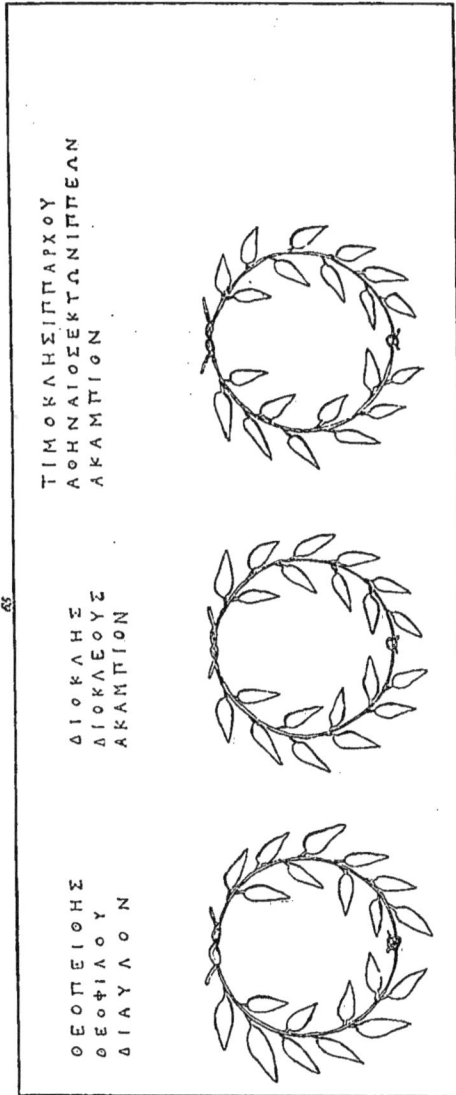

Fig. 17.

ΘΕΟΠΕΙΘΗΣ   ΔΙΟΚΛΗΣ   ΤΙΜΟΚΛΗΣΙΠΠΑΡΧΟΥ
ΘΕΟΦΙΛΟΥ   ΔΙΟΚΛΕΟΥΣ   ΑΘΗΝΑΙΟΣΕΚΤΩΝΙΠΠΕΩΝ
ΔΙΑΥΛΟΝ   ΑΚΑΜΠΙΟΝ   ΑΚΑΜΠΙΟΝ

Θεοπείθης   Διοκλῆς   Τιμοκλῆς Ἱππάρχου
Θεοφίλου,   Διοκλέους,   Ἀθηναῖος, ἐκ τῶν ἱππέων,
δίαυλον.   ἀκάμπιον.   ἀκάμπιον.
(Couronne)   (Couronne)   (Couronne)

Je rapproche ce texte des précédents à cause de la similitude complète de l'écriture ; mais il est difficile d'identifier avec certitude les trois personnages. En effet le cavalier Τιμοκλῆς ne figure pas dans la liste n° 8 ; celle-ci, il est vrai, comprend quelques lacunes : notre Τιμοκλῆς pouvait s'y trouver. Il était sans doute parent du Τιμοκλῆς Ἱππάρχου, pythaïste κληρωτός sous Dionysios (n° 7, col. 1, l. 12), et peut-être fils d'Ἵππαρχος Τιμοκλέους, stratège ἐπὶ τὸ ναυτικόν la même année (n° 9, l. 4). — Nous connaissons deux Διοκλῆς Διοκλέους sous Dionysios, l'un hipparque (n° 8, col. 1, l. 1), et l'autre stratège ἐπὶ τὸ ἱππικόν (n° 9, l. 5) ; s'il s'agissait ici de l'un ou de l'autre, on n'aurait pas manqué sans doute d'indiquer son titre. — Quant à Θεοπείθης Θεοφίλου, nous avons un pythaïste παῖς de ce nom sous Timarchos (n° 3, l. 18) : il n'est pas impossible qu'il prenne part aux concours de Delphes, six ans plus tard, sous Dionysios[1] ; mais ce n'est là, en somme, qu'une hypothèse.

Nous attribuerons encore à la même année l'inscription n° 44.

N° 44 (*fig.* 18) :

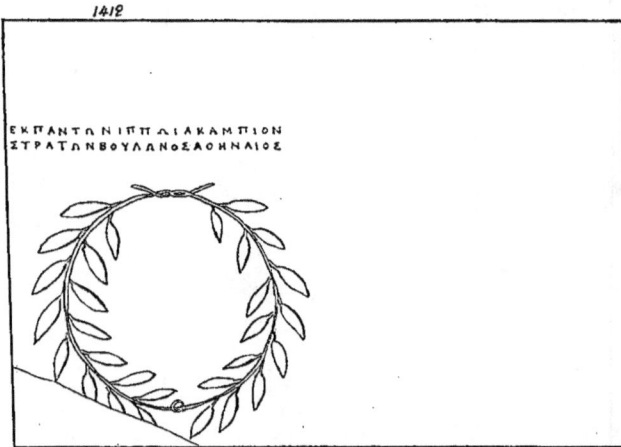

FIG. 18.

1. L'intervalle des deux pythaïdes serait de dix ans d'après M. Kirchner qui place Timarchos en 138.

᾽Εκ πάντων· ἵππωι ἀκάμπιον,
Στράτων Βούλωνος ᾽Αθηναῖος.

(Couronne)

Le nom du vainqueur nous est inconnu. Mais la mention de sa victoire se trouve sur la même pierre d'ante[1], et gravée de la même écriture, que l'inscription n° 37 ; or celle-ci, nous l'avons vu, est datée de l'archontat de Dionysios.

b) PYTHAÏDE D'AGATHOCLÈS.

N° 45 (Pl. II, *A*) :

[........] ἐκ πάντων[2],
[ἀκάμ]πιον·
(dans une couronne)
᾽Απολλωνί-
δης Κρά-
τωνος.

C'est le pythaïste des cavaliers (cf. n° 15, col. 1, l. 3).

N° 46 (Pl. II, *B*) :

[᾽Εκ τῶν ἱ]ππέων·	δ[ίαυλον,]	ἀκοντίζων,	ἵππωι πολεμιστῆι,
[ἀκάμ]πιον,	᾽Α[.......]	᾽Αλέξανδρος	Βασιλείδης
[Ξάν]θιππος ῾Ερμίου.	Εὐ[......]	Νικαγόρου.	᾽Απολλοφάνου.
(Couronne)	(Couronne)	(Couronne)	(Couronne)

1. Le numéro 37 est sur la face principale ; le numéro 44 sur la face droite.
2. Avant ἐκ πάντων se trouvait une indication, qui ne rentre pas dans les formules ordinaires.

c) PYTHAÏDE D'ARGEIOS.

N° 47 (Pl. II, *B*) :

> Ἐκ τῶν ἱππέων· ἀκάμπιον, ἵπποι
> δίαυλον, Λυσίας Ἀρτέμωνος,
> καὶ ἅρματι ἐγβιβάζων.

(Couronne)

Ces cinq derniers noms (n°⁵ 46 et 47) se trouvent à côté les uns des autres sur la même assise, et accompagnés de couronnes identiques symétriquement disposées. On est donc tenté tout d'abord de les rapporter à une seule pythaïde ; mais la gravure offre des différences assez sensibles : dans les quatre premières inscriptions les caractères sont un peu plus petits et surtout plus grêles ; puis les jambages ne se terminent presque jamais par des pleins, ce qui est, au contraire, la règle pour la dernière. Or ces deux genres d'écriture nous sont bien connus : l'écriture déliée, égale partout, est celle des textes d'Agathoclès ; l'autre, plus grosse, avec des renflements au bout des lettres, répond à l'année d'Argeios. Assurément, de tels indices seraient insuffisants pour démontrer la répartition de nos cinq personnages entre les deux pythaïdes. Mais ce que nous savons d'eux s'en accommode parfaitement. Ainsi un Λυσίας Ἀρτέμωνος est éphèbe de la tribu Pandionis sous Aristarchos, en 107, (*C. I. A.*, II, 470, l. 105) ; il peut donc être cavalier en 97. D'autre part, au nombre des cavaliers envoyés à Delphes sous Agathoclès, nous avons un Ἀλέξανδρος dans la tribu Antiochis (n° 15, col. 3, l. 11)[1], et un Βασιλείδης dans la Ptolémais (ibid., col. 1, l. 40) ; Ἀ[.....] Εὐ[.....] est peut-être l'Ἀπ[.....]ς Εὐϐ(...) de la tribu Attalis (ibid., col. 3, l. 23) ; et il n'y a pas d'invraisemblance à admettre que Ξάνθιππος figurait dans une des parties aujourd'hui perdues de cette liste.

Telles sont nos seules données, incomplètes évidemment, sur les exercices physiques qui accompagnaient la pythaïde. Faut-

---

1. Le Νικαγόρας Ἀλεξάνδρου, pythaïste sous Argeios (n° 24, col. 1, l. 18) est peut-être son fils.

il y distinguer des jeux gymniques et des jeux hippiques? il est assez difficile d'en décider. La plupart sont certainement hippiques. C'est d'abord, sur le cheval de course, — appelé ἵππος sans épithète par opposition au cheval de guerre, — la course droite (ἀκάμπιος), et la double course (δίαυλος), où l'on devait faire le tour de la piste en doublant la καμπή ; puis, sur le cheval de guerre, un exercice qui n'est pas autrement précisé (ἵππῳ πολεμιστῇ), et qui était sans doute une course simple ; ensuite une course double sans armes (ἵππῳ πολεμιστῇ δίαυλος), ou en armes avec tout l'équipement de l'homme et du cheval (ἵππῳ πολεμιστῇ δίαυλος ἐν ὅπλοις); enfin cet exercice fort aimé des Athéniens, qui consistait à conduire un char de façon à ce qu'un autre personnage, l'ἀποβάτης, pût en descendre et y remonter, et où il fallait en même temps aider les mouvements de ce dernier (ἅρματι ἐγβιβάζων) [1].

Restent trois jeux où il n'est pas question de cheval : ἀκάμπιος, δίαυλος, ἀκοντίζων. La première idée est d'entendre par là des jeux gymniques. Je ne le crois pas cependant; car les vainqueurs y sont presque tous des cavaliers (sept sur huit pour l'ἀκάμπιος, un sur deux pour le δίαυλος, le seul ἀκοντίζων). Il serait déjà bien étrange que les cavaliers eussent tenu si souvent à se mesurer dans des jeux gymniques, et qu'ils y eussent remporté la plupart des victoires. Mais il y a plus : certains concours d'ἀκάμπιος leur étaient spécialement réservés; la formule ἐκ τῶν ἱππέων ne laisse pas de doute à cet égard ; or on n'avait évidemment pas institué des courses à pied pour cavaliers. Par conséquent, toutes les victoires mentionnées ci-dessus se rapportent à des jeux hippiques, et nous devons considérer ici comme synonymes les expressions ἀκάμπιος et ἵππῳ ἀκάμπιος, δίαυλος et ἵππῳ δίαυλος. D'ailleurs nos inscriptions offrent plus d'une fois des variantes et des abréviations : par exemple, d'ordinaire on indique d'abord la nature des concours et seulement ensuite le nom du vainqueur; cet ordre est interverti dans les numéros 42 et 43. De même, l'ethnique

---

1. Cet exercice était consacré à Athéna (Bekker, *An. gr.*, I, p. 426, s. v. ἀποβατῶν ἀγών· οὗτος ὁ ἀγὼν ἤγετο τῇ 'Αθηνᾷ, ἐν ᾧ οἱ ἔμπειροι τοῦ ἐλαύνειν ἅρματα ἅμα θεόντων τῶν ἵππων ἀνέβαινον διὰ τοῦ τροχοῦ ἐπὶ τὸν δίφρον, καὶ πάλιν κατέβαινον). D'après les rapports mentionnés plus haut entre Athéna et Apollon, nous ne devons pas être surpris de le voir figurer dans les jeux de la pythaïde.

'Αθηναῖος est tantôt exprimé, tantôt omis ; et cependant il s'agit toujours de citoyens athéniens. Bien entendu, ce n'est pas à dire pour cela qu'il n'ait pas pu exister, à l'occasion de la pythaïde, des jeux gymniques pour hommes faits, comme nous avons cru en reconnaitre pour les éphèbes (cf. p. 96) ; mais nous n'en avons aucune preuve.

Essayons maintenant, avec ces renseignements plus ou moins incomplets, de nous faire une idée de l'organisation des jeux hippiques : nous y trouvons quatre sortes de concours. Les uns sont ἐκ πάντων ; d'autres ἐκ τῶν ἱππέων, ἐκ τῶν φυλάρχων ; d'autres enfin, en grand nombre, ne portent pas d'indication spéciale. Pas de difficultés sur les jeux réservés aux cavaliers ou aux officiers de la cavalerie. Pour les deux autres catégories, il faut, je pense, entendre par ἐκ πάντων un concours où prenaient part indifféremment les Athéniens et les étrangers, et regarder les victoires mentionnées sans indication spéciale comme disputées exclusivement par les Athéniens présents à Delphes, sans distinction de classes [1] : elles correspondraient aux prix ἐκ τῶν πολιτῶν des Panathénées. Ce n'est là, bien entendu, qu'une hypothèse ; car les noms gravés sur le Trésor des Athéniens sont tous des noms d'Athéniens. Mais n'est-il pas naturel qu'en pays étranger Athènes ait admis des étrangers à une partie de ses concours? D'ailleurs, le nombre peu considérable d'Athéniens vainqueurs ἐκ πάντων semble le confirmer : il y avait eu d'autres prix, mais remportés par des étrangers, et nous en avons perdu le souvenir.

Si cette division est exacte, voici, avec les noms et la qualité des vainqueurs, le tableau d'ensemble des jeux hippiques de la pythaïde, ou, du moins, de ce que nous en savons :

---

1. La plupart des vainqueurs, même dans ce groupe, appartiennent à la classe des cavaliers; mais il est bien naturel que, parmi les délégués d'Athènes venus à Delphes à l'occasion de la pythaïde, les cavaliers obtiennent un grand nombre de prix dans des jeux hippiques. Au reste, un au moins de ces personnages, Θεοπείθης Θεοφίλου, n'est certainement pas un cavalier. En effet nous le retrouvons dans une liste de souscription (C. I. A., II, 983, col. III, l. 135) et dans un catalogue d'Athéniens nobles dont nous avons déjà parlé (C. I. A., II, 1047, l. 40); nous connaissons ainsi son démotique (Βησαιεύς), par suite sa tribu ('Αντιοχίς). Or, dans la liste des cavaliers de l'archontat de Dionysios, (n° 8) il ne nous manque aucun nom pour cette tribu, et Θεοπείθης n'y figure pas.

				(pythaïde de)
Ἐκ πάντων	ἀκάμπιος (ἵππῳ ἀκάμπιος)	{ Ἀπολλωνίδης Κράτωνος	pythaïste des cavaliers	Agathoclès
		Στράτων Βούλωνος	?	Dionysios (?)
	ἵππῳ πολεμιστῇ δίαυλος	: Διο..... Διοδότου	cavalier	Dionysios
(Ἐκ τῶν πολιτῶν)	ἀκάμπιος	Χαρικλῆς Θεοδώρου	phylarque	Dionysios
		Ξενοκλῆς Δημητρίου	phylarque	Dionysios
		{ Χαρίνος Λυκίνου	cavalier	Dionysios
		Πύρρος Πύρρου	cavalier	Dionysios
		Διοκλῆς Διοκλέους	?	Dionysios (?)
	δίαυλος (ἵππῳ δίαυλος)	Σωτίων Νικάνορος	cavalier	Dionysios
		Καλλίθεος Λυσιάδου	cavalier	Dionysios
		Θεοπείθης Θεοφίλου	non cavalier	Dionysios
		Ἀ...... Εὐ......	cavalier	Agathoclès
	ἵππῳ πολεμιστῇ	Ἀγίας Βούλωνος	phylarque	Dionysios
		Βασιλείδης Ἀπολλοφάνου	cavalier	Agathoclès
	ἵππῳ πολεμιστῇ δίαυλος	Ἀγίας Βούλωνος	phylarque	Dionysios
		Ἕρμων Διονυσίου	phylarque	Dionysios
	ἀκοντίζων	Ἀλέξανδρος Νικαγόρου	cavalier	Agathoclès
Ἐκ τῶν ἱππέων	ἀκάμπιος	Τιμοκλῆς Ἱππάρχου		Dionysios
		Ξάνθιππος Ἑρμίου		Agathoclès(?)
		Λυσίας Ἀρτέμωνος		Argeios
	ἵππῳ δίαυλος	Λυσίας Ἀρτέμωνος		Argeios
	ἵππῳ πολεμιστῇ δίαυλος	Ἀγίας Βούλωνος	phylarque	Dionysios
Ἐκ τῶν φυλάρχων	ἅρματι ἐγβιβάζων	Λυσίας Ἀρτέμωνος		Argeios
	ἵππῳ πολεμιστῇ δίαυλος	Ἀγίας Βούλωνος		Dionysios
	ἵππῳ πολεμιστῇ δίαυλος ἐν ὅπλοις	Ἕρμων Διονυσίου[1]		Dionysios

1. On le voit, le même personnage peut remporter plusieurs victoires dans une seule année. Ainsi, nous trouvons quatre fois le nom d'Ἀγίας Βούλωνος : pour la course simple et pour le δίαυλος avec le cheval de guerre, ἐκ τῶν

Ce tableau, fait d'après des pierres isolées, est certainement incomplet, et, sur plus d'un point, on aimerait à être mieux renseigné; car nous ne savons pas, par exemple, quelles étaient les subdivisions de l'ἀκάμπιος permettant d'avoir au moins cinq vainqueurs dans une seule année (pythaïde de Dionysios) et pour une même sorte de concours (ἐκ τῶν πολιτῶν). Il nous est donc bien difficile, dans ces conditions, de faire des rapprochements avec les jeux hippiques des Théseia ou des Panathénées[1]. Cependant entre eux et ceux de la pythaïde une certaine analogie n'est pas douteuse. A ce qu'il semble, les concours de Delphes tenaient à la fois des uns et des autres : les étrangers y étaient admis à certains exercices, comme aux Panathénées (ἀγὼν ἐκ πάντων); mais, parmi les concours destinés aux Athéniens, le plus grand nombre a lieu à cheval, non sur des chars, ce qui est plutôt le propre des Théseia. D'autre part, nous pouvons aussi relever des particularités dans la pythaïde; car, si le δίαυλος en armes avec le cheval de guerre y est encore réservé aux seuls phylarques, comme dans les Théseia et les Panathénées, l'emploi du cheval de guerre dans l'ἀγὼν ἐκ πάντων ou même ἐκ τῶν πολιτῶν y est une innovation[2]. En somme, les jeux célébrés par les Athéniens à Delphes s'inspiraient, comme il est naturel, de ceux d'Athènes même; mais ils n'en reproduisaient aucun spécialement et offraient même en propre certains exercices.

Nous constatons, d'après les inscriptions n⁰ˢ 37 et 38, qu'ils étaient organisés et présidés par l'hipparque (θέντος τὸν ἀγῶνα τοῦ ἱππάρχου Διοκλέους τοῦ Διοκλέους). Mais le numéro 37 nous apprend aussi quelque chose de plus : sous l'archontat de

---

πολιτῶν; puis, de nouveau, pour cette dernière course, ἐκ τῶν ἱππέων et ἐκ τῶν φυλάρχων. — Λυσίας 'Αρτέμωνος a obtenu trois prix, tous ἐκ τῶν ἱππέων. — Enfin Ἕρμων Διονυσίου est vainqueur pour le δίαυλος avec le cheval de guerre ἐκ τῶν πολιτῶν, et, pour une course analogue, mais en armes, ἐκ τῶν φυλάρχων.

1. Sur ces jeux, cf. l'étude détaillée de M. A. Martin, *les Cavaliers athéniens*, livre II, IIᵉ partie.

2. Une autre différence, plus importante, c'est que dans la pythaïde il n'existe pas de concours collectif: toutes les victoires sont personnelles. Mais il n'en pouvait guère être autrement, puisque les tribus athéniennes n'envoyaient pas toutes à Delphes une égale représentation.

Dionysios, pour la première fois les officiers de la cavalerie ont
le droit de participer aux concours (νικήσας τῶν φυλάρχων
πρῶτος τῶν συμπεμψάντων τὴν Πυθαΐδα... καὶ τῶν συναρχόντων).
Tel est, en effet, je crois, le sens de l'inscription ; car, si les
phylarques avaient pu de tout temps lutter avec les autres con-
currents, ils n'auraient pas tardé à remporter une victoire ; et,
le contraire se fût-il produit, ils n'auraient pas tenu à conserver
le souvenir d'une revanche tardive. Par conséquent, vers 128
avant Jésus-Christ, il y a eu une réorganisation et sans doute
un développement nouveau des jeux hippiques de la pythaïde.
Nous n'avons pas à nous en étonner, puisque dans le courant du
IIᵉ siècle, nous voyons aussi s'accroître, à Athènes même,
l'importance de ceux des Panathénées. Au reste, les digni-
taires de la cavalerie n'en continuèrent pas moins pour
cela à figurer dans tous les concours : sous Dionysios,
plusieurs phylarques sont vainqueurs ἐκ τῶν πολιτῶν ; et le
pythaïste des cavaliers remporte un prix ἐκ πάντων, sous
Agathoclès.

2° Auditions musicales, représentations dramatiques, récitations
de poésies. — Rôle du collège des artistes dionysiaques et de la
compagnie des poètes épiques. — A côté de ces exercices physiques, une part avait été faite aussi, dans les jeux de la pythaïde,
à la littérature, au théâtre, à la musique ; le poids en retombait
surtout sur le collège des artistes dionysiaques d'Athènes.
Nous avons à leur sujet deux grandes inscriptions, qui, étant
donné le nombre assez restreint de textes analogues, ne manquent pas d'offrir un certain intérêt. A Eleusis, les artistes
avaient tenu à posséder une enceinte sacrée et un autel où ils
offraient, pour leur propre compte, à Déméter et à Koré, des
sacrifices et des libations pendant la fête des mystères[1]. Nous
trouvons maintenant à Delphes une preuve nouvelle de leur
piété.
    Voici les deux décrets rendus en leur faveur :

---

1. *C. I. A.*, II, 628 : βωμὸν ἱδρυσ[αμένη καὶ] τέμενος κατασκευάσασα ἐν
Ἐλευσῖνι.... — ἐψηφίσατο (ἡ σύνοδος) καὶ αὐτὴ θύε[ιν καὶ σπένδ]ειν τῇ Δήμητρι
καὶ τῇ Κόρῃ. — Cet autel des artistes dionysiaques à Éleusis avait commencé,
semble-t-il, à être en usage un peu plus de dix ans avant le siège d'Athènes
par Sylla, c'est-à-dire tout au début du Iᵉʳ siècle.

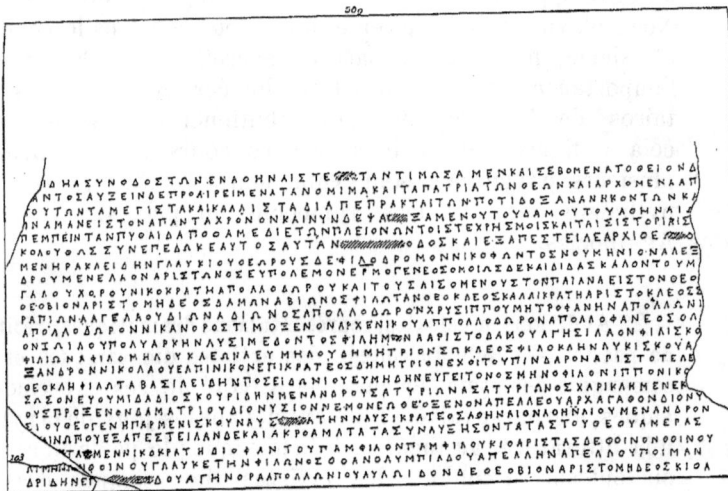

ΛΟ ΗΛΣΥΝΟΔΟΣ ΤΛΝ ΕΝ ΑΘΗΝΑΙΣ ΤΕ...ΤΑΝΤΙΜΛΣΛ ΜΕΝΚΑΙΣΕΒΟΜΕΝΑΤΟΘΕΙΟΝΛ
ΛΝΤΟΣΑΥΣΕΙΝΟΕΠΡΟΛΙΡΕΙΜΕΝΑΤΑΝΟΜΙΜΑΚΑΙΤΑΠΑΤΡΙΑΤΛΝΟΕΛΝΚΑΙΑΡΧΟΜΕΝΛΛΠ
ΟΥΤΛΝΤΑΜΕΓΙΣΤΑΚΑΙΚΑΛΛΙΣΤΑΔΙΑΠΕΠΡΑΚΤΑΙΤΛΝΠΟΤΙΔΟΣΑΝΑΝΗΚΟΝΤΛΝΚ
ΛΝΑΜΑΝΕΙΣΤΟΝΑΠΑΝΤΑΧΡΟΝΟΝΚΑΙΝΥΝΔΕΦΛ...ΣΑΜΕΝΟΥΤΟΥΔΑΜΟΥΤΟΥΛΟΘΗΝΑΙΣ
ΠΕΜΠΕΙΝΤΑΝΠΥΘΙΛΔΑΠΟΟΑΜΕΔΙΕΤΛΝΠΛΕΙΟΝΛΝΤΟΙΣΤΕΧΡΗΣΜΟΙΣΚΑΙΤΑΙΣΙΣΤΟΡΙΛΙΣ
ΚΟΛΟΥΘΛΣΣΥΝΕΠΕΔΑΛΚΕΑΥΤΟΣΑΥΤΛΝ......ΟΔΟΣΚΑΙΕΣΑΠΕΣΤΕΙΛΕΛΕΑΡΧΙΟΣ...
ΜΕΝΗΡΑΚΛΕΙΛΗΝΓΛΛΥΚΙΟΥΟΕΛΡΟΥΣΔΕΦΙΛΟΛΔΡΟΜΟΝΝΙΚΟΦΛΝΤΟΣΝΟΥΜΗΝΙΟΝΑΛΕΣ
ΛΡΟΥΜΕΝΕΛΛΟΝΑΡΙΣΤΑΝΟΣΕΥΠΟΛΕΜΟΝΕΓΜΟΓΕΝΕΟΣΟΚΟΙΑΣΔΕΚΑΙΔΙΛΑΣΚΛΛΟΝΤΟΥΜ
ΓΑΛΟΥΧΟΡΟΥΝΙΚΟΚΡΑΤΗΑΠΟΛΛΟΔΛΡΟΥΚΑΙΤΟΥΣΛΙΣΟΜΕΝΟΥΣΤΟΝΠΛΙΑΝΑΕΙΣΤΟΝΘΕΟ
ΟΕΟΘΙΟΝΑΡΙΣΤΟΜΗΔΕΟΣΛΑΜΑΝΑΒΙΛΝΟΣΦΙΛΛΤΑΝΟΘΕΟΚΛΕΟΣΚΑΛΛΙΚΡΑΤΗΑΡΙΣΤΟΚΛΕΟΣΣ
ΡΑΠΙΛΝΛΑΓΕΛΛΟΥΔΙΛΝΑΔΙΛΝΟΣΑΠΟΛΛΟΔΛΡΟΝΧΡΥΣΙΠΠΟΥΜΗΤΡΟΦΛΝΗΝΑΠΟΛΛΛΝΙ
ΑΠΟΛΛΟΔΛΡΟΝΝΙΚΑΝΟΡΟΣΤΙΜΟΣΕΝΟΝΑΡΧΕΝΙΦΟΥΑΠΤΟΛΛΟΛΡΟΝΑΠΟΛΛΟΦΑΝΕΟΣΟΛ
ΟΝΣΛΙΛΟΥΠΟΛΥΑΡΧΗΝΑΥΣΙΜΕΔΟΝΤΟΣΦΙΛΗΜΛΝΑΑΡΙΣΤΟΔΑΜΟΥΛΓΗΣΙΛΛΟΝΦΙΛΙΣΚΟ
ΦΙΛΙΣΛΝΛΦΙΛΟΜΗΛΟΥΚΛΕΛΝΛΕΥΜΗΛΟΥΛΗΜΗΤΡΙΟΝΣΠΚΛΕΟΣΦΙΛΟΚΛΗΝΛΥΚΙΣΚΟΥΛ
ΞΑΝΛΡΟΝΝΙΚΟΛΛΟΥΕΛΠΙΝΙΚΟΝΕΠΙΚΡΑΤΕΟΣΛΗΜΗΤΡΙΟΝΕΧΟΙΤΟΥΠΙΝΑΛΡΟΝΑΡΙΣΤΟΤΕΛΕ
ΘΕΟΚΛΗΦΙΛΛΤΑΒΑΣΙΛΕΙΛΗΝΠΟΣΕΙΛΛΝΙΟΥΕΥΜΗΔΗΝΕΥΓΕΙΤΟΝΟΣΜΗΝΟΦΙΛΟΝΙΠΠΟΝΙΚΟ
ΣΛΣΟΝΕΥΟΥΜΙΔΑΔΙΟΣΚΟΥΡΙΔΗΝΜΕΝΑΝΔΡΟΥΣΑΤΥΡΙΛΝΑΣΑΤΥΡΙΛΝΟΣΧΑΡΙΚΛΗΜΕΝΕΝ
ΟΥΣΠΡΟΞΕΝΟΝΔΑΜΑΤΡΙΟΥΔΙΟΝΥΣΙΟΝΝΕΜΟΝΕΛΟΘΕΟΞΕΝΟΝΑΠΕΛΛΕΟΥΑΡΧΑΓΑΘΟΝΔΙΟΝΥ
ΞΙΟΥΘΕΟΓΕΝΗΠΑΡΜΕΝΙΣΚΟΥΝΑΥΣ...ΑΤΗΝΝΑΥΣΙΚΡΑΤΕΟΣΑΘΗΝΑΙΟΝΑΘΗΝΑΙΟΥΜΕΝΑΝΛΡΟΝ
ΙΝΛΠΟΥΕΣΛΠΕΣΤΕΙΛΛΝΟΔΕΚΑΙΑΚΡΟΑΜΑΤΑΤΑΣΓΥΝΑΥΣΗΣΟΝΤΑΤΑΣΤΟΥΣΕΟΥΑΜΕΡΑΣ
ΤΑΦΟΜΕΝΝΙΚΟΚΡΑΤΗΔΙΟΦΑΝΤΟΥΤΑΜΦΙΛΟΝΤΑΜΦΙΛΟΥΚΙΟΑΡΙΣΤΑΣΔΕΦΟΙΝΟΝΘΟΙΝΟΥ
ΑΤ...ΜΙ...ΟΟΙΝΟΥΓΛΑΥΚΕΤΗΝΦΙΛΛΝΝΟΣΟΑΝΟΛΥΜΠΙΛΛΟΥΛΠΕΛΛΗΝΛΠΕΛΛΟΥΠΟΙΜΑΝ
ΛΡΙΛΗΝΕΙ......ΛΟΥΑΓΗΝΟΡΛΛΠΟΛΛΛΝΙΟΥΛΥΛΛΙΛΟΝΛΕΘΕΟΘΙΟΝΑΡΙΣΤΟΜΗΔΕΟΣΚΙΘΑ

Fig. 19.

L'écriture est assez effacée en beaucoup d'endroits.
L. 12 (vers le milieu): ΛΠΠΟΛΛΟΛΩΡΟΝ (sic).
La distance de la dernière ligne au bas de la pierre est, en réalité, un peu plus considérable qu'elle n'est figurée ici.

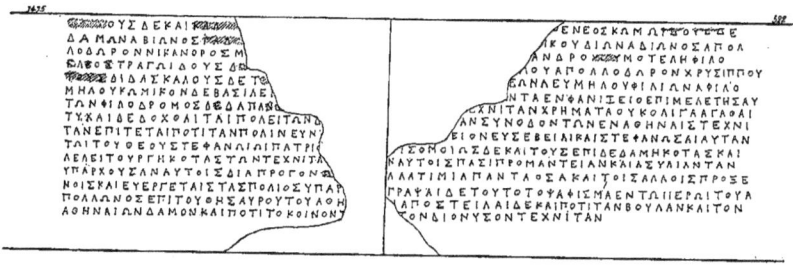

FIG. 20.

La figure 20 doit se placer au-dessous de la précédente, puisque cette dernière appartient à l'orthostate. — En outre, elle se relie, à droite, à l'assise b de la planche I, B, comme l'indique assez, malgré une certaine différence dans l'échelle de la réduction, le partage de la pierre Inv. 522 entre nos deux inscriptions 4 et 48.

['Επε]ιδὴ ἁ σύνοδος τῶν ἐν 'Αθήναις τε[χνι]τᾶν, τιμῶσα μὲν καὶ σεβομένα τὸ
θεῖον δ[ιὰ
|π]αντός, αὔξειν δὲ προαιρειμένα τὰ νόμιμα καὶ τὰ πάτρια τῶν θεῶν, καί,
ἀρχομένα ἀπ[ὸ
|τ]ούτων, τὰ μέγιστα καὶ κάλλιστα διαπέπρακται τῶν ποτὶ δόξαν ἀνηκόντων
κα[ὶ
|μ]νάμαν εἰς τὸν ἄπαντα χρόνον, καὶ νῦν δὲ, ψα[φι]ξαμένου τοῦ δάμου τοῦ
'Αθηναί[ων]
πέμπειν τὰν πυθαΐδα ποθ' ἁμὲ δι' ἐτῶν πλειόνων τοῖς τε χρησμοῖς καὶ ταῖς
ἱστορίαις [ἀ-]
κολούθως, συνεπέδωκε αὐτοσαυτὰν [ἁ σύν]οδος, καὶ ἐξαπέστειλε ἀρχι-
θε[ωρ]ο[ν]
μὲν Ἡρακλείδην Γλαυκίου, θεωροὺς δὲ Φιλόδρομον Νικοφῶντος, Νουμήνιον
'Αλεξ[άν-]
δρου, Μενέλαον 'Αρίστωνος, Εὐπόλεμον Ἑρμογένεος, ὁμοίως δὲ καὶ διδάσκαλον
τοῦ μ[ε-]
γάλου χοροῦ Νικοκράτη 'Απολλοδώρου, καὶ τοὺς αἰσομένους τὸν παιᾶνα εἰς
τὸν θεό[ν]
Θεύδιον 'Αριστομήδεος, Δάμωνα Βίωνος, Φιλώταν Θεοκλέος, Καλλικράτη
'Αριστοκλέος, Σ[α-]
ραπίωνα 'Αγελάου, Δίωνα Δίωνος, 'Απολλόδωρον Χρυσίππου, Μητροφάνην
'Απολλωνί[ου,]
'Απολλόδωρον Νικάνορος, Τιμόξενον 'Αρχενίκου, 'Απολλόδωρον 'Απολλοφάνεος,
"Ολ[βι-]
ον Ζωίλου, Πολύαρχην Λυσιμέδοντος, Φιλήμ[ο]να 'Αριστοδάμου, 'Αγησίλαον
Φιλίσκο[υ],
Φιλίωνα Φιλομήλου, Κλέωνα Εὐμήλου, Δημήτριον Σωκλέος, Φιλοκλῆν Λυκίσκου,
'Α[λέ-]
ξανδρον Νικολάου, 'Ελπίνικον 'Επικράτεος, Δημήτριον 'Εχοίτου, Πίνδαρον
'Αριστοτέλε[ος,]
Θεοκλῆ Φιλώτα, Βασιλείδην Ποσειδωνίου, Εὐμήδην Εὐγείτονος, Μηνόφιλον
'Ιππονίκο[υ],
Σῶσον Εὐθυμίδα, Διοσκουρίδην Μενάνδρου, Σατυρίωνα Σατυρίωνος, Χαρικλῆ
Μενεκ[λέ-]
ους, Πρόξενον Δαματρίου, Διονύσιον Νεμόνεω, Θεόξενον 'Απελλέου, 'Αρχά-
γαθον Διονυ-
σίου, Θεογένη Παρμενίσκου, Ναυσ[ικρ]άτην Ναυσικράτεος, 'Αθηναῖον 'Αθηναίου,
Μένανδρον
[...]ινώπου, ἐξαπέστειλαν δὲ καὶ ἀκροάματα τὰ συναυξήσοντα τὰς τοῦ θεοῦ
ἀμέρας,
αὐλη]τὰ[ς] μὲν Νικοκράτη Διοφάντου, Πάμφιλον Παμφίλου, κιθαριστὰς δὲ
Θοῖνον Θοίνου,
Αἱμήνι[ο]ν Θοίνου, Γλαυκέτην Φίλωνος, Θόαν 'Ολυμπιάδου, 'Απελλῆν 'Απελ-
λοῦ, Ποιμαν-
δρίδην 'Επ[ιμεν]είδου, 'Αγήνορα 'Απολλωνίου, αὐλωιδὸν δὲ Θεύδιον 'Αριστομήδεος, κιθα-
[ρωιδ]οὺς δὲ καὶ Καλ[.......................θ]ένεος,
κωμωιδοὺς δὲ
Δάμωνα Βίωνος, Ῥαδ[.......................]ίκου,
Δίωνα Δίωνος, 'Απολ-

8

λόδωρον Νικάνορος, Μ[....................................]άνδρου,
                                            [Θυ]μοτέλη Φιλο-
[κ]λ.[έ]ο[ς], τραγωιδοὺς δ[ὲ.........................]λου, Ἀπολλόδωρον
                                            Χρυσίππου,
τοὺς διδασκάλους δὲ τ[οῦ........χοροῦ τῶν πυθαιστᾶν ' Κλ]έωνα Εὐμήλου,
                                            Φιλίωνα Φιλο-
μήλου, κωμικόν δὲ Βασιλεί[δην................, ἐφ' ἃ πά]ντα ἐνφανίζει ὁ
                                            ἐπιμελητὴς αὐ-
τῶν Φιλόδρομος δ[ε]δαπαν[ηκέναι τὰν σύνοδον τῶν τ]εχνιτᾶν χρήματα οὐκ
                                            ὀλίγα· Ἀγαθᾶι
τύχαι· δεδόχθαι τᾶι πόλει τῶν Δ[ελφῶν ἐπαινέσαι μὲν τ]ὰν σύνοδον τῶν ἐν
Ἀθήναις τεχνι-
τᾶν ἐπί τε τᾶι ποτὶ τὰν πόλιν εὐν[οίαι καὶ τᾶι ποτὶ τὸ θ]εῖον εὐσεβείαι, καὶ
                                            στεφανῶσαι αὐτὰν
τῶι τοῦ θεοῦ στεφάνωι ὧι πάτριό[ν ἐστι Δελφο]ῖς, ὁμοίως δὲ καὶ τοὺς ἐπιδε-
                                            δαμηκότας καὶ
λελειτουργηκότας τῶν τεχνιτᾶ[ν, καὶ εἶμε]ν αὐτοῖς πᾶσι προμαντείαν καὶ
                                            ἀσυλίαν τὰν
ὑπάρχουσαν αὐτοῖς διὰ προγόνω[ν, καὶ τὰ ἄ]λλα τίμια πάντα ὅσα καὶ τοῖς
                                            ἄλλοις προξέ-
νοις καὶ εὐεργέταις τᾶς πόλιος ὑπάρ[χει, ἀνα]γράψαι δὲ τοῦτο τὸ ψάφισμα ἐν
                                            τῶι ἱερῶι τοῦ Ἀ-
πόλλωνος ἐπὶ τοῦ θησαυροῦ τοῦ Ἀθη[ναίων,] ἀποστείλαι δὲ καὶ ποτὶ τὰν
                                            βουλὰν καὶ τὸν
Ἀθηναίων δᾶμον καὶ ποτὶ τὸ κοινὸν τ[ῶν περὶ] τὸν Διόνυσον τεχνιτᾶν.

N° 49 (fig. 21, 22 et 23)[2] :

Δελφῶν οἱ ἄρχοντες καὶ ἁ πόλις τοῖς περὶ τὸν Διόν[υσον τεχνίταις χ]αίρει[ν.
                            Τᾶς ἐψαφισμένας παρ' ἁμὶν]
ἀποκρίσιος ὑπογεγράφαμες ὑμὶν τὸ ἀντίγραφον ὅ[περ ἀκολουθεῖ]. —
                                            Ἔ[ρρωσθε[3]].
Ἐπειδὴ οἱ περὶ τὸν Διόνυσον τεχνῖται οἱ ἐν Ἀθήναις καὶ ὁ ἐπι[μελητὰ]ς αὐ-
        τῶν Ἀλέξαν[δρος Ἀ]ρίστωνος, [κωμικός[4]]

1. Je restituerais volontiers (d'après le numéro 3, l. 20) : τοὺς διδασκάλους
δὲ τ[οῦ χοροῦ τῶν πυθαιστᾶν] ; mais ce supplément est trop court. Peut-être
χοροῦ était-il accompagné d'un adjectif.

2. Les trois pierres représentées par les figures 21, 22 et 23 se succédaient
de gauche à droite sur une même assise. En effet elles ont exactement la
même hauteur ; et d'ailleurs, en les plaçant l'une au-dessous de l'autre, on
aboutirait à une superposition de joints inadmissible.

3. Je ne trouve pas d'explication plus vraisemblable pour cet E, commençant un mot isolé à la fin de la ligne après un vide assez considérable.

4. Ἀλέξανδρος Ἀρίστωνος est bien poète comique (cf. l. 15). — Dans ce
texte, nous pourrons de même compléter avec certitude d'autres indications
de profession ou des noms de technites, parce que plusieurs personnages
sont mentionnés à diverses reprises.

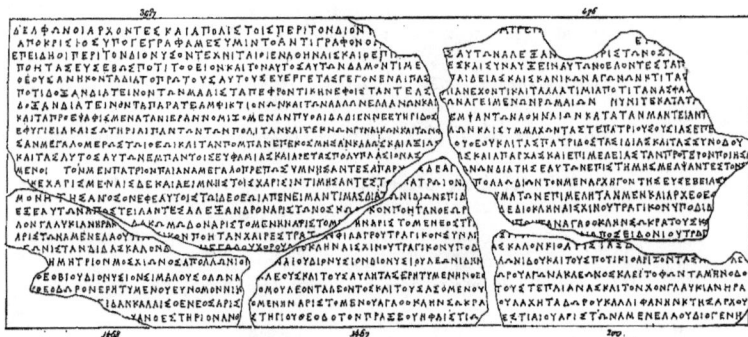

Fig. 24.

Dans toute l'inscription, les fortes ponctuations sont marquées par des vides; je remplace ces vides par des tirets dans la copie en caractères courants.

L'iota ascrit n'est jamais indiqué à l'intérieur des mots comme ᾀσόμενος, κωμῳδός, τραγῳδός, etc. Au datif, il est le plus souvent exprimé; on trouve cependant des exceptions, qui ne semblent répondre à aucune règle; par exemple, fig. 21, l. 9 : ΕΦΥΓΙΕΙΑΚΑΙΣΩΤΗΡΙΑΙ; — fig. 22, l. 18 : ΣΤΕΦΑΝΩΤΩΙΤΟΥΘΕΟΥ, etc.

L. 16 : ΑΡΙΣΤΟΜΕΝΗΝ se répète sur la pierre par erreur.

L. 17 : ΠΟΣΕΙΔΟΝΙΟΥ est une faute de ma copie pour ΠΟΣΕΙΔΩΝΙΟΥ; de même (l. 21) ΤΟΝΧΟΝ pour ΤΟΝΧΟΡΟΝ.

Fig. 22.

L. 5 : ΑΡΙΣΤΟΔΗΜΝ (*sic*), et il n'y a pas ensuite de nom au génitif.

L. 9 : ΔΕ est répété par erreur après ΠΥΘΙΚΟΝ.
ΕΡΗΤΥΜΕΝΙΙΣ, au nominatif au lieu de l'accusatif.

L. 14 : ΚΑΛΛΩΝ et ΦΙΛΟΝΙΚΟΣ, même faute.

L. 16 : Le commencement de ΚΑΛΛΙΣΤΡΑΤΟΥ est écrit sur un autre nom effacé.

L. 21 : ΕΝΕΚΝ.

L. 23 : La ligne qui marque le bord inférieur de la pierre devrait être reportée un peu plus bas.

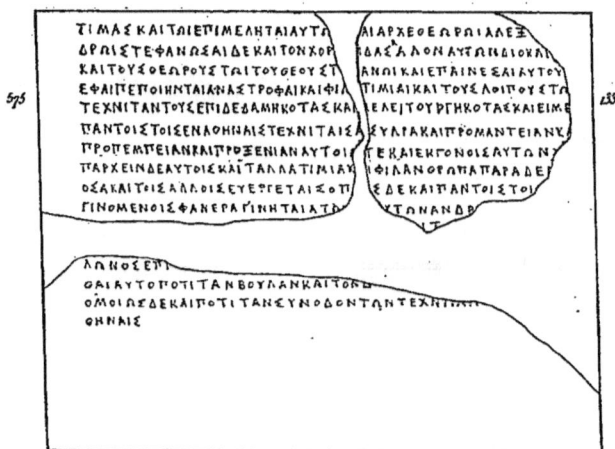

FIG. 23.

L. 6 : ΑΣΥΛΙΑ pour ἀσυλίαν.

Le fragment inférieur devrait être, sur ma copie, un peu plus rapproché de ceux du haut.

Pour les restitutions, facilitées d'ailleurs par la comparaison avec le numéro 50, il convient de remarquer que les lettres, vers la fin, sont moins serrées que dans les premières lignes de la même pierre.

ποητὰς, εὐσεβῶς (ἔχοντες)¹ ποτὶ τὸ θεῖον, καὶ τὸν αὐτοσαυτῶν δᾶμον τιμέ[οντ]ες,
          καὶ συναύξειν αὐτῶν θέλοντες τὰ π[οτὶ τοὺς]
θεοὺς ἀνήκοντα διὰ τὸ πρώτους αὐτοὺς εὐεργέτας γεγονέναι πάσ[ας π]αιδείας
          καὶ σκανικῶν ἀγώνων κτιτά[ς, πάντων τῶν]
ποτὶ δόξαν διατεινόντων μάλιστα πεφροντίκην, ἐφ' οἷς τάν τε ἀσ[υ]λίαν ἔχοντι
          καὶ τἆλλα τίμια ποτὶ τὰν ἀσφά[λειαν καὶ]
δόξαν διατείνοντα παρά τε 'Αμφικτιόνων καὶ τῶν ἄλλων 'Ελλάνων καὶ [τ]ῶν
          ἀγειμένων 'Ρωμαίων· — νυνί τε, κατὰ τὰ [πάτρια]
καὶ τὰ προεψαφισμένα τὰν ἱερὰν νομιζομέναν Πυθαΐδα δι' ἐννεετηρίδος
          [π]εμψάντων 'Αθηναίων κατὰ τὰν μαντείαν τ[οῦ θεοῦ]
ἐφ' ὑγιείᾳ καὶ σωτηρίᾳ πάντων τῶν πολιτᾶν, καὶ τέκνων γυναικῶν, καὶ
          τῶν φ[ί]λων καὶ συμμάχων, τάς τε πατρίους θυσίας ἐπέ[θυ-]
σαν μεγαλομερῶς τῶι θεῶι, καὶ τὰν πομπὰν ἐπεκόσμησαν καλῶς καὶ ἀξίω[ς τ]οῦ
          θεοῦ καὶ τᾶς πατρίδος τᾶς ἰδίας καὶ τᾶς συνόδου

1. Après εὐσεβῶς, il paraît indispensable de supposer un participe omis par le graveur; car ποτὶ τὸ θεῖον ne peut pas dépendre de τιμέοντες. Cf. d'ailleurs n° 50, l. 1-2 : εὐσεβῶς ἔχοντε[ς πο]τὶ τὸν θεὸν, καὶ τὸν αὐτοσαυτῶ[ν] δᾶμον τιμέοντες.

καὶ τὰς αὐτοσαυτῶν ἐμ πάντοις εὐφαμίας καὶ ἀρετᾶς, πολυπλασίονας [θυσί]ας
καὶ ἀπαρχὰς καὶ ἐπιμελείας τᾶν πρότερον ποιησά-
μενοι, — τὸν μὲν πάτριον παιᾶνα μεγαλοπρεπῶς ὑμνήσαντες, ἀπ' ἀρ[χᾶ]ς δὲ
ἀγ[ώ]νων διὰ τῆς ἑαυτῶν ἐπιστήμης μέλψαντες τὸν [θε-]
[όν], κεχαρισμέναις δὲ καὶ ἀειμνήστοις χάρισιν τιμήσαντες τὸ[ν π]ατρῷον
['Α]πόλλω, δι' ὧν τὸν μὲν ἀρχηγὸν τῆς εὐσεβείας [ἐμνη-(?)]
μονήτησαν ¹ ὅσον ἐφ' ἑαυτοῖς, τῶι δὲ θεῶι ἀπένειμαν τιμὰς διὰ [τ]ῶν ἰδίων
ἐπι(τ)[ηδε]υμάτων ², ἐπιμελητὰν μὲν καὶ ἀρχεθέω[ρον]
ἐξ ἑαυτῶν ἀποστείλαντες 'Αλέξανδρον 'Αρίστωνος κω[μι]κὸν ποιητάν, θεω-
ρ[οὺς] δὲ Διοκλῆν Αἰσχίνου τραγικὸν ὑποδιδ[άσκα-]
λον, Γλαυκίαν Ἡρακ[λεί]δα κωμῳδόν, 'Αριστομένην < 'Αριστομέν]ην >
'Αριστομένεος τρ[αγικὸν] ποιητάν, 'Αγαθοκλῆν Σωκράτους κ[ωμῳδόν],
'Αρίστωνα Μενελάου [τραγικὸν ποιητάν], Χαιρέστρατ[ο]ν Φιλάγρου τραγικὸν
συναγ[ωνι]σ[τάν, ...]να Ποσειδωνίου τραγ[ικὸν συν-
[α]γωνιστάν, διδάσκαλον δ[ὲ τοῦ] μεγάλου χοροῦ Διοκλῆν Αἰσχίνου τραγικὸν
ὑποδ[ιδ]άσκαλον, κιθαριστὰς δ[ὲ . . . .]
[. . . . ,] Δημήτριον Μοσχίωνος, 'Απολλώνιον[. . . .]ναίου, Διονύσιον Διονυσίου,
Λεωνίδην [. . .]λωνίδου, καὶ τοὺς ποτικιθαρίζοντας Ἡ[. . . .]λε[.]
[. . .]Θεοδίου, Διονύσιον Σιμάλου, Σόλωνα[. . .]κλέους, καὶ τοὺς αὐλητὰς
'Ερητιμένην Θε[οδ]ώρου, 'Αγῶνα Κλέωνος, Κλειτοφῶντα Μηνοδώ-
[το]υ, Θεόδωρον 'Ερητιμένος, Εὔνομον Νικ[οδρ]όμου, Λέοντα Λέοντος, καὶ
τοὺς ἐσομένου[ς] τούς τε παιᾶνας καὶ τὸν χορὸν Γλαυκίαν Ἡρα-
[κλείδα, ...]ειδαν Καλλισθένεος, 'Αρισ[τ]ομένην 'Αριστομένους, 'Αγαθοκλῆν
Σωκρά[τ]ου, Λάγητα Δώρου, Καλλιφάνην Κτησάρχου,
[. . . . .]ου, 'Ανθεστήριον 'Ανθ[ε]στηρίου, Θεόδοτον Πραξίου,
Ἡφαιστίω[να] Ἑστιαίου, 'Αρίστωνα Μενελάου, Διογένη
[. . . . .]ρίου, Δωρόθε[ον] Πλάτων[ος . .]ωνα 'Αρίστωνος,
Διονύσιον Σιμ[ά]λ[ου,] Δημή[τριο]ν 'Ισιδώρου, 'Απολλώνιον
[. . . . . .]του, Δωρόθεον Θεοδώρου, ['Ε]πιμ[εν]είδην Ποιμανδρίδου, Ξενόφαντ[ον
Εὐμ]άχου, Σόλωνα Π[. . . .]κου, Διονύσι[ον]
[. . . . . . .]νος, Θεόδοτον Πυθίωνος, Εὔ[δ]ιον Εὐδίου, 'Ανδρέαν "Ανδρωνος,
[Φ]ιλ[. .]άτην Φιλοκλέους, Φιλώταν Φιλώτ[ου, ...]μον
[. . . . .]ρου, Πολλίωνα Φιλίππου, Πολύφ[ρ]ονα Πολύφρονος, Διογένην Θεοτίμου,
Διονύσιον Μιλτιάδου, Νικοκράτην Θεοπόμπου,
[. . . . .]τωνα Ξενοκλίδου, "Αρχοντα 'Αριστοῦ[ή]μου, 'Αριστόδημ(ο)ν, 'Αρχιππον
Νικαίου, 'Αριστοκράτην Τιμογένου, Ζώϊλον 'Επιγόνου, Θεόφιλον
Δωροθέου, Λυκίσκον Φιλοκλέους, Διονυσ[ό]δωρον Διονυσοδώρου, — ἐξαπέστειλαν
δὲ καὶ τοὺς συναγωνιξαμένους τὸν θυμελικὸν
ἀγῶνα καὶ τὸν σκανικὸν ἐν ταῖς τοῦ θεοῦ [ἁμ]έραις, ἐπῶν ποιητὰς 'Αρίστωνα
Μενελάου, Διοφάνην Θεοδώρου, Λυσίαν Λυσιμάχου,
καὶ ῥαψῳδοὺς Κάλλωνα Κάλλωνος, Θεόδ[οτ]ον Πυθίωνος, Ξενόφαντον
Εὐμάχου, αὐλῳδὸν δὲ Δημήτριον 'Ισιδώρου, κιθαριστὰν

---

1. Les lettres MONHTHΣAN doivent appartenir à l'aoriste d'un verbe ter-
miné en μονητῶ. Je n'en ai pas trouvé un seul de ce genre dans les *Endsylben*
de Pape; peut-être faut-il songer à une forme μνημονητῶ qui serait synonyme
de μνημονεύω.

2. La lecture ΕΠΙΔ...ΥΜΑΤΩΝ est certaine; je ne crois pas cependant
qu'il y ait de doute sur la restitution ἐπι(τ)[ηδε]υμάτων.

δὲ πυθικὸν <δὲ> Φιλωνίδαν Φιλωνίδου, α[ὐλ]ητὰς δὲ Ἐρητυμένη(ν) Θεοδώ-
ρου, Ἀγῶνα Κ[λ]έωνος, Κλειτοφῶντα Μηνοδότου,
κωμῳδοὺς δὲ Γλαυκίαν Ἡρακλείδα, Ἀγα[θο]κλῆν Σωκράτου, Καλλικράτην
Καλλικράτου, [Δ]ημήτριον Δημητρίου, καὶ τοὺς
συναγωνιξαμένους τούτοις Θεόδοτο[ν] Βασιλείδου, Φιλόξενον Φιλοξένου,
Θεύδωρον Θεοδώρου, Σόλωνα Σόλωνος,
Παυσανίαν Λυκίσκου, Θόαντα Νουμηνίου, [π]οητὰς δὲ σατύρων Ἀριστομένην
Ἀριστομένου, Ἀρίστωνα Μενελάου, Σοφοκλῆν
Σοφοκλέους, Διογένην Διογένου, Διονύσιο[ν] Κηφισοδώρου, τραγῳδοὺς δὲ
Δημήτριον Θεοδοσίου, Πραξιτέλην Θεογένου,
καὶ τοὺς τούτοις συναγωνιξαμένους Κάλ[λ]ων(α) Κάλλωνος, Θεόδοτον Πυθίωνος,
Φιλόνικο(ν) Ἕρμωνος, Νίκωνα Ἀριστίωνος,
Ξενόφαντον Εὐμάχου, Εὔδικον Ἀλκίμου, Δη[μ]ήτριον Ἀριστοδήμου, ποιητὰς
δὲ τραγῳδιῶν Ἀντίοχον Ἀντιόχου, Ἀπολλώ-
νιον Καλλιστράτου· — Ὅπως οὖν καὶ Δελ[φ]οὶ μναμονεύωντι τὰς καταξίας
χάριτας ἀποδιδόντες· — ἀγαθᾶι τύχαι·
δεδόχθαι τᾶι πόλει τῶν Δελφῶν ἐπαιν[έ]σαι τε τὸ κοινὸν τῶν περὶ τὸν Διόνυσον
τεχνιτᾶν, καὶ στεφανῶσαι χρυσ[ῶι]
στεφάνῳ τῶι τοῦ θεοῦ, ὅι πάτριόν ἐσ[τι] στεφανοῦν τοὺς ἰδίους εὐεργέτας· στᾶσαι
δὲ αὐτοὺς τᾶς συνόδου
χρυσέας εἰκόνας δύο, μίαν μὲν ἐν Δελ[φ]οῖς ἐν τῶι ἐπιφανεστάτωι τόπωι τοῦ
ἱεροῦ, μίαν δὲ ἐν Ἀθήναις ἐν τ[ᾶι]
τοῦ Διονύσου αὐλᾷ, αἰτησομένους τὸν δᾶ[μ]ον τὸν Ἀθηναίων τὰν ἀνάθεσιν,
ἐπιγράψαι δὲ ἐφ' ἑκατέρας τᾶς βάσιο[ς]
τᾶν εἰκόνων, ὅτι ἁ πόλις τῶν Δελφῶν τὰν τῶν [τε]χνιτᾶν σύνοδον τῶν ἐν
Ἀθήναις ἀρετᾶς ἕνεκ(ε)ν καὶ εὐσεβείας τᾶς πρὸς τὸ θεῖο[ν]
[ἀνέ]θηκεν· τὰν δὲ ἀναγόρευσιν τῶν στεφάνων π[οιῆ]σαι τοὺ]ς ἄρχοντας ἐν τῶι
γυμνικῶι ἀγῶνι τῶν[τε Πυθίων κ]αὶ Σωτη[ρίων],
[ἀκολο]ύθως τῶι ψηφίζματι· ὁμοίως δὲ εἶμεν, τ[ᾶς προαιρέσιος ἕνεκεν ἂν
ἔχων τυγχάνει τᾶς Δελφῶν πόλιν, τὰς καθηκούσας] [1]
τιμάς καὶ τῶι ἐπιμελητᾶι αὐτῶ[ν κ]αὶ ἀρχεθεώρωι Ἀλεξ[άν-]
δρωι, στεφανῶσαι δὲ καὶ τὸν χορο[δ]ιδάσκαλον αὐτῶν Διοκλ[ῆν]
καὶ τοὺς Θεωροὺς τῶι τοῦ θεοῦ στ[εφ]άνωι, καὶ ἐπαινέσαι αὐτοὺ[ς]
ἐφ' ἇι πεποίηνται ἀναστροφᾶι καὶ φι[λο]τιμίαι καὶ τοὺς λοιποὺς τῶ[ν]
τεχνιτᾶν τοὺς ἐπιδεδαμηκότας κα[ὶ λ]ελειτουργηκότας, καὶ εἶμε[ν]
πάντοις τοῖς ἐν Ἀθήναις τεχνίταις ἀσυλία(ν) καὶ προμαντείαν κ[αὶ]
προπομπείαν καὶ προξενίαν αὐτοῖ[ς] τε καὶ ἐκγόνοις αὐτῶν, [ὑ-]
πάρχειν δὲ αὐτοῖς καὶ τἆλλα τίμια κ[α]ὶ φιλάνθρωπα παρὰ Δε[λφῶν]
ὅσα καὶ τοῖς ἄλλοις εὐεργέταις· ὅπ[ω]ς δὲ καὶ πάντοις τοῖ[ς ἐπι-]
γινομένοις φανερὰ γίνηται ἁ τῶ[ν τοιο]ύτων ἀνδρ[ῶν φιλοτιμία]
[καὶ εὔνοια, ἀναγράψαι τόδε τὸ ψάφισμα ἐ]ν τ[ῶι ἱερῶι τοῦ Ἀπόλ-]
λωνος ἐπὶ [τοῦ Ἀθηναίων θησαυροῦ, καὶ ἀποστείλασ-]
θαι αὐτὸ ποτὶ τὰν βουλὰν καὶ τὸν δ[ᾶμον τὸν Ἀθηναίων],
ὁμοίως δὲ καὶ ποτὶ τὰν σύνοδον τῶν τεχνιτᾶν [τῶν ἐν Ἀ-]
θήναις.

1. Ce supplément, s'écartant de la rédaction du numéro 50 contrairement à
l'ensemble du contexte, est tout conjectural. Il est du moins nécessaire d'ajouter ici quelque chose pour emplir la fin de la ligne. (Sur la nature des honneurs
qui devaient y être indiqués, cf. p. 124, note 2).

Les deux intitulés comprennent d'abord un rappel général des mérites des artistes dionysiaques. Le premier s'en tient volontiers à des formules un peu vagues : le collège des technites, dit-il, est plein de piété envers les dieux, et il s'inquiète d'augmenter, dans la mesure de ses moyens, l'éclat des fêtes religieuses ; le second entre dans des détails plus circonstanciés, ou, du moins, il s'attache davantage à flatter la vanité des acteurs. Ainsi, quelques années auparavant, en 117 probablement, l'assemblée des Amphictyons, en accordant aux artistes d'Athènes le privilège de la χρυσοφορία, avait rempli ses considérants d'un éloge dithyrambique de leur patrie (*B. C. H.*, XXIV, 1900, p. 96) ; la ville de Delphes semble vouloir maintenant s'inspirer de cet exemple. Elle salue donc les artistes comme des bienfaiteurs à qui l'on doit toutes les choses de l'esprit, sans compter l'invention des jeux scéniques (πρώτους αὐτοὺς εὐεργέτας γεγονέναι πάσας παιδείας, καὶ σκηνικῶν ἀγώνων κτιτάς), et elle prend soin de faire mention des privilèges qu'ils ont obtenus des Amphictyons, de l'ensemble du monde grec, et des Romains, les nouveaux maîtres du pays[1].

Même différence de rédaction quand on arrive au sujet propre des décrets. Le premier, pour introduire la liste des artistes venus à Delphes, dit simplement : « Le collège, lui aussi, a payé de sa personne » (συνεπέδωκε αὐτοσκυτὰν ἁ σύνοδος) ; le second, plus verbeux, résume d'abord en termes emphatiques le rôle des artistes dans la Pythaïde : ils ont offert des sacrifices splendides, ils ont contribué à jeter sur la théorie un éclat digne d'Apollon, d'Athènes, de leur association et de leur vertu personnelle ; cérémonies religieuses, consécration de prémices, dispositions de toutes sortes, en tout ils se sont surpassés ; bref, il n'est pas d'effort qu'ils aient épargné pour honorer dignement Apollon Patròos[2].

---

1. Les privilèges accordés par les Grecs aux artistes dionysiaques sont bien connus. — Pour leur reconnaissance et leur confirmation par les Romains, cf., par exemple (*C. I. G. S.*, 1, 2413), un fragment de lettre d'un général romain, très probablement Mummius, en faveur de la compagnie de Thèbes : [συγχωρῶ ὑμᾶς παντάπας]ιν ἀλειτουργήτους εἶναι καὶ ἀνεπισταθ[μεύτους καὶ ἀτελ]εῖς καὶ ἀν[ει]σφό[ρ]ους πάσης εἰσφορ[ᾶς, καὶ αὐτοὺς καὶ γ]υναῖκας καὶ τέκνα, ἕως ἂν εἰς ἡλι[κίαν ἔλθωσι]. — Le Sénat ne dédaignait même pas, à l'occasion, d'examiner en personne les querelles intestines des sociétés d'acteurs (cf. le sénatus-consulte de l'an 112, retrouvé à Delphes : *B. C. H.*, XXIII, 1899, p. 5 et sqq.)

2. Notons ici (n° 49, l. 13) cette appellation de *Patròos*. C'est une preuve

Nous arrivons enfin à des faits précis : pour deux pythaïdes nous avons l'énumération, avec leurs qualités, de tous les technites qui y ont pris part. En premier lieu, ils envoient des des représentants dans la procession : pas de pythaïstes, mais un archithéore et plusieurs théores (une fois, quatre ; une fois, sept). Dans le numéro 49, nous connaissons la profession de tous ces délégués : l'archithéore Ἀλέξανδρος Ἀρίστωνος est un poète comique ; il remplit en même temps, cette année-là, la charge d'épimélète ; c'est, par conséquent, un des tout premiers personnages du collège. Quant aux théores, nous trouvons parmi eux deux poètes tragiques, deux comédiens, un instructeur-adjoint pour les tragédies et deux tragédiens chargés des rôles secondaires. Voilà donc confirmé pour les technites d'Athènes un fait déjà remarqué pour ceux de l'Ionie et de l'Hellespont (Le Bas-Wadd., *Inscr. d'Asie Min.*, 281) et pour ceux de Ptolémaïs (*B. C. H.*, IX, 1885, p. 133), l'égalité absolue de tous les membres du collège : acteur de second rang ou poète, chacun peut également représenter la confrérie à l'étranger.

Ces théores avaient sans doute pour mission d'offrir les ἀπαρχαί et d'assister aux sacrifices. Mais là ne se bornait pas le rôle des artistes dans la partie religieuse proprement dite de la pythaïde. En effet si nous examinons, dans nos deux textes, la longue liste de noms propres qui vient ensuite, nous la trouvons toujours divisée en deux fractions bien distinctes. D'abord, un groupe considérable (trente-neuf personnes dans le numéro 48, — quarante-deux ou quarante-trois dans le numéro 49) chante un ou plusieurs péans en l'honneur d'Apollon, et forme un chœur appelé μέγας χορός. On pourrait songer, à ce propos, au chœur des pythaïstes mentionné dans le numéro 3 : les pythaïstes alors l'auraient dansé, mais un technite en aurait réglé l'exécution (διδάσκαλος τοῦ μεγάλου χοροῦ), et aux technites aussi aurait été réservé l'accompagnement vocal (ᾀσομένους τούς τε παιᾶνας καὶ τὸν χορόν) et instrumental (cinq citharistes, trois citharistes en second, six flûtistes dans le numéro 49). Pourtant cette séparation de la danse et du chant n'était guère, je crois, dans les habitudes des Grecs, et il est, en somme, plus naturel de penser ici à un chœur dansé et chanté par les artistes seuls[1].

de plus que, chez les Athéniens, Apollon Patrôos est bien l'Apollon de Delphes (cf. p. 8 et sq.).

1. A la fin du second de nos décrets, l'expression στεφανῶσαι δὲ καὶ τὸν

De même que les cavaliers, après avoir figuré dans l'escorte
officielle de la pythaïde, organisaient aussi des jeux pour
rehausser l'éclat de la fête, de même les technites, non contents
de chanter leurs péans et leur chœur, envoyaient encore à
Delphes des artistes de tout genre qui, pendant plusieurs jours,
donnaient des concerts, représentaient des œuvres dramatiques,
ou récitaient des poésies. — Dans le numéro 48, il y a eu surtout
des auditions musicales, avec ou sans accompagnement de chant
(ἐξαπέστειλαν δὲ καὶ ἀκροάματα τὰ συναυξήσοντα τὰς τοῦ θεοῦ ἁμέρας :
deux αὐληταί et un αὐλῳδός; sept κιθαρισταί et deux ou trois
κιθαρῳδοί; un διδάσκαλος, qui avait fait évoluer probablement
quelque chœur; huit κωμῳδοί et trois τραγῳδοί, plutôt encore
chanteurs qu'acteurs ; et, seulement en dernier lieu, un
κωμικός). Dans le numéro 49 au contraire, les technites ont
avant tout dansé des chœurs autour de la thymélé et joué des
pièces de théâtre sur la scène (ἐξαπέστειλαν δὲ καὶ τοὺς συναγωνιξαμένους τὸν θυμελικὸν ἀγῶνα καὶ τὸν σκανικὸν ἐν ταῖς τοῦ θεοῦ
ἁμέραις). Aussi trouvons-nous maintenant parmi eux deux
poètes tragiques, cinq auteurs de drames satyriques [1], deux
tragédiens et sept acteurs secondaires pour la tragédie, quatre
comédiens et six συναγωνισταί pour la comédie. En revanche,
les musiciens sont moins nombreux que tout à l'heure
(trois αὐληταί, un αὐλῳδός, un κιθαριστὴς πυθικός). Enfin, pour
les récitations, nous avons trois poètes épiques et trois
rhapsodes.

On voit quel zèle les technites déployaient pour prendre
dignement leur part des fêtes célébrées par Athènes en
l'honneur d'Apollon. A vrai dire, dans ces longues listes,
certains noms reviennent plusieurs fois; ainsi, pour nous
borner à la dernière, plusieurs des théores, en dehors de

χοροδιδάσκαλον αὐτῶν (= τῶν τεχνιτῶν) semble trancher la question dans ce
sens. De plus, la place de ce χοροδιδάσκαλος, cité, dans l'énumération des technites, immédiatement après les théores, et mentionné à part dans la distribu-
tion des couronnes, indique l'importance de son rôle parmi les technites.

1. Relevons, en passant, l'importance accordée encore au drame satyrique.
Dans tout le cours du ıᵉʳ siècle avant Jésus-Christ, les catalogues des concours
en font souvent mention: par exemple, à Oropos (C. I. G. S., 1, 416, 419, 420),
à Tanagra (Ibid., 540), à Thespies (Ibid., 1760), à Acræphiæ (Ibid., 2727), à
Orchomène (Ibid., 3197), à Délos (B. C. H., XIII, 1889, p. 372), à Magnésie du
Méandre (Inschr. von Magnes., n° 88), etc. Il en était de même, on le voit, à
Delphes. C'est peut-être la raison pour laquelle Horace, dans son Art poétique,
développe si longuement ses préceptes sur le drame satyrique.

leur fonction honorifique, contribuent à l'exécution des
péans ('Αγαθοκλῆς Σωκράτους, 'Αριστομένης 'Αριστομένους,
'Αρίστων Μενελάου, Γλαυκίας 'Ηρακλείδου), ou à la direction du
grand chœur (Διοκλῆς Αἰσχίνου); de plus, quelques-uns figurent
encore dans les jeux qui suivent la pythaïde ('Αγαθοκλῆς
Σωκράτους et Γλαυκίας 'Ηρακλεῖδα comme κωμῳδοί; 'Αριστομένης
'Αριστομένεος comme ποιητής σατύρων; 'Αρίστων Μενελάου comme
ποιητής ἐπῶν et ποιητής σατύρων). Le même fait se reproduit
pour d'autres chanteurs du péan (Δημήτριος 'Ισιδώρου, Θεόδοτος
Πυθίωνος et Ξενόφαντος Εὐράχου se retrouvent à la fois dans les
deux parties de la fête); et enfin, dans une seule de ces parties, un personnage peut avoir à jouer un double rôle (dans la
première, Διονύσιος Σιμάλου est ποτιχιθαρίζων et chanteur du
péan; dans la seconde, Κάλλων Κάλλωνος est rhapsode et
συναγωνιστής τραγικός, comme d'ailleurs Θεόδοτος et Ξενόφαντος,
dont nous parlions déjà tout à l'heure). La députation des
artistes à Delphes est donc en réalité un peu moins nombreuse
qu'elle ne le paraît à première vue. Elle n'en reste pas moins
encore fort considérable, et l'on comprend que, même si chacun
prenait à son compte les frais du voyage (τοὺς ἐπιδεδαρηκότας
καὶ λελειτουργηκότας τῶν τεχνιτᾶν), il y avait là cependant encore
pour la compagnie, fût-ce simplement dans l'organisation des
spectacles, l'occasion de dépenses considérables (ἐμφανίζει ὁ
ἐπιμελητής δεδαπανηκέναι τὰν σύνοδον χρήματα οὐκ ὀλίγα).

Bien entendu, les Delphiens ne manquent pas en échange
d'accorder de grands honneurs aux artistes dionysiaques. Dans le
numéro 48, c'est d'abord un éloge et une couronne au collège
tout entier et à chaque technite venu à Delphes; puis, pour tous,
la confirmation de leurs anciens privilèges (προμαντείαν καὶ ἀσυλίαν
τὰν ὑπάρχουσαν αὐτοῖς διὰ προγόνων), c'est-à-dire sans doute des
diverses immunités énumérées dans les deux actes amphictyoniques bien connus[1]. Le décret doit être gravé sur le Trésor
des Athéniens, et on en enverra à Athènes deux copies, l'une
au gouvernement (ποτὶ τὰν βουλὰν καὶ τὸν δᾶμον), l'autre au
collège des artistes (ποτὶ τὸ κοινὸν τῶν περὶ τὸν Διόνυσον τεχνιτᾶν). Toutes ces prescriptions se retrouvent dans le numéro 49.

---

1. Nous connaissions ces deux décrets par une copie retrouvée à Athènes
dans le théâtre de Dionysos (C. I. A., II, 551). Les fouilles de Delphes nous
en ont rendu, sur le Trésor des Athéniens, un second exemplaire qui complète
à peu près partout le premier (B. C. H., XXIV, 1900, p. 82).

Mais, en outre, la ville de Delphes tient à consacrer deux statues dorées, personnifications du collège des technites, l'une à Delphes dans le sanctuaire[1], l'autre à Athènes, dans l'enceinte de Dionysos ; et elle accorde même à l'épimélète Alexandros des distinctions particulières[2]. Il a dû les mériter en prenant à sa charge la plus grande partie des dépenses ; et ainsi nous avons là, comme pour Philémon dans l'inscription d'Eleusis (*C. I. A.*, II, 628), un nouvel exemple de ce que les artistes demandaient avant tout à leur épimélète.

Reste à déterminer l'époque de nos deux décrets ; malheureusement, ni l'un ni l'autre ne porte de nom d'archonte.

Pour le numéro 48, un certain nombre de technites se retrouvent dans des inscriptions datées. Ce sont :

Κλέων Εὐμήλου	Ici : chanteur du péan, et chef du chœur des pythaïstes. N° 3 : chef du chœur des pythaïstes sous Timarchos.
Ἐλπίνικος Ἐπικράτου	Ici : chanteur du péan. N° 3 : autre chef du chœur des pythaïstes sous Timarchos. *B. C. H.*, 1900, p. 86 : député des technites sous Aristion Anaxandridou.
Φιλίων Φιλομήλου	Ici : chanteur du péan, et chef du chœur des pythaïstes. *B. C. H.*, 1900, p. 86 : député des technites sous Aristion.
Θυμοτέλης Φιλοκλέους	Ici : contribue aux représentations. *B. C. H.*, 1900, p. 86 : député des technites sous Aristion.
Θοίνος Θοίνου	Ici : contribue aux représentations. *C. I. A.*, II, 459 : propose un décret à Athènes sous Epiclès.

1. Ἐν τῷ ἐπιφανεστάτῳ τόπῳ, dans les décrets honorifiques de Delphes, est une simple formule banale.

2. Nous ne savons pas ce qu'étaient ces distinctions, puisque le passage où elles étaient mentionnées (*fig.* 22, dernière ligne) est aujourd'hui perdu en grande partie. Même si l'on veut restituer dans le numéro 49 la formule du numéro 50 (τὰς αὐτὰς τιμάς), il paraît difficile de la prendre à la lettre, et de croire qu'on élevait aussi deux statues dorées à l'épimélète comme à la personnification du collège.

Ces rapprochements nous donnent déjà une indication approximative sur la date de notre inscription, puisque nous avons attribué à la pythaïde de Timarchos l'année 134 ou une année fort voisine[1], que l'archontat d'Epiclès à Athènes est de 131[2], et celui d'Aristion à Delphes (= Démostratos à Athènes) de 130[3].

Maintenant, de la teneur même de notre inscription, où la pythaïde est expressément mentionnée (l. 4 : καὶ νῦν δὲ ψαφιξαμένου τοῦ δάμου τοῦ Ἀθηναίων πέμπειν τὰν πυθαΐδα ποθ' ἁμὲ δι' ἐτῶν πλειόνων), et où le programme des auditions données par les artistes est évidemment trop considérable pour ne pas répondre à une importante solennité, il paraît bien résulter que le décret de la ville de Delphes a été rendu à l'occasion d'une pythaïde. Or, s'il en est ainsi, nous n'avons le choix pour cette époque qu'entre celle de Τίμαρχος ou celle de Διονύσιος μετὰ Λυκίσκου (134 ou 128). La seconde hypothèse est la plus probable. Car : 1° sous Τίμαρχος, les chefs du chœur des pythaïstes sont Ἐλπίνικος Ἐπικράτου et Κλέων Εὐρήλου ; ici, nous avons Κλέων Εὐρήλου et Φιλέων Φιλοφήλου ; il ne doit donc pas s'agir de la même pythaïde. — 2° Les textes de la pythaïde de Timarchos sont gravés en caractères assez grands, à traits épais, mais d'une épaisseur constante ; ceux de la pythaïde de Dionysios ont les lettres plus petites, plus minces et renflées à l'extrémité des jambages droits. L'écriture de notre décret répond tout à fait à cette dernière. Sans doute un indice de ce genre, à lui seul, n'a jamais qu'une valeur médiocre ; mais ici il vient confirmer une raison d'un autre ordre. Nous adopterons donc, au moins provisoirement, pour le numéro 48, la date de 128.

Avec le numéro 49, nous ne sommes pas moins embarrassés. En effet, bien que ce nouveau décret nous soit donné comme une réponse des magistrats et de la ville de Delphes à une ambassade des technites (l. 1 : τὰς ἐψαφισμένας παρ' ἁμῖν ἀποκρίσιος ὑπογεγράψαμες ὑμῖν τὸ ἀντίγραφον), il paraît impossible de ne pas le rattacher, comme le précédent, et pour les mêmes raisons, à une pythaïde. Précisément, il semble être de la main du lapicide qui a gravé tous les textes d'Agathoclès (l'aspect du marbre ne laisse guère de doutes à ce sujet), et il serait très

---

1. Cf. p. 30.
2. Ferguson, *The athenian archons*, p. 74 et sqq.
3. *B. C. H.*, XXIV, 1900, p. 92.

séduisant d'ailleurs de l'attribuer à cette pythaïde : la manifes-
tation la plus éclatante de la piété des artistes dionysiaques
répondrait ainsi à la théorie la plus brillante dont nous ayons
conservé le souvenir. Il nous faut cependant renoncer à cette
combinaison ; car, dans les considérants du décret (l. 7 et sqq.),
nous lisons que les Athéniens, modifiant le règlement de leur
pythaïde, ont décidé maintenant d'en faire une ennéétéride, c'est-
à-dire de l'envoyer régulièrement tous les huit ans. Or la première
ennéétéride commence seulement en 102[1]. Nous sommes donc
obligés de faire descendre notre décret jusqu'à la pythaïde
suivante, c'est-à-dire celle d'Argeios, en 97.

Pour être complets, nous devons encore citer ici une autre
inscription (n° 50) fort analogue à la précédente, mais qui
nous est parvenue dans un état vraiment étrange. Seuls, le
début et la fin forment un texte suivi ; du milieu nous n'avons
que des lambeaux épars sur la pierre, et commençant ou se
terminant indifféremment dans le corps d'un mot. Voici ce
document tel quel, en y ajoutant seulement les restitutions qui
paraissent assurées. Le nombre des lignes laissées en blanc est
certain ; car la pierre a été réglée à l'avance.

N° 50 (*fig.* 24) :

['Επει]δὴ οἱ περὶ τὸν Διόνυσον τεχνῖται οἱ ἐν 'Αθήναις καὶ ὁ ἐ[πιμε]λητὴς
    αὐτῶ[ν 'Α]λέξανδρος 'Αρίστωνος, κωμικὸς ποιητής, εὐσεβῶς ἔχοντε[ς]
[πο]τὶ τὸν θεὸν, καὶ τὸν αὐτοσαυτῶ(ν) δᾶμον τιμέοντες, καὶ σ[υναύ]ξειν αὐτ(ῶ)ν
    θέλοντες τὰ ποτὶ τοὺς θεοὺς ἀνήκοντα, διὰ τὸ πρώτους αὐτοὺς παιδε[ι-]
[ας] εὑρέτας γεγόνειν καὶ σ[κανικῶν ἀγώνων κτιτάς,...................

5 ....

    ....

    ....

    ....

10 ....

    ....]πιόδοτον 'Απολλωνίου, Θεόδωρον 'Ερητυμένεος,
    Διοσκουρίδ[ην ....

    ....

15 ....

    ....

    ....]ου, Θεότιμον[.................]ικοξένου, Τίμωνα

---

1. Sur l'ennéétéride et les difficultés qu'elle soulève, cf. ci-dessous, p. 134 et sqq.

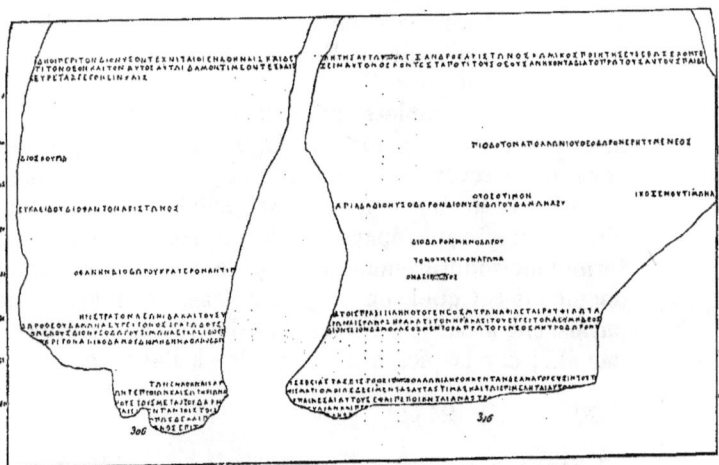

Fig. 24.

L. 2 : ΑΥΤΟΣΑΥΤΩΙ pour αὐτοσαυτῶν.
    ΑΥΤΟΝ pour αὐτῶν.
L. 30 : Dans l'espace compris entre les deux pierres, il semble bien que se trouvait la formule τοὺς συναγωνιζο-
    μένους; le graveur aura sauté un des deux sigmas voisins.
    ΠΡΑΞΙΤΙΛΗΝ pour Πραξιτέλην.
L. 32 : Avant le génitif Διονυσοδώρου, il nous faut de toute nécessité un accusatif; le graveur a donc omis le
    nom du père de Διονυσόδωρος.
L. 33 : ΚΡΙΤΟΝΑ pour Κρίτωνα.
    Après la ligne 43, il ne doit plus en manquer qu'une pour terminer l'inscription.

Εὐκλείδου, Διόφαντον Ἀρίστωνος, [...........................]απιάδα,
Διονυσόδωρον Διονυσοδώρου, Δάμωνα Εὐ[γείτονος, ...

20 ....

....................], Διόδωρον Μηνοδώρου, [.............. ....

[.................. ἐξαπέστειλαν δὲ καὶ τοὺς συναγωνιξαμένους] τὸν θυμελικὸν
ἀγῶνα [καὶ τὸν σκανικὸν ἐν ταῖς τοῦ θεοῦ ἁμέραις,]
25 [ἐπῶν ποιητὰς Δι]οφάνην Διοδώρου, Κράτερον Ἀντιπ[.............
...........................] Ὄνασι[.....]ος [..............

30 ....] Ἡρόστρατον Λεωνίδα, καὶ τοὺ(ς) συ[ναγωνιξομένους τού]τοις
Πραξιτ(έ)λην Θεογένεος, Μύρωνα Φιλεταίρου, Φιλώτα[ν.......
Δωροθέου, Δάμωνα Εὐγείτονος, τραγῳδοὺς [δὲ................, Ἱ]έρωνα
Ἱέρωνος, Ἡράκλειτον Ἡρακλείτου, Εὐγείτονα Εὐμήδεος, [καὶ τοὺς τούτοις συναγω-
[νιξ]ομένους¹ (.......) Διονυσοδώρου, Τίμωνα Εὐκλείδου, Π[..............]
Διονύσιον Δαμόκλεος, Μέντορα Πρωτογένεος, Μητρόδωρον Π[..........
[...,] Κρίτ(ω)να Νικοδάμου, Διομήδην Ἀθηνοδώρο[υ, ...

35 ....

[.. Ἁ πόλις τῶν Δελφῶν]
[τὰν τῶν τεχνιτᾶν σύνοδον]τῶν ἐν Ἀθήναις ἀρ[ετᾶς ἕνεκεν καὶ ε]ὐσεβείας τᾶς εἰς τὸ
θεῖ[ον Ἀπ]όλλωνι ἀνέθηκεν· τὰν δὲ ἀναγόρευσιν τούτω[ν ποιῆσαι τοὺς ἄρχοντας]
[ἐν τῷ γυμνικῷ ἀγῶνι τ]ῶν τε Πυθίων καὶ Σωτηρίων ἀ[κολούθως τῷ ψα]φίσματι·
ὁμοίως δὲ εἶμεν τὰς αὐτὰς τιμὰς καὶ τῶι ἐπιμελητᾶι αὐτῶν [καὶ ἀρχεθεώρῳ
Ἀλεξάνδρῳ,]
40 [στεφανῶσαι δὲ καὶ τοὺς θεω]ροὺς τοὺς μετ' αὐτοῦ δαφν[ῆς στεφάνῳ, καὶ] ἐπαινέσαι
αὐτοὺς ἐφ' ἇι πεποίηνται ἀναστρο[φᾶι καὶ φιλοτιμίαι καὶ τοὺς λοιποὺς τῶν τεχνιτᾶν]
[τοὺς ἐπιδεδαμηκότας, κ]αὶ εἴ[μ]εν πάντοις τοῖς [ἐν Ἀθήναις τεχνίταις ἀσ]υλίαν καὶ
προ[μ]αντείαν καὶ προπομπείαν καὶ προξενίαν, ὑπάρχειν δὲ αὐτοῖς καὶ τἆλλα τίμια
καὶ φι-]
[λάνθρωπα, ὅσα καὶ τοῖς ἄλλοις εὐεργέταις·] ὅπως δὲ καὶ π[άντοις τοῖς ἐπιγινομένοις]
φανερ[ὰ γίνηται ἁ τῶν τοιούτων ἀνδρῶν φιλοτιμία καὶ εὔνοια, ἀναγράψαι τόδε τὸ]
[δόγμα ἐν τῷ ἱερῷ τοῦ Ἀπόλλω]νος ἐπὶ το[ῦ θησαυροῦ τοῦ Ἀθηναίων........

Je ne m'explique pas bien l'aspect inusité de cette inscription.
La première idée qui se présente à l'esprit est celle d'un texte
qu'on aurait d'abord écrit en entier, puis qu'à un moment donné on
aurait décidé d'effacer, travail dont une partie seulement aurait été

---

1. Les lettres ομένους ne doivent pas appartenir au génitif d'un nom propre;
il aurait ici la forme ομένεος. De là la restitution [τοὺς τούτοις συναγωνιξ]ομέ-
νους.

exécutée. Mais comment expliquer alors que l'opération ait
laissé si peu de traces, et surtout qu'aujourd'hui encore il sub-
siste sur toute la pierre un réglage fort visible? Il était sûrement
peu profond à l'origine; le moindre grattage l'eût fait disparaître, et l'on ne s'est pas amusé après coup à le rétablir.
Dirons-nous donc que le lapicide, ayant tracé au crayon
l'ensemble de l'inscription, s'est mis ensuite à la graver à
toutes sortes d'endroits en même temps? mais il est singulier
dans ce cas qu'il n'ait pas au moins commencé avec un mot[1].

Quoi qu'il en soit, le sens général du document n'est pas
douteux : il est rédigé exactement sur le modèle du précédent.
Les trois premières lignes s'y répètent avec des variantes insi-
gnifiantes; si, dans les dernières, on a de place en place supprimé quelques mots, les phrases n'en sont pas moins évidemment
recopiées l'une sur l'autre; et, pour le milieu, il nous en reste
assez pour constater la même ressemblance. On énumérait en
premier lieu les théores et les artistes qui avaient figuré dans
la partie religieuse de la pythaïde ; puis venaient les noms de
ceux qui avaient donné des représentations (τὸν θυμελικὸν ἀγῶνα,
l. 24), chefs d'emploi ou synagonistes (τραγῳδούς, l. 31; —
τοὺς συναγωνιζομένους τούτοις, l. 30, etc.). Ici aussi, les mêmes
technites pouvaient remplir plusieurs rôles et être nommés
à diverses reprises : témoin Δάμων Εὐγείτονος et Τίμων Εὐκλείδου.
Nous ne sommes pas en présence cependant de deux exemplaires
d'une même inscription; car les technites énumérés diffèrent
pour le plus grand nombre.

Je dis : pour le plus grand nombre. Quelques-uns en effet
reparaissent dans les deux listes : d'abord l'épimélète Ἀλέξανδρος Ἀρίστωνος ; puis, pour ne parler que des noms conservés
complètement avec leurs patronymiques, Θεόδωρος Ἐρητυμένεος,
Διονυσόδωρος Διονυσοδώρου, Διοφάνης Διοδώρου, et Πραξιτέλης
Θεογένεος. Cela nous donne déjà une indication pour la date
de notre dernier texte : il est assez voisin du numéro 49.
D'autre part, il doit être postérieur à 117; car il fait suite,
sur une pierre d'orthostate, à l'acte amphictyonique accordant aux technites d'Athènes le privilège de la χρυσοφορία.
Celui-ci, on se le rappelle, comprend une pierre entière, plus

1. Nous trouverons plus loin un autre exemple analogue, bien que les vides
laissés sur la pierre soient moins considérables, dans notre numéro 58 (cf.
p. 149, note à la fig. 30).

quatre lignes dans le haut de la pierre voisine (cf. *B. C. H.*, XXIV, 1900, p. 95); notre décret commence immédiatement au-dessous de ces quatre lignes; par conséquent, il semble bien avoir été gravé après elles. Dès lors, nous ne pouvons plus guère l'attribuer qu'à la pythaïde d'Agathoclès. Pourtant l'écriture diffère, surtout comme dimensions (elle est beaucoup plus petite), de celle des autres textes de cette pythaïde.

En terminant, il est assez curieux de constater que les deux hymnes retrouvés à Delphes sur le Trésor des Athéniens, avec accompagnement de notes de musique, font mention l'un et l'autre des artistes dionysiaques d'Athènes. Dans le premier [1], nous voyons « tout leur essaim » prendre part à la théorie et venir célébrer par ses chants le fils de Zeus. Dans le second [2], il est même question d'eux à deux reprises : d'abord l'auteur vante leur dévotion particulière pour le dieu Péan; puis, dans l'invocation finale, il ne manque pas d'appeler sa protection sur les artistes en même temps que sur Athènes, sur Delphes et sur l'empire des Romains. Ces deux hymnes ont certainement été exécutés par les technites; à eux aussi doit sans doute en être attribuée la composition. Peut-être l'un est-il précisément le péan qu'ont chanté les personnages énumérés dans le numéro 48 [3].

1. *B. C. H.*, XVII, 1893, p. 577 (avec les corrections de M. Weil: XVIII, 1894, p. 361):

.... ὁ δὲ τ[εχνι-]
[τ]ωῶν πρόπας ἑσμὸς 'Αθθίδα λαχ[ὼν]
[τὸν κιθαρί]σει κλυτὸν παῖδα μεγάλου [Διὸς ὑ-]
[μνοῦσί σε, ...]

2. *B. C. H.*, 1894, p. 352, v. 19 et sqq. :

.... 'Ανθ' ωῶν
ἐκείνας ἀπ' ἀρχᾶς Παιήονα κικλήισκ[ομεν ἅπας λ]αὸς α[ὐτο-]
χθόνων, ἠδὲ Βάκχου μέγας θυρσοπλὴξ [ἑσμὸς ἱ]ερὸς τεχνι-
τωῶν ἔνοικος πόλει Κεκροπίαι.

Id., p. 355, v. 39 et sq.

.... Βάκχου [θ' ἱερονίκαισιν εὐμε-]
νεῖς μόλετε προσπόλοισ<ι>, ...

3. Notons encore, dans les deux hymnes, l'indication des cithares et des flûtes. Dans le premier, l'heureux mélange de leurs sons est un des traits dont le poète caractérise les splendeurs de la pythaïde athénienne (*B. C. H.*, 1893, p. 576, v. 15 et sqq.) :

....λιγὺ δὲ λωτὸς βρέμων αειόλοιοις [μέ-]
λεσιν ὠιδαὰν κρέκει, χρυσέα δ' ἀδύθρου[ς κί-]
θαρις ὕμνοισιν ἀναμέλπεται........

Dans le second, une symphonie de flûtes et de lyres accompagne la marche

L'écriture, en tout cas, est la même dans ce dernier et dans les hymnes, et, pour d'autres raisons, MM. Weil et Homolle ont été amenés à fixer vers la fin du ii⁰ siècle la rédaction de ces poésies.

Dans l'inscription n° 49, nous avons constaté que le collège des artistes dionysiaques comprenait des poètes épiques. Cependant il existait en même temps pour eux, à Athènes, une compagnie spéciale. Celle-ci se faisait aussi représenter dans la pythaïde, et nous avons un décret rendu par les Delphiens en son honneur. Il est, avec plus de brièveté, tout à fait analogue aux deux précédents; je me borne donc à en donner le texte.

N° 51 (*fig.* 25) :

Ἐ[πε]ιδὴ ο[ἱ ἐν Ἀθήναις ἐποποιοὶ διατελέοντι ε]ὐσεβῶς ἔχοντες ποτὶ τὸν
                                    μου[σαγέτα]ν καὶ ἀρχα[γέταν]
τᾶς ποιητικᾶς θεὸν κ[αὶ τιμέοντες τὸν αὐτος]αυτῶν δᾶμον, συναύξοντές τε τὰ[ν
                                    ποτὶ το]ὺς θεοὺς ὁσιότα-
τα, ψαφιξαμένου το[ῦ δάμου τοῦ Ἀθηναίων πέμ]ψαι τὰν Πυθαΐδα ποθ' ἁμὲ κατὰ
                                    τὸν το[ῦ θεοῦ] χρησμὸν ἐφ' ὑγι-
είαι καὶ σωτηρίαι πάν[τ]ων Ἀθην[αίων καὶ τέκνων] καὶ γυναικῶν καὶ τῶν φίλων
                                    [καὶ συμμάχω]ν, ἐξαπέστειλαν
Ἀρτέμωνα Ἀρτέμωνος, Ἁγίαν Βού[λωνος, Δημή]τριον Κηφισοδ[ώ]ρο[υ, Κηφι-
                                    σόδωρον (..........), οἳ σ]υνέθυσάν
τε τῶν δάμωι μεγαλομερῶς καὶ συνε[πόμπευσαν καλῶς καὶ ἀξίως τοῦ θεοῦ καὶ το]ῦ
                                    δήμ[ου τοῦ Ἀ]θηναί-
ων· ἀγαθῆ τύχη· δεδόχθαι τᾶι πόλει τῶν Δ[ελφῶν ἐπαινέσαι μὲν τὰν σύνοδ]ον τῶν
                                    ἐν Ἀθήναι[ς ἐποπ]οιῶν
ἐπί τε τᾶι ποτὶ τὸν θεὸν εὐσεβείαι καὶ τᾶι π[οτὶ τὰμ πόλιν ἁμῶν εὐνοίαι, καὶ
                                    σ]τεφανῶσαι αὐτὰν τῶ[ι τοῦ] θε-
οῦ στεφάνωι ὧι πάτριόν ἐστι Δελφοῖς στεφανοῦ[ν τοὺς ἰδίους προξένου]ς καὶ
                                    εὐεργέτας, στεφα[νῶσαι]
δὲ καὶ τοὺς ἐπιδεδαμηκότας τῶν ποιητᾶν Ἀρτέμ[ωνα, Ἁγία]ν, Δημή[τ]ριον,
                                    Κηφισόδωρον, καὶ ε[ἶμεν]
πᾶσι τοῖς ἐν Ἀθήναις ἐποποιοῖς συναγμένοις κατὰ τὸν τοῦ θεοῦ χρ[η]σμὸν
                                    προξενίαν καὶ προμα[ν]-
τείαν καὶ τὰ ἄλλα φιλάνθρωπα καθάπερ ἐψάφισται αὐτοῖς τό τε κ[οι]νὸν τῶν
                                    Ἀμφικτιόνων καὶ ἁ παρ[' ἁ-]

d'Apollon, quand il se rend en Attique (*B. C. H.*, 1894, p. 352, v. 16-17) :

Μελίπνοον δὲ λίθυς αὐδὰγ χέω[ν ἀνὰ λύραας πέμ]πεν [ἁ-]
δειεῖαν ὄπα μειγνύμενος αἰειόλ[οις νιν μέλεσι λωτός·]

Or, dans le numéro 49, les péans et le chœur sont précisément accompagnés par des κιθαρισταί, des ποτικιθαρίζοντες, et des αὐληταί.

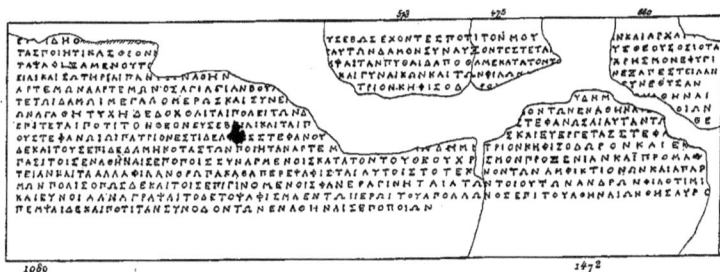

FIG. 25.

. L. 5. ΑΓΙΑΓΙΑΝ (sic).

Il nous faut ensuite, de toute nécessité, les quatre noms qui reviennent à la ligne 10. Dans la seconde lacune de la ligne, il n'y a pas assez de place pour Κηφισόδωρον accompagné de son patronymique ; mais, le lapicide ayant à graver ΚΗΦΙΣΟΔΩΡΟΥΚΗΦΙΣΟΔΩΡΟΝ, a sans doute sauté le second mot.

L. 6. Au début ΔΑΜΩΙ; à la fin ΔΗΜ[ου].

L. 11. J'ai écrit ΕΠΟΠΟΙΣ par erreur en faisant cette copie ; la pierre porte en réalité ΕΠΟΠΟΙΟΙΣ.

μῶν πόλις· ὅπως δὲ καὶ τοῖς ἐπιγινομένοις φανερὰ γίνηται ἁ τῶν τοιούτων ἀνδρῶν
φιλοτιμί[α]
καὶ εὔνοια, ἀναγράψαι τόδε τὸ ψάφισμα ἐν τῶι ἱερῶι τοῦ Ἀπόλλωνος ἐπὶ τοῦ
Ἀθηναίων θησαυρο[ῦ,]
πέμψαι δὲ καὶ ποτὶ τὰν σύνοδον τῶν ἐν Ἀθήναις ἐποποιῶν.

La date de ce document ne peut pas être exactement précisée : il ne porte pas de nom d'archonte, et les quatre poètes
épiques cités sont inconnus. Comme l'écriture en est analogue
à celle du numéro 48, il se rapporte sans doute à la pythaïde
de Timarchos ou à celle de Dionysios, et plutôt à la seconde[1].

_____

1. Δημήτριος Κηφισοδώρου pourrait ainsi être le père du Κηφισόδωρος
Δημητρίου, pythaïste enfant sous Timarchos (n° 3, l. 19), puis éphèbe sous
Dionysios (n° 9, col. I, l. 3).

L'ENNÉÉTÉRIDE DELPHIQUE

Ainsi, à la fin du IIe siècle, les Athéniens donnent à leur théorie de Delphes un éclat vraiment remarquable. Platon, dans les *Lois*, recommandait d'envoyer aux grands jeux de la Grèce des députations nombreuses prises parmi l'élite des citoyens[1] : son vœu est pleinement réalisé avec la pythaïde. Les familles les plus riches, les plus influentes, rivalisent entre elles pour fournir des théores, des pythaïstes, des canéphores ; à leur tête figurent les premiers magistrats de la cité ; la prêtresse d'Athéna Polias les accompagne ; les éphèbes et les cavaliers composent l'escorte. Et, quand cette longue procession est arrivée à Delphes, on ne se contente pas de consacrer des prémices, d'offrir des sacrifices, de rallumer le feu sacré, et de chanter des péans : les cérémonies religieuses une fois terminées, pendant plusieurs jours on célèbre encore des jeux où la gymnastique et la musique se mêlent harmonieusement. Certes nous comprenons maintenant que, dans sa description d'une telle pompe, l'auteur de l'hymne musical (*B. C. H.*, 1893, p. 576) ait trouvé, suivant la remarque fort juste de M. Weil, « des accents plus lyriques, plus d'ampleur, plus d'élan » que dans le reste de sa pièce.

Ce n'est pas tout : vers cette même époque, non seulement la pythaïde prend un éclat nouveau ; elle se renouvelle aussi d'une manière plus régulière et plus fréquente que par le passé. En effet il est fait allusion à ce changement dans les décrets rendus par la ville de Delphes en l'honneur des artistes dionysiaques. Dans l'un, qui semble correspondre, avons-nous dit, à l'archontat de Dionysios, en 128, il est question d'un vote

---

1. Platon, *Lois*, XII, p. 950, *e* : Πυθώδε τῷ Ἀπόλλωνι καὶ εἰς Ὀλυμπίαν τῷ Διὶ καὶ εἰς Νεμέαν καὶ εἰς Ἰσθμὸν χρὴ πέμπειν κοινωνοῦντας θυσιῶν τε καὶ ἀγώνων τούτοις τοῖς θεοῖς, πέμπειν δὲ εἰς δύναμιν ὅτι πλείστους ἅμα καὶ καλλίστους τε καὶ ἀρίστους.

des Athéniens ordonnant l'augmentation du nombre des pythaïdes
(n° 48, 1. 4 : καὶ νῦν δὲ ψα[φι]ξαμένου τοῦ δάμου τοῦ
Ἀθηναί[ων] πέμπειν τὰν πυθαΐδα ποθ᾽ ἀμὲ δι᾽ ἐτῶν πλειόνων τοῖς τε
χρησμοῖς καὶ ταῖς ἱστορίαις [ἀ]κολούθως). Dans l'autre, que nous
avons placé sous Argeios, en 97, on précise l'intervalle à observer
désormais entre les pythaïdes : il sera de huit ans; la fête
devient une ennéétéride (n° 49, 1. 7 : νυνί τε κατὰ τὰ
[πάτρια] καὶ τὰ προεψαφισμένα τὰν ἱερὰν νομιζομέναν Πυθαΐδα
δι᾽ ἐννεετηρίδος [π]εμφάντων Ἀθηναίων κατὰ τὰν μαντείαν τ[οῦ θεοῦ]
ἐφ᾽ ὑγιείαι καὶ σωτηρίαι πάντων τῶν πολιτᾶν, καὶ τέκνων γυναικῶν,
καὶ τῶν φ[ί]λων καὶ συμμάχων).

Nous n'avons pas à Delphes, parmi nos textes du Trésor des
Athéniens, d'autre allusion à cette ennéétéride; mais nous la
retrouvons dans une inscription découverte à Athènes depuis
longtemps déjà, et contenant, en deux longues colonnes, la liste
des ἀπαρχαί fournies pendant huit ans par de nombreux prêtres
ou magistrats d'Athènes et de Délos. Au-dessus s'étendait un
titre en quatre lignes, qui occupait toute la largeur de la pierre.
Je le reproduis d'abord tel qu'on le lit dans le *Corpus*.

N° 52 (*C. I. A.*, II, 985) :

[Ὁ ἀρχιθέωρος τοῦ ἐν Δήλῳ δ]ήμου τοῦ Ἀθηναίων ὁ κεχειροτον[ημένο]ς ἐπὶ τὴν
                                                                    ἐξαποστο-
[λὴν τῶν θεωρῶν τῶν ἀπαγόντων τὰς ἀπα]ρχὰς τῆς πρώτης ἐννεετη[ρίδος
                                                    Ἐπικρά]της Ἐπιστράτου Πε-
[..........ἀ]νέγραψεν τῶν ἱερέων καὶ ἀρχόντων τὰς ἀπαρχὰς [τ]ῷ Ἀπό[λλωνι
                                                            τῷ] Πυθίῳ κα[τὰ]
[τὸ ψήφισμα τοῦ δήμου, ὃ ....ἐγ Μυρρινοῦ]ττης εἶπεν.

La part des restitutions, on le voit, est considérable; or, à
priori, elles ne sont pas très satisfaisantes : elles sont en
général trop courtes. En effet, sur la pierre, les deux colonnes
avaient une largeur sensiblement égale; l'alignement de la
seconde correspond à peu près, dans la première ligne, à l'A
initial d'ΑΘΗΝΑΙΩΝ; et, par conséquent, nous devons donner à
nos compléments environ 27 lettres pour la première ligne,
30 pour la seconde, 34 pour la troisième et la quatrième. Cela
posé, considérons un fragment de nos inscriptions de Delphes.

N° 31 (Pl. II, A) :

['Α]γαθῆ[ι τύχηι τῆς βο]υλῆς καὶ τοῦ
[δ]ήμο[υ τοῦ 'Αθηναί]ων· ὁ χειροτο-
[νη]θεὶς [ἐπὶ τὴν ἐξ]αποστολὴν τῆς
[πυθα]ΐδος καὶ [τ]ὰς ἀπαρχὰς τοῦ
[θεοῦ, κ]αὶ εἰσηγητὴς γενόμενος
[τῶν τε .....]ων¹, καὶ ὅπως κατ' ἐνι-
[αυτὸν ἀεὶ γίνη]ται ἡ πυθαῒς κατὰ τὰ
[πάτρια καὶ τοὺς χ]ρησμοὺ[ς ...]

Cet intitulé n'est pas sans analogie avec celui de l'inscription d'Athènes. D'après lui je proposerais donc, dans ce dernier, un certain nombre de modifications.

Ligne 1 : la formule ['Αγαθῆι τύχηι τῆς βουλῆς καὶ τοῦ δ]ήμου τοῦ 'Αθηναίων nous donne une restitution de 27 lettres (longueur suffisante), et a l'avantage de faire disparaître la mention d'un archithéore de Délos dans un texte où les ἀπαρχαί proviennent aussi bien d'Athènes que de Délos.

Ligne 2 : le régime de ἐξαποστολήν paraît bien être τῆς πυθαΐδος. La restitution ἐπὶ τὴν ἐξαποστο[λὴν τῆς πυθαΐδος καὶ τὰς ἀπα]ρχὰς est trop courte (22 lettres au lieu de 30). On peut songer à τὰς τοῦ θεοῦ ἀπαρχάς; mais le mot ἀπαρχάς se trouverait construit avec deux compléments différents au génitif, τὰς τοῦ θεοῦ ἀπαρχάς τῆς πρώτης ἐννεετηρίδος. Il sera donc préférable de donner à πυθαΐς une épithète, ἱερά (cf. n° 49, l. 8 : τὰν ἱερὰν νομιζομέναν πυθαΐδα), et de répéter ἐπί devant τὰς ἀπαρχάς.

Même ligne : le nom du percepteur des ἀπαρχαί, au lieu d'['Επικρά]της 'Επιστράτου, doit être rétabli en ['Αμφικρά]της 'Επιστράτου, comme l'a reconnu M. Couve (*B. C. H.*, 1894, p. 90). Nous avons à présent trois mentions de cet Amphicratès : dans la pythaïde d'Agathoclès (n° 13 *b*, l. 19), il porte déjà le titre d' ὁ ἐπὶ τὰς ἀπαρχάς; dans celle d'Argeios (*B. C. H.*, 1894, p. 87 = n° 28), il escorte la πυρφόρος et le trépied sacré; ici enfin, pendant huit ans il réunit les ἀπαρχαί de la première ennéétéride.

---

1. A ce qu'il semble, εἰσηγητής avait dans cette phrase deux compléments : le premier, formant le début de la ligne 6, était un substantif au génitif pluriel; le second consistait en une proposition introduite par ὅπως, ce qui est parfois la construction du verbe εἰσηγοῦμαι.

Ligne 3 : La restitution est encore trop courte : il nous faut au moins 34 lettres ; le *Corpus* n'en donne que 21, ce qui en laisse 13 pour la fin du démotique d''Αμφικράτης. Or celui-ci, commençant par Πε, ne peut être que Πειραιεύς, Περγασῆθεν ou Περιθοίδης. Le dernier mot est le plus vraisemblable, parce que seul il se coupe régulièrement après Πε. A la suite de Πε[ριθοίδης] il nous reste à trouver encore 26 lettres. Je proposerais, — eu égard à la forte proportion des souscripteurs de Délos, mais sans avoir cette fois aucun texte analogue à citer comme justification, — [ἀνέγραψε τῶν ἐν Ἀθήναις καὶ Δήλωι] ἀρχόντων. Notre intitulé deviendrait de la sorte :

[Ἀγαθῆι τύχηι τῆς βουλῆς καὶ τοῦ δ]ήμου τοῦ Ἀθηναίων. Ὁ κεχειροτον[ημένο]ς
ἐπὶ τὴν ἐξαποστο-
[λὴν τῆς ἱερᾶς πυθαΐδος καὶ ἐπὶ τὰς ἀπα]ρχὰς τῆς πρώτης ἐννεετη[ρίδος
Ἀμφικρά]της Ἐπιστράτου Πε-
[ριθοίδης ἀνέγραψε τῶν ἐν Ἀθήναις καὶ Δήλωι] ἀρχόντων τὰς ἀπαρχὰς [τ]ῶι
Ἀπό[λλωνι τῶι] Πυθίωι κα[τὰ]
[τὸ ψήφισμα τοῦ δήμου, ὃ ....ἐγ Μυρρινοῦ]ττης εἶπεν.

(Suit la liste des souscripteurs)

Si tout n'y est pas encore satisfaisant, nous avons cependant, je crois, réalisé quelque progrès. Mais, le texte d'Athènes une fois rapproché de ceux de Delphes, il en résulte un problème de chronologie dont la solution m'échappe. En effet nous avons placé la pythaïde d'Agathoclès en 106, celle d'Argeios en 97 ; l'intervalle entre elles est de neuf ans, au lieu de huit. Là pourtant n'est pas la difficulté la plus grave : les fastes éponymiques pour cette période ne sont pas établis d'une façon si rigoureuse qu'on ne puisse y admettre une erreur d'un an : M. Ferguson, par exemple, met le premier archontat d'Argeios en 98[1], ce qui nous donnerait fort exactement notre ennéétéride. Malheureusement la première ennéétéride ne va pas de 106 à 98, mais de 102 à 94. Inutile, en songeant qu'Amphicratès est déjà désigné sous Agathoclès comme ὁ ἐπὶ τὰς ἀπαρχάς, de chercher à faire descendre Agathoclès jusqu'en 102 ; son archontat est lié à l'ambassade envoyée par Hyrcan à Athènes, et ce prince était mort en 102 (cf. *B. C. H.*, 1893, p. 151). La chose fût-elle même possible, nous ne serions pas pour cela sortis

1. Cf. Ferguson, *The athenian archons*, p. 86-87.

de peine; car d'un côté nous sommes sûrs, par les textes de Delphes, qu'il y a une pythaïde — et une pythaïde importante — sous Argeios; d'un autre côté il est non moins certain, d'après l'inscription d'Athènes, que la première ennééléride ne commence qu'en 102, et que l'année d'Argeios I est la cinquième des huit années pendant lesquelles ont été réunies les ἀπαρχαί. Pourquoi n'a-t-on pas fait coïncider l'envoi de la pythaïde avec la fin de cette période? je n'ai aucune explication à proposer de cette anomalie.

Quoi qu'il en soit, nous n'en devons pas moins, semble-t-il, considérer comme acquis un certain nombre de faits intéressants. Pendant longtemps la pythaïde avait été plus ou moins négligée par les Athéniens : sous Dionysios, vers 128, ils décident de l'envoyer dans l'avenir à des intervalles plus rapprochés. Dès lors ils se montrent pleins de zèle pour Apollon : la pythaïde splendide d'Agathoclès le prouve suffisamment. Bien mieux, avant même la fin du siècle, ils votent la transformation de leur théorie delphique en une fête régulière qui sera célébrée tous les huit ans; et, à cette occasion, ils décident de faire contribuer aux dépenses non seulement les fonctionnaires d'Athènes, mais encore ceux de Délos.

Comme nous le disions plus haut, on ne trouve sur le Trésor des Athéniens aucune trace de l'ennééléride. Sans doute il convient de faire ici la part du hasard; et d'ailleurs ces documents, n'étant gravés que tous les huit ans, n'ont jamais dû être en grand nombre. Il reste pourtant assez étrange que nous n'en ayons pas gardé un seul, et l'on en vient à se demander si l'institution a duré bien longtemps, ou si, au contraire, dès le début du Iᵉʳ siècle, il ne s'est pas produit dans l'histoire d'Athènes quelque catastrophe qui aurait mis fin de bonne heure à l'ennééléride. Le premier versement, en 95, a eu lieu certainement : l'inscription d'Athènes (*C. I. A.*, II, 985) en fait foi. Mais le second, en 87, tombait en pleine guerre de Mithridate : c'était l'époque du siège d'Athènes par Sylla, et l'on avait alors fort peu d'argent à consacrer à Apollon Pythien. L'usage de l'ennééléride se trouva donc interrompu très peu de temps après son établissement, et il est vraisemblable qu'il ne fut jamais repris.

Si l'hypothèse est exacte, nous avons là une indication pour dater notre fragment n° 31. En effet nous y voyons qu'à un certain moment un Athénien, dont le nom nous échappe, a

proposé de rendre la pythaïde annuelle (εἰσηγητὴς γενόμενος
...ὅπως κατ᾿ ἐνι[αυτὸν ἀεὶ γίνη]ται ἡ πυθαΐς). Or ce moment ne
doit pas remonter au-delà d'Argeios ; car nous n'avons aucune
inscription entre 106 et 97. Mais il ne peut pas non plus
descendre beaucoup plus bas ; car nous arrivons, dès 88, à la
guerre de Mithridate. Je placerais donc entre 97 et 88 l'époque
à laquelle avait été décidé le retour annuel de notre théorie ; et,
comme d'Argeios à l'Empire nous n'en trouvons que des mentions
fort rares, j'admettrais encore volontiers que cette nouvelle
transformation de la pythaïde a précédé à un très court intervalle les malheurs d'Athènes, qu'elle est par suite restée à peu
près sans effet, et qu'elle marque en somme pour cette fête
la fin de la période brillante que nous venons d'étudier.

LA THÉORIE ATHÉNIENNE
PENDANT LE Ier SIÈCLE AVANT JÉSUS-CHRIST

Si nous considérons dans ses grandes lignes l'histoire d'Athènes au Ier siècle avant Jésus-Christ, il est assez frappant de voir cette ville, à un moment où la politique ne devrait plus avoir pour elle d'intérêt, prendre part cependant à toute une série de guerres étrangères, et toujours du côté qui finit par être vaincu. Dès 88, peut-être même un peu avant, Aristion la jette dans le parti de Mithridate ; la lutte entre les troupes romaines et pontiques en vient à se concentrer surtout en Attique ; Athènes subit un siège de près de deux ans, et, quand la vengeance de Sylla s'est ajoutée à la tyrannie d'Aristion, beaucoup de ses citoyens ont été massacrés, ses finances sont ruinées, sa situation matérielle, en un mot, est devenue des plus misérables. Pendant un certain temps, il ne fut donc plus, et il ne pouvait plus être question de la théorie delphique. Pourtant Athènes restait en bonnes relations avec Delphes ; car c'est là que se réfugient un certain nombre d'Athéniens, lors des nouvelles exécutions ordonnées par Sylla après sa victoire de Chéronée, dans le courant de l'année 86[1] ; et, un peu plus tard, nous voyons le prêtre d'Apollon, Δημήτριος Ἀριστοξένου, revêtu du titre de théarodoke de Delphes, et honoré de la proxénie pour le zèle avec lequel il s'acquitte de son rôle.

1. Pausan., I, 20, 7 : Σύλλου δὲ οὐκ ἀνιέντος ἐς Ἀθηναίους τοῦ θυμοῦ, λαθόντες ἐκδιδράσκουσιν ἄνδρες ἐς Δελφούς.

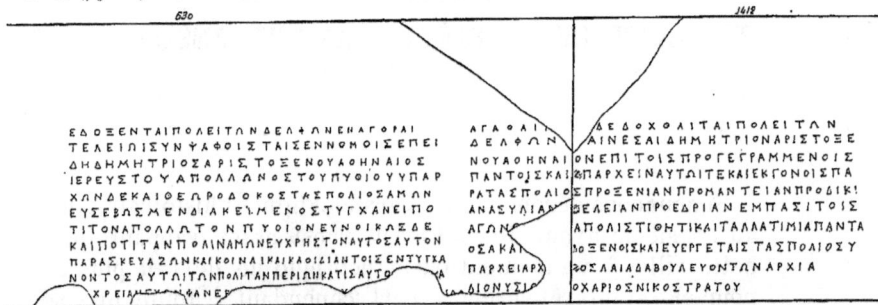

630   1612

ΕΔΟΞΕΝΤΑΙΠΟΛΕΙΤΩΝΔΕΛΦΩΝΕΝΑΓΟΡΑΙ
ΤΕΛΕΙΩΙΣΥΝΨΑΦΟΙΣΤΑΙΣΕΝΝΟΜΟΙΣΕΠΕΙ
ΔΗΔΗΜΗΤΡΙΟΣΑΡΙΣΤΟΞΕΝΟΥΑΘΗΝΑΙΟΣ
ΙΕΡΕΥΣΤΟΥΑΠΟΛΛΩΝΟΣΤΟΥΠΥΘΙΟΥΥΠΑΡ
ΧΩΝΔΕΚΑΙΘΕΩΡΟΔΟΚΟΣΤΑΣΠΟΛΙΟΣΑΜΩΝ
ΕΥΣΕΒΩΣΜΕΝΔΙΑΚΕΙΜΕΝΟΣΤΥΓΧΑΝΕΙΠΟ
ΤΙΤΟΝΑΠΟΛΛΩΤΟΝΠΥΘΙΟΝΕΥΝΟΙΚΩΣΔΕ
ΚΑΙΠΟΤΙΤΑΝΠΟΛΙΝΑΜΩΝΕΥΧΡΗΣΤΟΝΑΥΤΟΣΑΥΤΟΝ
ΠΑΡΑΣΚΕΥΑΖΩΝΚΑΙΚΟΙΝΑΙΚΑΙΦΑΟΙΔΙΑΝΤΟΙΣΕΝΤΥΓΧΑ
ΝΟΝΤΟΣΑΥΤΩΙΤΩΝΠΟΛΙΤΑΝΠΕΡΙΛΗΚΑΤΙΣΑΥΤΟ
ΧΡΕΙΑ.......ΦΑΝΕΡ....

ΑΓΑΘΑΙ   ΔΕΔΟΧΘΑΙΤΑΙΠΟΛΕΙΤΩΝ
ΔΕΛΦΩΝ   ΑΙΝΕΣΑΙΔΗΜΗΤΡΙΟΝΑΡΙΣΤΟΞΕ
ΝΟΥΑΘΗΝΑΙ   ΟΝΕΠΙΤΟΙΣΠΡΟΓΕΓΡΑΜΜΕΝΟΙΣ
ΠΑΝΤΟΙΣΚΑΙ   ΔΠΑΡΧΕΙΝΑΥΤΩΙΤΕΚΑΙΕΚΓΟΝΟΙΣΠΑ
ΡΑΤΑΣΠΟΛΙΟ   ΣΠΡΟΞΕΝΙΑΝΠΡΟΜΑΝΤΕΙΑΝΠΡΟΔΙΚΙ
ΑΝΑΣΥΛΙΑΝ   ΔΕΛΕΙΑΝΠΡΟΕΔΡΙΑΝΕΜΠΑΣΙΤΟΙΣ
ΑΓΩΝ   ΑΠΟΛΙΣΤΙΘΗΤΙΚΑΙΤΑΛΛΑΤΙΜΙΑΠΑΝΤΑ
ΟΣΑΚΑ   ΒΟΞΕΝΟΙΣΚΑΙΕΥΕΡΓΕΤΑΙΣΤΑΣΠΟΛΙΟΣ
ΠΑΡΧΕΙΑΡΧ   ΒΟΣΛΑΙΑΔΑΒΟΥΛΕΥΟΝΤΩΝΑΡΧΙΑ
ΔΙΟΝΥΣΙ   ΟΧΑΡΙΟΣΝΙΚΟΣΤΡΑΤΟΥ

Fig. 26.

Gravure assez négligée. Non seulement les lettres n'ont pas exactement partout la même taille; mais, dans la première colonne, les dernières lignes sont beaucoup plus serrées que les autres; et, dans la deuxième colonne, si les six premières lignes sont placées sur le même alignement que celles de gauche, les suivantes sont au contraire plus espacées.

Col. 1, l. 9 : ΚΑΘΙΔΙΑΝ (sic). | Col. 1, l. 9-10 : ΕΝΤΥΓΧΑΝΟΝΤΟΣ pour ἐντυγχάνοντος.

Ἔδοξεν τᾶι πόλει τῶν Δελφῶν ἐν ἀγορᾶι
τελείωι σὺν ψάφοις ταῖς ἐννόμοις· ἐπειδὴ Δημήτριος Ἀριστοξένου Ἀθηναῖος,
ἱερεὺς τοῦ Ἀπόλλωνος τοῦ Πυθίου, ὑπάρχων δὲ καὶ θεωροδόκος τᾶς πόλιος ἁμῶν,
εὐσεβῶς μὲν διακείμενος τυγχάνει ποτὶ τὸν Ἀπόλλω τὸν Πύθιον, εὐνοϊκῶς δὲ
καὶ ποτὶ τὰν πόλιν ἁμῶν, εὔχρηστον αὐτοσαυτὸν
παρασκευάζων καὶ κοινᾶι καὶ καθ' ἰδίαν τοῖς ἐντυγχα-
νόντο(ι)ς αὐτῶι τῶν πολιτᾶν περὶ ὧν κά τις αὐτὸ(ν παρακ)α-
[λῆι] χρείαν ἔ[χων], φανερ[ὰν τε ὑπὲρ αὐτῶν ποιο]ύ[μενος φροντ]ίδα·

ἀγαθᾶι [τύχαι·] δεδόχθαι τᾶι πόλει τῶν
Δελφῶν [ἐπ]αινέσαι Δημήτριον Ἀριστοξένου Ἀθηναῖον ἐπὶ τοῖς προγεγραμμένοις
πάντοις, καὶ [ὑ]πάρχειν αὐτῶι τε καὶ ἐκγόνοις παρὰ τᾶς πόλιος προξενίαν, προμαντείαν, προδικίαν, ἀσυλίαν, [ἀτ]έλειαν, προεδρίαν ἐμ πᾶσι τοῖς
ἀγών[οις οἷς] ἁ πόλις τίθητι, καὶ τἆλλα τίμια πάντα
ὅσα καὶ [τοῖς πρ]οξένοις καὶ εὐεργέταις τᾶς πόλιος ὑ-
πάρχει. Ἄρχ[οντ]ος Λαιάδα, βουλευόντων Ἀρχία,
Διονυσί[ου, Θε]οχάριος, Νικοστράτου.

L'archonte Αἰακίδας Βαβύλου appartient à la XIVᵉ prêtrise de Delphes (Ξενοκράτης Ἀγησιλάου — Αἰακίδας Βαβύλου). M. Pomtow le place approximativement en 80 avant Jésus-Christ[1], et cette date, à quelques années près, peut être considérée comme acquise.

Dans le décret en l'honneur de Δημήτριος Ἀριστοξένου, rien ne nous indique qu'il ait été rendu à l'occasion d'une théorie venue à Delphes[2]. C'était au contraire le cas, semble-t-il, pour le numéro 54.

Nᵒ 54 (*fig.* 27) :

Fig. 27.

Dans la colonne droite, à la dernière ligne, les lettres ΕΔΙΩ au moins paraissent certaines ; s'il en est bien ainsi, je ne vois pas quelle restitution il convient de leur donner.

['Ἐπὶ . . . . , οἵδε], ἀποστα-
[λέντες ὑπὸ τοῦ δήμου τοῦ Ἀθηναίων, ἤγαγον τὴν πυθαΐ]δα.

[. . . . ,] ἐν δὲ Ἀθή-
[να]ις ἄρχοντος
[Κα]λλιφῶντος
[τοῦ Κ]αλλιφῶν-
[τος Π]ανθωτά-
[δου, οἵ]δε . . . . . .

Nous avons affaire ici à un débris de pierre d'ante, et, sur le bandeau en saillie, on lit le nom de Calliphon, archonte à Athènes en 58 avant Jésus-Christ (cf. *C. I. A.*, III, 1015). Je ne sais quelle mention venait ensuite ; mais, sur le reste de la

1. Pauly-Wissowa, IV, 2, p. 2651.
2. La dernière ligne de la première colonne se termine, il est vrai, par les lettres ΙΔΑ, qui pourraient provenir du mot πυθαΐδα. Mais il serait assez singulier de ne mentionner l'envoi de la pythaïde qu'à la fin des considérants, après beaucoup d'éloges généraux. D'ailleurs bien d'autres mots finissent en grec par ΙΔΑ ; c'est pourquoi j'ai rempli la lacune par une simple formule banale.

pierre, on ne peut guère douter qu'il ne se soit agi de l'envoi
d'une pythaïde; et cette pythaïde apparemment était celle de
l'archontat de Calliphon.

Elle n'a pas dû être fort brillante; car non seulement la
trace des violences de Sylla n'était pas encore effacée, mais
de plus les gouverneurs romains ou leurs légats ne se faisaient
pas faute de pressurer Athènes, comme les autres villes. Tel
était alors l'état misérable des finances qu'en 49, dans la guerre
entre Pompée et César, Athènes s'enthousiasma bien pour le
parti de Pompée, mais elle ne put lui fournir que trois vaisseaux.
A ce moment, elle subit un nouveau siège : le lieutenant de
César, Q. Fufius Calenus, dévasta une fois de plus son territoire,
et occupa même le Pirée. César, il est vrai, accorda à la ville
son plein pardon; mais sa ruine ne s'en était pas moins accrue
quelque peu. Aussi, quand nous retrouvons à Delphes une nouvelle théorie, est-elle bien déchue de sa splendeur passée.
Le hiéromnémon, le prêtre d'Apollon, un archithéore et quatre
théores, voilà ce qui remplace le personnel énuméré dans les
longues et nombreuses listes de la fin du IIe siècle.

N° 55 (*fig.* 28) :

Fig. 28.

Cette inscription se trouve au-dessous d'un des hymnes musicaux, et a été, au
moins en partie, reproduite avec lui (*B. C. H.*, XVII, 1893, pl. XXII; *ibid.*,
XVIII, 1894, pl. XII). Le petit fragment catalogué sous le numéro 209
est seul inédit; pour bien indiquer sa place, je donne ici l'ensemble de la
figure.

Ἐ[π]ὶ Εὐθυδόμου ἄρχ[οντος].
Ἱ[ε]ρομνήμων, Πυθίων ὄν[των],
Ἀ[π]ολλοφάνης (Ἀπολλοφάνους) Σφήττιο[ς.]
[Ἱ]ερεὺς Ἀπόλλωνος·

[Εὔ]κλῆς Μαραθώνιος.
  Ἀρχιθ[έ]ωρος·
[Κρ]ιτόλαος [Φλυεύς ¹].
  [Θ]εωρ[οί·]
[Πα]μμέ[ν]ης Λαμπτρεύς,
[.........]γος Λαμπτρεύς,
['Αντι]κλῆς ('Αντικλέους) 'Αζηνιεύς,
[...]όστρατος Φηγ[α]ιεύς.

Cette théorie eut lieu sous l'archontat d'Euthydomos, vers 40 avant Jésus-Christ (cf. *C. I. A.*, IV², 630*ᵇ*); peut-être devons-nous la placer exactement en 38, pendant le séjour à Athènes d'Antoine et de sa jeune femme Octavie. En effet, dans le courant de cette année, Antoine avait reçu la nouvelle des victoires remportées sur les Parthes par son lieutenant P. Ventidius; il tint à célébrer ses succès par de grandes fêtes, et les Athéniens, pour lui témoigner leur sympathie et leur admiration, le fiancèrent à leur Athéna Polias. Ils étaient bien capables, dans cette même occasion, d'associer aussi à leurs démonstrations leur dieu patrôos, Apollon Pythien².

Un autre fragment (n° 56) ne doit pas être sans doute fort éloigné du précédent; car nous retrouvons comme prêtre d'Apollon Εὐκλῆς, et, comme théore, 'Απολλοφάνης 'Απολλοφάνους Σφήττιος, qui était hiéromnémon sous Euthydomos.

N° 56 (*fig.* 29) :

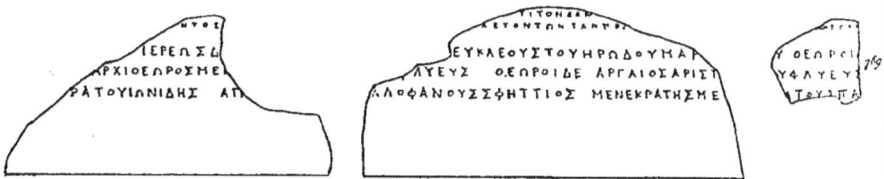

Fig. 29.

['Ἐπὶ ἄρχοντος .... ,] ἱερέως δ[ὲ τοῦ Πυθίου 'Απόλλωνος]
Εὐκλέους τοῦ 'Ηρώδου Μαρ[αθωνίο]υ, θεωροὶ [ἀπεστάλησαν]

1. Si faibles que soient les débris de lettres conservés pour ce démotique, la restitution en paraît cependant assurée.
2. Cette date acquiert encore plus de vraisemblance par le fait que l'année d'Euthydomos est une année pythique (Πυθίων ὄντων : 1.2), ce qui est le cas pour 38/7. Le chiffre de 38/7 est adopté d'ailleurs par M. Kirchner (*Prosop. attica*, n° 5567).

[ὑπὸ τοῦ δήμου τοῦ Ἀθηναίων] · ἀρχιθέωρος μὲ[ν.................... Φ]λυεύς,
          θεωροὶ δὲ Ἀργαῖος Ἀριστ[....ο]υ Φλυεύ[ς, ...]
[....................]ράτου Ἰωνίδης, Ἀπ[ολλοφάνης Ἀπο]λλοφάνους
          Σφήττιος, Μενεκράτης Με[νεκρά]τους Πα[..........]

Cette dernière théorie correspond peut-être au second passage d'Antoine à Athènes, cette fois avec Cléopâtre, en 32. En
tout cas, elle est encore réduite à un archithéore et à quatre
ou cinq théores. Nous n'avons pas d'ailleurs à nous en étonner :
car c'est le moment où Athènes est obligée, faute d'argent, d'en-
gager à ses créanciers les revenus de l'île de Salamine.

LA THÉORIE ATHÉNIENNE SOUS L'EMPIRE :
LA DODÉCADE

Ainsi, pendant tout le 1er siècle avant Jésus-Christ, la théorie athénienne a été fort irrégulière : on ne l'oubliait pas ; mais les circonstances politiques s'opposaient souvent à son envoi, et, quand elle avait lieu, la détresse des finances la réduisait à une extrême simplicité. A l'époque impériale, nous allons la retrouver un peu plus complète, et à des intervalles assez rapprochés. Seulement elle a changé de nom : elle s'appelle désormais la dodécade.

A son sujet, je ne puis guère que reproduire ici, au moins en partie, les observations que j'ai déjà présentées il y a quelques années [1], en commentant — précisément d'après nos textes de Delphes — une inscription relative à la dodécade délienne.

Fixons d'abord le sens même du mot. Les lexicographes l'expliquent de diverses façons, prétendant soit qu'on immolait douze victimes, soit qu'on renouvelait l'offrande à chacun des douze mois de l'année (Hésychius, s. v. δωδεκηίδα· θυσίαν τὴν ἐκ δώδεκα ἱερείων· οἱ δὲ τὴν ἀπὸ τῶν δώδεκα μηνῶν). Sur ce dernier membre de phrase, un commentateur a proposé la correction peu vraisemblable : ἀπὸ τῶν δώδεκα μνῶν. Une faute du graveur dans un de nos textes (nᵒ 57 *bis*, l. 3) nous révèle encore une autre interprétation. Pour écrire δωδεκηὶδα, l'ouvrier s'est servi du commencement (ΔΩΔΕΚ) et de la fin (ΔΑ) d'un autre mot plus long, qu'il avait tracé en premier lieu, et il a rajouté l'H en surcharge. Toutefois la partie grattée du mot primitif ne l'a été qu'imparfaitement ; il y avait d'abord, je crois, ΔΩΔΕΚΑΕΤΗΡΙΔΑ. Pour notre lapicide, le terme de δωδεκάς

1. *B. C. H.*, XXIII, 1899, p. 85.

signifiait donc un sacrifice revenant tous les onze ans[1]. De ces différentes étymologies, la première est la vraie : des expressions comme τὴν δωδεκήδα τὴν πρωτοδσίαν (nº 60), τὴν δωδεκήδα βούπρωρον (nº 62), τὴν τῆς δωδεκήδος βούπρωρον θυσίαν (nº 63), sont assez explicites. De même que l'hécatombe comprenait cent victimes, ou la τριττύς trois[2], la dodécade était un sacrifice de douze animaux, généralement de petit bétail, auxquels pouvait s'ajouter un bœuf, immolé le premier, ce qu'indiquent les épithètes βούαρχος, βούπρωρος, πρωτοδσία.

Nous connaissons à Delphes plusieurs exemples de dodécades. Ainsi, au vᵉ siècle, le règlement de la phratrie des Labyades nous montre, parmi les donations faites par Phanotos à Bouzyga, sa fille, une chèvre prélevée sur la dodécade (*B. C. H.*, XIX, 1895, p. 12, == face D, l. 31 et sqq. : Τάδε Φάνοτος ἐπέδωκε τᾶι θυγατρὶ Βουζύγαι· τὰ ἐμιρρήνια κἠν τᾶς δυωδεκαίδος χίμαιραν). En 192, les gens de Chersonnesos du Pont, envoyant une députation à Delphes, font offrir par leurs ambassadeurs une hécatombe à Apollon et une dodécade à Athéna (*B. C. H.*, VI, 1882, p. 214, l. 7 : καὶ νῦν, ἀποστείλαντες Φορμίωνα καὶ Ἡρακλείαν, θυσίαν συνετέλεσαν τῶι Θεῶι ἑκατόμβαν βούπρωρον καὶ δωδεκαίδα βούπρωρον τᾶι Ἀθανᾶι). Dans ces deux cas, il est vrai, il ne s'agit pas d'Apollon ; mais c'est bien à lui qu'étaient consacrées les dodécades du Trésor des Athéniens : la présence constante du prêtre d'Apollon, du héraut d'Apollon et des deux exégètes nous le garantit suffisamment.

Reste seulement une difficulté : à priori, on peut hésiter à admettre que la dodécade soit bien réellement la continuation de la pythaïde. Mais plusieurs raisons nous obligent, je crois, à admettre cette hypothèse. D'abord, à côté du prêtre d'Apollon, du héraut d'Apollon et des deux exégètes déjà cités, figurent le hiéromnémon, les devins, le joueur de flûte, tous personnages de la pythaïde. Ensuite, au temps où il est question de celle-ci, nous ne connaissons aucune dodécade ; et, en revanche, sur le Trésor des Athéniens, nous ne trouvons plus la mention d'aucune pythaïde à partir du moment où la dodécade apparaît.

---

1. Cette rature est indiquée dans la copie du *Bulletin* par un rectangle, mais sans autre explication. A propos de la même inscription, ajoutons encore qu'un vide est laissé sur la pierre avant ΟΙΔΕ (l. 2), avant ΚΗΡΥΞ et avant ΜΑΝΤΙΣ (l. 5).

2. Cf., dans l'ordonnance pour la consécration des prémices aux déesses d'Eleusis (*C. I. A.*, IV¹, p. 59, l. 37): θύειν τριττύαν βούαρχον χρυσόκερων.

Enfin l'inscription de Délos (*B. C. H.*, XXIII, 1899, p. 85) nous montre qu'à Délos aussi la déliade, à l'époque impériale, a été remplacée par une dodécade. Il a dû en être de même pour Delphes : le nom a changé, mais nous avons affaire toujours à la même institution.

Nous ne possédons aucun texte sur la date de cette évolution, et il nous est assez difficile de la préciser ; car nos rares documents du 1er siècle sont tous mutilés et ne nous donnent pas le nom de la théorie athénienne à ce moment. Il est cependant probable, d'après le numéro 54[1], que le terme de pythaïde a subsisté jusqu'à l'Empire. Une fois Auguste au pouvoir, on sait quel zèle il affecta pour les choses de la religion, et quel goût il professait en particulier pour les traditions les plus anciennes. Peut-être avons-nous ici une trace de cette influence : les Athéniens auraient de nouveau envoyé leur théorie à des dates assez rapprochées, comme ils l'avaient décidé à la fin du IIe siècle, et ils l'auraient parée d'un nom antique, pour servir les desseins de l'empereur, ou, au moins, le flatter dans ses prédilections.

Voici la liste complète de nos inscriptions d'époque impériale.

N° 57 (*fig.* 30, partie supérieure) :

['Αγ]αθῆ τύχη τῆς βουλῆς καὶ τοῦ δήμου το[ῦ 'Αθηνα]ίων. 'Επὶ ἄρχοντος
ἐν Δελφοῖς 'Αντιγένου, 'Αθήνησι δὲ 'Αρχιτίμου, οἵδε ἤγαγον τὴν δωδε-
κήδα· ὁ[2] ἱερεὺς τοῦ 'Απόλλωνος Εὐκλῆς 'Ηρώδου Μαραθώνιος, ἐξηγητὴς ὁ
                                                                  πυθό-
χρηστος ἐξ Εὐπατριδῶν Πολύκριτος Πολυγάρμου 'Αζηνιεύς, ἐξηγητὴς ἐξ Εὐπατριδῶν ὁ ὑπὸ τοῦ δήμου καθεσταμένος Διότιμος Διοδώρου 'Αλαιεύς, κήρυξ τοῦ
'Απόλλωνος καὶ ἱερεὺς 'Ερμοῦ Πατρῴου Κηρύκων Γόργιππος Εὐδήμου
                                                                  Μελιτεύς,
ἱερομνήμων Θρασυκλῆς 'Αρχικλέους Λακιάδης[3], μάντεις 'Αρχικλῆς Θρασυκλέους
                                                                  Λακι-
άδης, Λυσίας Παραμόνου Λακιάδης.

1. Je dis simplement probable, parce que le mot [πυθαΐ]δα (col. 1, l. 2) est en grande partie restitué.

2. Il n'y a, semble-t-il, rien à conclure de la présence ou de l'absence de l'article devant les titres de nos divers fonctionnaires. En général, il est ici exprimé devant les premiers, omis devant les derniers; dans le numéro 60, il se trouve supprimé partout.

3. On trouvera plus loin (n° 65) un décret de la ville de Delphes en faveur de ce hiéromnémon.

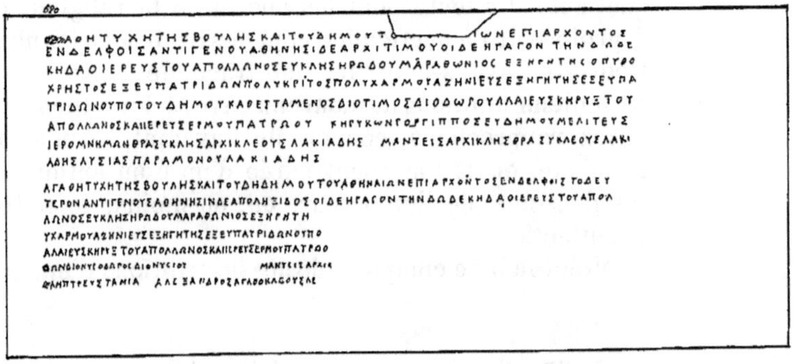

FIG. 30.

Gravure assez négligée : les lettres sont généralement un peu plus petites à la fin des lignes ; les formes Σ et C, Ω et ω sont employées indifféremment.

N° 57. — L. 2 : ΑΝΤΙΓΕΝΟΥ, à côté de ΑΝΤΙΓΕΝΟΥΣ (n° 58, l. 2): cf. numéro 63, à la même ligne (l. 4) Ἀρχικλέους et Ἀρχικλέος.

N° 58. — L. 4 : ΤΟΥΔΗΜΟΥ (sic).

A partir de la ligne 3, les lignes sont inachevées, et elles n'ont jamais été terminées. Plusieurs fois, le lapicide s'est arrêté au milieu d'un mot (ΕΞΗΓΗΤΗ, ΠΑΤΡΩΟ, ΑΡΧΙΚ), ou même il a sauté une lettre (ΤΑΜΙΑ) ou un mot (le démotique de Διωνυσόδωρος) pour continuer ensuite sa gravure. Notre numéro 50 nous a déjà offert un exemple, plus frappant encore, de ces singularités.

N° 57 *bis* (*B. C. H.*, XX, 1896, p. 709) [1] :

Ἀγαθῆι τύχηι τῆς βουλῆς καὶ τοῦ δ[ή]μου τοῦ Ἀθηναίων. Ἐπὶ ἄρχοντος ἐν Δελφοῖς Ἀντιγένου, Ἀθήνησι δὲ Ἀρχιτίμου, οἵδε ἤγαγον τὴν
δωδεκήδα· ὁ ἱερεὺς τοῦ Ἀπόλλωνος Εὐκλῆς Ἡρώδου Μαραθώνιος,
ἐξηγητὴς ἐξ Εὐπατριδῶν ὁ ὑπὸ τοῦ δήμου καθεσταμένος Διότιμος Διοδώρου Ἁλαιεύς, κῆρυξ τοῦ Ἀπόλλωνος Γόργιππος Εὐδήμου Μελιτεύς, μάντις Λυσίας Παραμόνου Λακιάδης.

N° 58 (*fig*. 30, partie inférieure) :

Ἀγαθῇ τύχῃ τῆς βουλῆς καὶ τοῦ δήμου τοῦ Ἀθηναίων. Ἐπὶ ἄρχοντος ἐν
Δελφοῖς τὸ δεύ-
τερον Ἀντιγένους, Ἀθήνησιν δὲ Ἀπολήξιδος, οἵδε ἤγαγον τὴν δωδεκήδα· ὁ
ἱερεὺς τοῦ Ἀπόλ-
λωνος Εὐκλῆς Ἡρώδου Μαραθώνιος, ἐξηγητὴ[ς ὁ πυθόχρηστος ἐξ Εὐπατριδῶν
Πολύκριτος Πολ-]
υχάρμου Ἀζηνιεύς, ἐξηγητὴς ἐξ Εὐπατριδῶν ὁ ὑπὸ [τοῦ δήμου καθεσταμένος
Διότιμος Διοδώρου]
Ἁλαιεύς, κῆρυξ τοῦ Ἀπόλλωνος καὶ ἱερεὺς Ἑρμοῦ Πατρ[ώ]ο[υ Κηρύκων Γόργιππος
Εὐδήμου Μελιτεύς, ἱερομνή-]
[μ]ων Διονυσόδωρος Διονυσίου [..........,] μάντεις Ἀρχικ[λῆς Θρασυκλέους
Λακιάδης, ...]
[Λ]αμπτρεύς, ταμία[ς] Ἀλέξανδρος Ἀγαθοκλέους Λε[υκονοεύς [2].]

N° 59 (*fig*. 31) :

Ἀγαθῆι τύχηι τῆς βουλ[ῆς κ]αὶ τοῦ δήμου τοῦ Ἀθηναίων.
Ἐπὶ ἄρχοντος ἐν Δελφοῖς Τιμολέοντος, Ἀθήνησι δὲ
Θεοφίλου τοῦ Διοδώρου, οἵδε ἤγαγον τὴν δωδεκήδα·
ὁ ἱερεὺς τοῦ Ἀπόλλωνος τοῦ Πυθίου Εὐκλῆς Ἡρώδου,
ὁ πυθόχρηστος ἐξ Εὐπατριδῶν ἐξηγητὴς Πολύκριτος
Πολυχάρμου, ὁ ὑπὸ τοῦ δήμου καθεσταμένος ἐξ Εὐπατρι-
[δ]ῶν ἐξηγητὴς Διότιμος Διοδώρου, κῆρυξ τοῦ Ἀπόλλωνος
[κα]ὶ ἱερεὺς τοῦ Ἑρμοῦ τοῦ πατρώου Κηρύκων Γόργιππος
[Εὐ]δήμου, ἱερομνήμων Ἡρόδοτος Μουσαίου, μάντεις Λυσί-
[ας Π]αραμόνου, Ἄριστος Ἀμμωνίου, αὐλητὴς Μηνόδωρος Μη-
[νοδ]ώρου.

1. Cette inscription appartient à la même année que la précédente,
puisqu'elle est datée, à Delphes et à Athènes, des mêmes archontes. Il serait
peu vraisemblable d'en conclure à l'existence de deux dodécades dans une
seule année. Comme, dans le numéro 57 *bis*, on avait négligé de mentionner
la présence de certains personnages qui figurent toujours dans la dodécade,
il est probable que l'inscription 57 a été gravée ensuite pour compléter et
corriger celle-ci.
2. Je restitue ce démotique d'après *C. I. A.*, III, 1297.

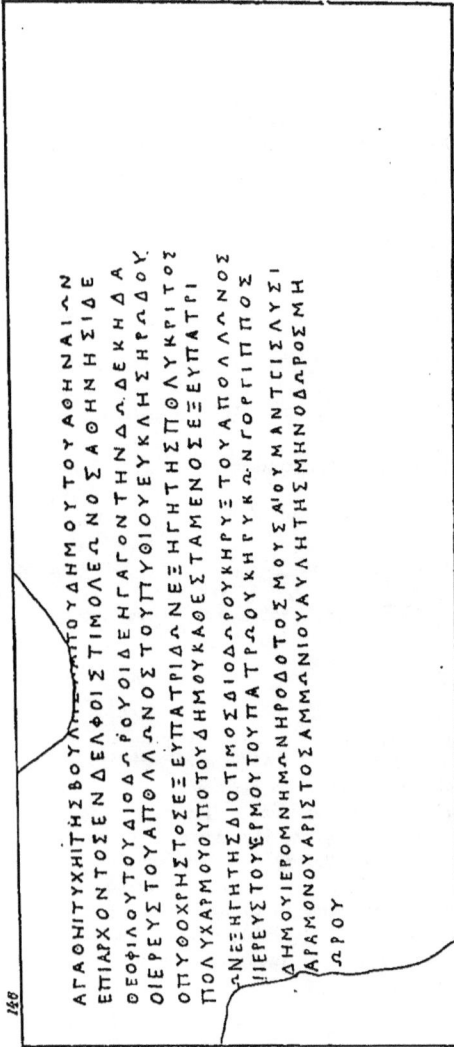

Fig. 31.

L. 4 : ΑΠΘΛΛΩΝΟΣ, avec un Θ au lieu d'un Ο, au début; de même ΠΘΛΥΚΡΙΤΟΣ (l. 5).
l. 9 : la barre médiane manque à l'E de ΜΑΝΤΕΙΣ.

Nᵒ 60 (fig. 4, colonne droite, partie inférieure) :

Ἀγαθῆι τύχηι. Ἐπὶ ἄρχοντο[ς] ἐν Δ[ελ]φοῖς Ξεναγόρα, Ἀθή[νησι]
δὲ Ἀπολήξιδος τοῦ Φιλοκράτους, οἵδε ἤγαγον τ[ὴν δω-]
δεκήδα τὴν πρωτο(δο)ίαν· ἱερεὺς Ἀπόλλωνος [Πυθί-]

ου καὶ Πατρώιου Ε[ὐ]κλῆς Ἡρώδου Μαραθώνιος, ἐξηγ[ητὴς]
(π)υθόχρηστος ἐξ [Ε]ὐπατριδῶν Πολύκριτος Πολυχάρμου Ἀτ[η-]
νεύς¹, ἐξηγητὴς [κ]εχειροτονημένος ἐξ Εὐπατριδῶν ὑπὸ τ[οῦ]
δήμου Διότιμος Δ[ιο]δώρου Ἀλαιεύς, κήρυξ τοῦ θεοῦ ἐκ τοῦ γ[ένους]
τῶν Κηρύκων κα[ὶ ἱ]ερεὺς (Ἑ)ρμοῦ Γόργιππος Εὐδήμου Με[λιτεύς],
ἱερομνήμων Θ[ε]ογένης Θεογένους γόνωι δὲ[............]
Εὐπυρίδης, μά[ν]τις Ἄριστος Ἀ(μ)μωνίου Λα[........, αὐλητὴς]
Μηνόδωρος Μηνοδώρου Παμβωτά[δης].

N° 61 (fig. 32) :

[Ἀγαθῇ] τύχῃ τῆς βουλῆς καὶ τοῦ δήμο[υ τοῦ Ἀθηναίων. Ἄρχοντος ἐν Δελφοῖς]
Κλέωνος τ(ο)ῦ Νικία, Ἀθήνησι δὲ Νικοστρά[του τοῦ ...., οἴδε ἤγαγον τὴν]
δωδεκηίδα· ὁ ἱερεὺς τοῦ Ἀπόλλωνος τοῦ Πυθίου Εὐκλῆς [Ἡρώδου, ὁ πυθόχρηστος]
ἐξ Εὐπατριδῶν ἐξηγητὴς Πολύκριτος Πολυχάρμου, ὁ ὑ[πὸ τοῦ δήμου καθεστα-]
μένος ἐξ Εὐπατριδῶν ἐξηγητὴς Διότιμος Διοδώρου, κήρυξ το[ῦ Ἀπόλλωνος]
καὶ ἱερεὺς τοῦ Ἑρμοῦ τοῦ Πατρῴου Κηρύκων Γόργιππος Εὐδήμου, ἱερ[ομνήμων]
Ἔπαινος Εὐφρονίου Φαληρεύς, μάντ(ε)ις Λυσίας Παραμόνου, Ἄριστος Ἀ[μμωνίου,]
αὐλητὴς Μηνόδωρος Μηνοδώρου.

N° 62 (fig. 33) :

[Ἐ]πὶ α[ὐ]τοκράτορο[ς] Καίσαρο[ς Σεβ]αστοῦ Δ[ο-]
[μ]ιτιάνου Γερμανικοῦ Διὸς Ἐλευθε[ρ]ίου ἄρχοντο[ς]
[ἐ]ν Ἀθήναις, οἴδε ἦλθον [ὁ]ύσοντες τὴν δωδεκηίδα [ὁ[ύ-]
π[ρ]ωρον· ὁ κήρυξ Ἀπόλ[λων]ος Πυθίου καὶ ἱερεὺς Ἑρμοῦ
Πατρῴου [Κ]ηρύκων [Φίλων²] Φίλωνος Μαραθώνιος, ἱεροποιὸς Πο[λέ]μ[ων Φίλων]ος³ Μαραθώνιος, μάντις
Φι[λ]ήμων Ἀχηνιε[ύς, αὐλητὴς⁴] Φιλόμουσος Μαραθώνι[ο]ς.
[Ἐ]πὶ [ἱερέω]ς ἐν [Ἀ]θήναι[ς Ἀπόλλων]ος Πυθίου Ἱππάρχου τοῦ
[Ἡρώδου⁵ Μαραθωνίο]υ, ἐν [Δελφοῖς δὲ Ε]ὐθυδάμου καὶ Εὐκλε[ίδα].

1. Πολύκριτος Πολυχάρμου est désigné ici comme Ἀτ[η]νεύς; dans les numéros 57 et 58, il est donné comme Ἀχηνιεύς. Ce dernier démotique est probablement le vrai, puisqu'il se lit dans deux textes de date différente, et que d'ailleurs le numéro 60 contient beaucoup de fautes.
2. La restitution du nom de Φίλων est certaine, d'après le numéro 63, l. 24.
3. Comme, dans le même numéro 63, le ἱεροποιός s'appelle Φίλων Πολέμωνος Μαραθώνιος, il est vraisemblable de supposer que notre Πο[λέ]μ[ων .....]ος Μαραθώνιος, exerçant la même fonction, est précisément son père.
4. Je supplée αὐλητής toujours d'après la même inscription (dernière ligne).
5. Le prêtre d'Apollon, dans le numéro 63, est appelé Τι. Κλ. Ἵππαρχος Μαραθώνιος. C'est le même personnage. Il est le grand-père du rhéteur Hérode Atticus; pour le nom de son père, cf. une inscription d'Eleusis (Ἐφ. ἀρχ., 1894, p. 207), et l'interprétation de M. Foucart (Rev. de Phil., XXV, 1901, p. 89).

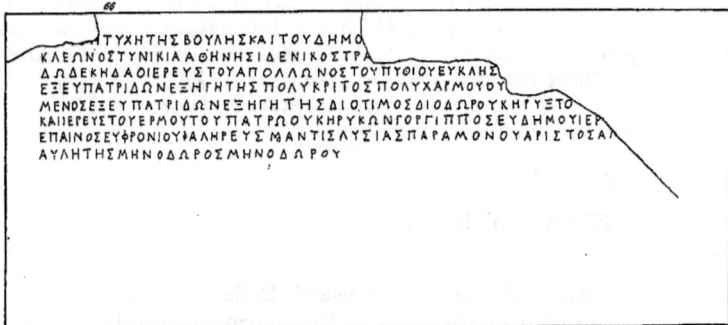

66
```
...ΤΥΧΗΤΗΣΒΟΥΛΗΣΚΑΙΤΟΥΔΗΜΟ
ΚΛΕΩΝΟΣΤΥΝΙΚΙΑΑΘΗΝΗΣΙΔΕΝΙΚΟΣΤΡΑ
ΔΩΔΕΚΗΔΑΟΙΕΡΕΥΣΤΟΥΑΠΟΛΛΩΝΟΣΤΟΥΠΥΘΙΟΥΕΥΚΛΗΣ
ΕΞΕΥΠΑΤΡΙΔΩΝΕΞΗΓΗΤΗΣΠΟΛΥΚΡΙΤΟΣΠΟΛΥΧΑΡΜΟΥΟΥ
ΜΕΝΟΣΕΞΕΥΠΑΤΡΙΔΩΝΕΞΗΓΗΤΗΣΔΙΟΤΙΜΟΣΔΙΟΔΩΡΟΥΚΗΡΥΞΤΟ
ΚΑΙΙΕΡΕΥΣΤΟΥΕΡΜΟΥΤΟΥΠΑΤΡΩΟΥΚΗΡΥΚΩΝΓΟΡΓΙΠΠΟΣΕΥΔΗΜΟΥΙΕΡ
ΕΠΑΙΝΟΣΕΥΦΡΟΝΙΟΥΦΑΛΗΡΕΥΣΜΑΝΤΙΣΛΥΣΙΑΣΠΑΡΑΜΟΝΟΥΑΡΙΣΤΟΣΑ
ΑΥΛΗΤΗΣΜΗΝΟΔΩΡΟΣΜΗΝΟΔΩΡΟΥ
```

Fig. 32.

L. 2 : ΤΥ pour ΤΟΥ.
L. 7 : ΜΑΝΤΙΣ pour ΜΑΝΤΕΙΣ. C'est peut-être là non une faute du graveur, mais une licence orthographique admise dès ce moment à côté de l'orthographe habituelle (cf. n° 63, l. 15, ΙΣΔΕΛΦΟΥΣ).

FIG. 33.

N° 63 (*fig.* 34) :

(?)

"Αρχοντος [ἐν Δελ]φο[ῖς Ξεναγόρ-]
α, ἱερέων δὲ τοῦ 'Απόλλων[ος]
τοῦ Πυθίου Γ. Μ. Εὐθυδάμου κ[α-]
ὶ Εὐκλείδου τοῦ 'Αστοξέν-
ου, μηνὸς Βαθώου, ἐν Ἀθή-
ναις δὲ ἱερέως τοῦ Πυθ-
ίου τοῦ ἀρχιερέως Τι. Κλ.
'Ιππάρχου Μαραθωνί[ου, ἱερέ-]
ως δὲ [....]ναί[ου τοῦ....]
άγο[υ..........]
'Αγαθῇ [τύχῃ. Τὸν] μετὰ Ρ[οῦ-]
φον ἄρχοντα ἐνιαυτὸν
ἐν 'Αθήναις, μηνὸς Βο-
ηδρομιῶνος, οἱ πεν-
φθέντες (ε)ἰς Δελφοὺς
κατὰ τὴν μαντείαν
τοῦ θεοῦ ὑπὸ 'Αθηναίω-
ν ἐπὶ τὴν τῆς δωδεκή-
δος·βού(π)ρωρον θυσίαν
τῷ θεῷ ἔθυσαν κατὰ τ[ὰ]
πάτρια· ὁ ἱερεὺς τοῦ Πα-
τρῴου Κηρύκων 'Ερμοῦ
καὶ κῆρυξ 'Απόλλωνος Π-
υθίου Φίλων Φίλωνος Μαραθώνιο-
ς , ἱεροποιὸς Φίλων Πολέ-
μωνος Μαραθώνιος, ὁ ἐκ

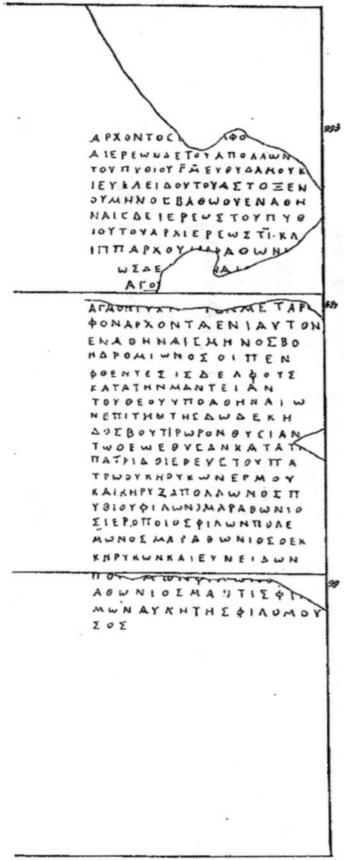

Fig. 34

L. 5 : ΒΑΘΩΟΥ pour ΒΟΑΘΟΟΥ.
L. 15 : ΙΣ pour ΕΙΣ (cf. cependant ΜΑΝΤΙΣ pour ΜΑΝΤΕΙΣ, dans le numéro 61, l. 7).
L. 19 : ΒΟΥΤΙΡΩΡΟΝ, bien net pour ΒΟΥΠΡΩΡΟΝ : le graveur, en transcrivant ce mot, ne le comprenait sans doute pas.

Κηρύκων καὶ Εὐνειδῶν
Πο[λέ]μων Φίλωνο[ς Μαρ-]
αθώνιος, μάντις Φι[λή-]
μων, αὐλητὴς Φιλόμου-
σος.

Je ne crois pas nécessaire de donner un commentaire à ces textes; car tous les termes en ont déjà été expliqués à propos de la pythaïde.

En somme, à l'époque d'Auguste, la théorie athénienne est un peu plus brillante que dans le milieu du Iᵉʳ siècle; mais elle reste toujours bien inférieure à ce qu'elle avait été sous Dionysios et sous Agathoclès. On n'y voit plus désormais ni pythaïstes ni théores, plus d'escorte de cavaliers ni d'éphèbes; les jeux et les concours aussi sont supprimés; seule, une petite députation vient à Delphes, et parmi elle ne figure plus aucun magistrat : ce sont exclusivement des personnages revêtus de fonctions religieuses[1], le prêtre d'Apollon, les deux exégètes, le héraut d'Apollon (qui est en même temps prêtre d'Hermès), deux devins, un joueur de flûte, et, parfois, un trésorier; le seul envoyé laïque — et encore ne l'est-il qu'à demi — est le hiéromnémon. Bref, c'est le second groupe des chefs de la pythaïde, moins le στρατηγὸς ἐπὶ τὰ ὅπλα.

D'Auguste à Domitien, nous n'avons conservé aucune inscription relative à la dodécade. Mais, au temps de Domitien, nous constatons encore des changements dans sa composition : d'abord la prêtrise d'Apollon à Athènes[2] comprend désormais un ἀρχιερεύς et un ἱερεύς; puis nous retrouvons la mention d'un ἱεροποιός, assez oublié depuis le IVᵉ siècle[3].

La date de ces textes peut se déterminer avec une approximation suffisante. Considérons d'abord les cinq listes où la plupart des membres de la dodécade se retrouvent sans chan-

---

1. On voit par nos textes que toutes ces charges sont à vie, sauf celle de hiéromnémon, qui est annuelle.

2. La prêtrise d'Apollon paraît être devenue héréditaire dans la famille d'Hérode Atticus. En effet Εὐκλῆς Ἡρώδου Μαραθώνιος est ἱερεὺς Ἀπόλλωνος pendant une quarantaine d'années (cf. nᵒˢ 55 à 64); — son fils, Πολύχαρμος Εὐκλέους Μαραθώνιος, est ἀρχιερεὺς Τιβερίου Καίσαρος Σεβαστοῦ καὶ ἱερεὺς πατρῴου Ἀπόλλωνος (C. I. A., III, 647); — et nous avons probablement un petit-fils de ce dernier dans le Τι. Κλ. Ἵππαρχος Μαραθώνιος qui est ἀρχιερεὺς τοῦ Πυθίου dans notre numéro 63; en tout cas, comme nous l'avons dit (p. 152, note 5), c'est le grand-père du célèbre réthteur.

3. Il peut y avoir là, il est vrai, jusqu'à un certain point, un effet du

gements, et notons les synchronismes qu'elles nous donnent
entre les éponymes d'Athènes et ceux de Delphes :

à Athènes	Ἀρχίτιμος	= à Delphes	Ἀντιγένης (Ἀρχία τὸ α′),
—	Ἀπόληξις	—	Ἀντιγένης (Ἀρχία) τὸ β′,
—	Θεόφιλος Διοδώρου	—	Τιμολέων (Ἐμμενίδα),
—	Ἀπόληξις Φιλοκράτους	—	Ξεναγόρας (Ἀβρομάχου),
—	Νικόστρατος	—	Κλέων Νικία.

La chronologie des archontes d'Athènes étant fort incertaine pour la période qui avoisine le début de notre ère, nous
avons peu de chose à tirer de leur mention. Nous ne connaissons pas mieux les dates précises de ceux de Delphes; mais,
avec eux, nous avons du moins l'avantage, pourvu qu'ils se ren-
contrent dans des actes d'affranchissement, de savoir dans quelle
prêtrise ils se rangent. Or c'est le cas pour quatre des nôtres;
et comme, par un heureux hasard, ils tombent dans quatre
prêtrises différentes, leur ordre relatif se trouve assuré. Ce
sont (en adoptant les numéros de prêtrises de M. Pomtow) :

Ἀντιγένης Ἀρχία τὸ α′	= prêtrise XXI,
Τιμολέων Ἐμμενίδα	— XXII,
Ξεναγόρας Ἀβρομάχου	— XXIII,
Κλέων Νικία	— XXIV.

hasard; car, dans un fragment dont l'écriture paraît être de la fin du iiᵉ siècle
avant Jésus-Christ, nous voyons mentionnés deux ἱεροποιοί.

N° 32 (fig. 35) :

FIG. 35.

Ἱεροπο[ιοί·]
Σωκρά[της .. ..]
Ἀντίφι[λος ....]

Il y en avait dix au ivᵉ siècle avant Jésus-Christ; nous n'en trouvons qu'un
à la fin du iᵉʳ siècle de notre ère. — A la suite du ἱεροποιός cité dans le numéro 63, nous lisons : ὁ ἐκ Κηρύκων καὶ Εὐνειδῶν. S'agit-il d'un second
ἱεροποιός, appartenant spécialement à ces deux familles? La chose n'est pas
impossible, puisque les Eumolpides, à ce qu'il semble, avaient des exégètes à
eux (cf. p. 37, note 5); mais nos inscriptions, ne nous fournissant aucun autre
texte analogue, ne permettent pas de trancher la question.

Quant à 'Αντιγένης 'Αρχία τὸ β', il ne nous est pas parvenu d'affranchissement sous son archontat ; mais comme, dans sa dodécade, le μάντις est 'Αρχικλῆς, lequel a disparu avec Τιμολέων, Ξεναγόρας et Κλέων, il doit s'intercaler avant Τιμολέων. Voilà, je crois, tout ce que nous sommes en état d'établir avec certitude. Maintenant, si nous voulons indiquer approximativement les dates de ces archontats, le point de repère le moins incertain nous est fourni par Θεόφιλος Διοδώρου. Son nom en effet se trouve sur le fragment bien connu (*C. I. A.*, III, 1014, col. 4) d'un catalogue d'archontes en cinq colonnes dont la longueur et le point de départ paraissent aujourd'hui à peu près fixés. Le dernier classement qui en ait été proposé, à ma connaissance, est celui de M. Kirchner, à la suite de son compte rendu du travail de M. Ferguson [1] ; il donne à Θεόφιλος (= Τιμολέων à Delphes) l'année 11 avant Jésus-Christ. Pour 'Αντιγένης τὸ α', en tenant compte de ce qu'il appartient à la prêtrise XXI et qu'il était en charge une année pythique (cf. n° 65), on lui attribuera l'année 26 ou 22 avant Jésus-Christ. Puis, d'après ce que nous savons, par les affranchissements, de la longueur respective des prêtrises de Delphes, nous placerons Ξεναγόρας 'Αρρομάχου vers 7 avant Jésus-Christ, et Κλέων Νικία tout au début de notre ère [2]. Enfin 'Αντιγένης 'Αρχία τὸ β' devra, comme nous l'avons dit, s'intercaler entre 26 et 11. Nous arrivons donc au résultat suivant :

A Ath. 'Αρχίτιμος	= à Del. 'Αντιγένης τὸ α' pr. XXI	26 ou 22 av. J.-C.
— 'Απόληξις	— 'Αντιγένης τὸ β' — XXI ou XXII	entre 26 et 11 —
— Θεόφιλος Διοδ.	— Τιμολέων — XXII	vers 11 —
— 'Απόληξις Φιλοχ.	— Ξεναγόρας — XXIII	vers 7 —
— Νικόστρατος	— Κλέων Νικία — XXIV	vers 1 après —

Si tout ce calcul est exact, il s'en suit que nos cinq premières dodécades se répartissent sur une période de vingt-cinq ans environ. Je les avais crues autrefois beaucoup plus rap-

1. *Götting. gelehrte Anzeigen*, Juin 1900, p. 476. M. Kirchner a reproduit depuis, à la fin de sa *Prosop. attica*, le tableau où sont résumées ses conclusions.
2. Je tends à remonter, plus que ne le fait M. Pomtow, Κλέων Νικία dans la prêtrise XXIV, afin de restreindre la période déjà remarquablement longue où quatre ou cinq personnages, — qui ne devaient pas tous être jeunes au moment où nous les rencontrons pour la première fois —, continuent les uns et les autres à exercer leurs fonctions. Euclès était même déjà prêtre d'Apollon sous Euthydomos, en 38 (numéro 55).

prochées, et j'en avais conclu au retour annuel de la dodécade à l'époque impériale. C'est une hypothèse que rien ne justifie plus aujourd'hui. La théorie des Athéniens à Delphes, sous Auguste, est redevenue assez fréquente (nous pouvons fort bien encore ne pas connaître tous ses départs); mais vraisemblablement elle n'était pas annuelle, et nous ne savons pas si elle était périodique[1].

Quant à nos deux derniers textes, d'après M. von Schœffer, l'archontat de Domitien à Athènes date de 85/6; et un M. Trebellius Rufus de Lamptra a été ensuite archonte en 97/8; l'inscription n° 63 serait donc de 98/9[2]. Ces chiffres, bien entendu, n'ont rien de très sûr. Peut-être faudrait-il remonter un peu le second, en songeant que nous sommes toujours, à Delphes, dans la prêtrise Εὐοδδαμος-Εὐκλεῖας.

Par la suite, nous ne trouvons plus expressément à Delphes la mention d'aucune théorie athénienne; mais nous lisons, gravé en grandes lettres sur une pierre d'architrave, le nom d'un ἐξηγητὴς πυθόχρηστος, au commencement du IIIᵉ siècle (cf. C. I. A., III, 684, 687).

N° 64 (*fig.* 36) :

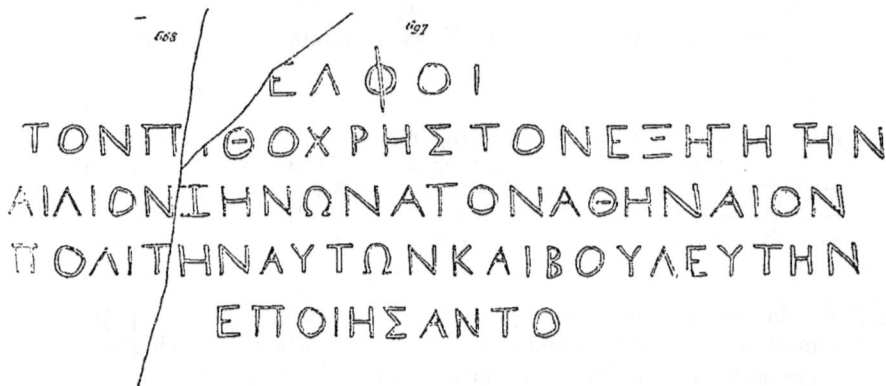

```
           ̅668              ̅697
              ΕΛΦΟΙ
 ΤΟΝΠ  ΘΟΧΡΗΣΤΟΝΕΞΗΓΗ ΗΝ
ΛΙΛΙΟΝ ΙΗΝΩΝΑΤΟΝΑΘΗΝΑΙΟΝ
 ΠΟΛΙ ΗΝΑΥΤΩΝΚΑΙΒΟΥΛΕΥΤΗΝ
         ΕΠΟΙΗΣΑΝΤΟ
```

FIG. 36.

1. Par contre, à Délos, la dodécade paraît avoir été annuelle, au moins à l'époque d'Hadrien; cf., outre l'inscription déjà citée (*B. C. H.*, XXIII, 1899, p. 85), d'autres textes analogues trouvés depuis, et le commentaire de M. Dürrbach (*B. C. H.*, XXVIII, 1904, p. 169 et sqq.).
2. De l'éponyme delphien correspondant à l'année d'après Rufus à Athènes,

[Δ]ελφοὶ
τὸν π[υ]θόχρηστον ἐξηγητὴν
Αἴλιον Ζήνωνα τὸν Ἀθηναῖον
πολίτην αὐτῶν καὶ βουλευτὴν
ἐποιήσαντο.

II. Αἴλιος Ζήνων était peut-être venu à Delphes avec une dodécade, et, à cette occasion, les Delphiens lui auraient donné le
titre de citoyen et de bouleute de leur ville.

Avec lui se clôt notre dossier. Je ne sais si les Athéniens
continuèrent longtemps encore à envoyer à Delphes une députation officielle. En tout cas, à la fin du ive siècle[1], Hésychius
parle de cette coutume comme d'une chose disparue (s. v.
Ἀστράπτει δι' Ἅρματος· Ἀθηναῖοι, ὁπότε δι' Ἅρματος αὐτοῖς
ἀστράψειεν, ἔπεμπον εἰς Δελφοὺς θεωροὺς τοὺς λεγομένους Πυθιαστάς).

nous savons seulement que son nom se terminait en ας. Or le seul archonte
que nous connaissions vers ce moment est un Ξεναγόρας. On est donc tenté de
restituer ici son nom. Etant donnée la façon dont le graveur coupe ses mots,
la chose n'est pas impossible; toutefois l'espace vide, à la fin de la ligne,
semble bien court pour ce supplément.
1. C'est l'époque de la vie d'Hésychius, d'après Alberti et Welcker.

DÉCRETS RENDUS PAR LA VILLE DE DELPHES
A L'OCCASION DE LA THÉORIE ATHÉNIENNE

Nous avons déjà eu l'occasion, en décrivant les diverses parties de la théorie, de citer un certain nombre de décrets rendus en faveur soit d'un collège, soit d'un ou de plusieurs personnages qui avaient participé à la fête. Nous avons vu honorer ainsi :

N° 11	le conducteur d'une pyrphoros,
N° 20	une prêtresse d'Athéna,
N°ˢ 33, 34, 35, 36	la Tétrapole marathonienne,
N°ˢ 48, 49, 50	le collège des artistes dionysiaques,
N° 51	celui des poètes épiques,
N° 53	un prêtre d'Apollon.

Pour être complets, nous devons encore mentionner quelques autres inscriptions du même genre.

Sous Dionysios (officiers de cavalerie).

N° 10 (*fig*. 37) :

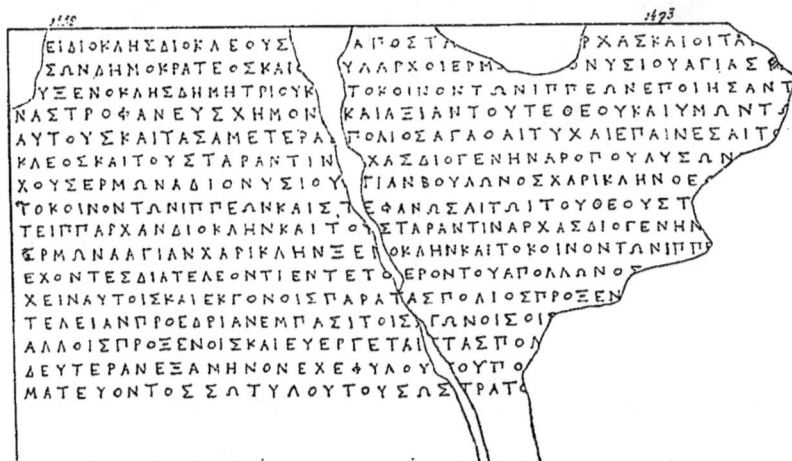

FIG. 37.

['Επ]εὶ Διοκλῆς Διοκλέους, [ὁ ἐξ]αποστα[λεὶς ἐπὶ τὰς ἀπα]ρχάς, καὶ οἱ τα[ραντι-
νάρχαι Διογένης 'Αρόπου [1]],
[Λύ]σων Δημοκράτεος, καὶ [οἱ φ]ύλαρχοι "Ερμ[ων Δι]ονυσίου, 'Αγίας [Βούλωνος,
Χαρικλῆς Θεοδώ-]
[ρο]υ, Ξενοκλῆς Δημητρίου, κ[αὶ] τὸ κοινὸν τῶν ἱππέων ἐποιήσαντ[ο τάν τε
ἐπιδαμίαν καὶ ἀ-]
ναστροφὰν εὐσχήμον[α] καὶ ἀξίαν τοῦ τε θεοῦ καὶ ὑμῶν τ[ῶν ἐξαποστειλάντων]
αὐτοὺς καὶ τᾶς ἁμετέρα[ς] πόλιος. 'Αγαθᾶι τύχαι· ἐπαινέσαι τ[όν τε ἱππάρχαν
Διοκλῆν Διο-]
κλέος καὶ τοὺς ταραντιν[άρ]χας Διογένην 'Αρόπου, Λύσων[α Δημοκράτεος, καὶ
τοὺς φυλάρ-]
χους "Ερμωνα Διονυσίου, ['Α]γίαν Βούλωνος, Χαρικλῆν Θε[οδώρου, Ξενοκλῆν
Δημητρίου καὶ]
τὸ κοινὸν τῶν ἱππέων, καὶ σ[τ]εφανῶσαι τῶι τοῦ θεοῦ στ[εφάνωι ὧι πάτριόν ἐστι
Δελφοῖς τόν]
τε ἱππάρχαν Διοκλῆν, καὶ το[ὺ]ς ταραντινάρχας Διογένην, [Λύσωνα, καὶ τοὺς
φυλάρχους]
"Ερμωνα, 'Αγίαν, Χαρικλῆν, Ξε[ν]οκλῆν, καὶ τὸ κοινὸν τῶν ἱππ[έων ἐπὶ τᾶι
εὐσεβείαι ἇι]
ἔχοντες διατελέοντι ἔν τε τὸ [ἱ]ερὸν τοῦ 'Απόλλωνος [καὶ τὰμ πόλιν τῶν Δελφῶν,
καὶ ὑπάρ-]
χειν αὐτοῖς καὶ ἐκγόνοις παρὰ τᾶς πόλιος προξεν[ίαν, προμαντείαν, προδικίαν,
ἀσυλίαν, ἀ-]
τέλειαν, προεδρίαν ἐμ πᾶσι τοῖς [ἀ]γώνοις οἷ[ς ἁ πόλις τίθητι, καὶ τἄλλα ὅσα καὶ
τοῖς]
ἄλλοις προξένοις καὶ εὐεργέται[ς] τᾶς πόλ[ιος. "Αρχοντος Πύρρου [2], βουλευόντων
τὰν]
δευτέραν ἑξάμηνον 'Εχεφύλου [τ]οῦ Πο[λυκλείτου, Ταραντίνου τοῦ Ξενοκρίτου,
γραμ-]
ματεύοντος Σωτύλου τοῦ Σωστράτ[ου.]

Sous Agathoclès (ὁ ἐπὶ τὰς προσόδους [3]).

N° 19 (fig. 38) :

....
[........................]ένων πα[................. παρεπιδαμίαν καὶ
ἀναστροφὰν ἐποιήσατο]
[εὐσχήμονα καὶ ἀξίαν τοῦ] τε θεοῦ καὶ το[ῦ δά]μου τοῦ 'Αθηναί[ων καὶ τᾶς
ἁμετέρας πόλιος. 'Αγαθᾶι τύχαι·]

1. Les noms des officiers peuvent être restitués avec certitude d'après les
numéros 8 et 9.
2. Pour le nom de l'archonte et des bouleutes delphiens, cf. le numéro 11.
3. Εἰρηναῖος Εἰρηναίου est mentionné avec cette qualité dans le numéro 13, a,
l. 22.

[δεδόχθαι τᾶι] πόλει τῶν Δελφῶν ἐπαινέσαι Εἰρηναῖον Εἰρη[ναίου Ἀθ]ην[αῖον,
καὶ στεφανῶσαι]

[αὐτὸν τῶι τοῦ θεοῦ] στεφάνωι ὧι πάτριόν ἐστι Δελφοῖς στεφανοῦν τοὺς εὐεργετὰς
ἀ[ρετᾶς ἕνεκεν]

[καὶ φιλοτιμία]ς ἃς ἔχων διατελεῖ ποτί τε τὸ ἱερὸν καὶ τὰν πόλιν ἁμῶν,
ὑπάρχειν δὲ αὐτῶ[ι καὶ]

[ἐκγόνοις προξ]ενίαν, προμαντείαν, προδικίαν, ἀσυλίαν, ἀτέλειαν, προεδρίαν ἐμ
πᾶσι τοῖς [ἀγώνοις]

[οἷς ἁ πόλις τ]ίθητι, καὶ τὰ ἄλλα τίμια πάντα ὅσα καὶ τοῖς ἄλλοις προξένοις κ[α]ὶ
εὐεργέται[ς τᾶς]

[πόλιος ὑπάρχει], ἀποστεῖλαι δὲ αὐτοῖς τοὺς ἄρχοντας καὶ ξένια τὰ μέγιστα [ἐ]κ
τῶν νόμων. Ἄρχ[οντος]

[Ξενοκράτε]ος ¹, βουλευόντων τὰν δευτέραν ἑξάμηνον Τιμολέωνος τοῦ Ἐ[μμ]ενίδα,
Νικοδάμου το[ῦ]

[Στράτωνος, γ]ραμματεύοντος δὲ βουλᾶς Ἄρχωνος τοῦ Καλλικράτεος.

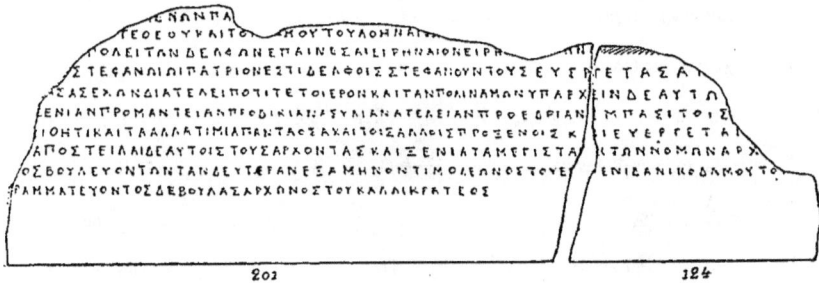

FIG. 38.

Sous Architimos (hiéromnémon).

N° 65 (B. C. H., XVIII, 1894, p. 91, troisième texte)² :

Ἄρχον[τος ἐ]ν Ἀθ[ή]ναις Ἀρχιτίμ[ου, τῶι] ἱερομνήμονι Θρασυκλ[ε]ῖ Ἀρχικλέους
Ἀθηναίωι Λακιάδηι. Ἐπειδὴ Θρασυκλῆς Ἀρχικλέος Ἀθηναῖος
[ὁ ἱερομνήμων, ἐπιδα]μήσας ἐν τὰν πόλιν ἁμῶν, τάς [τε] θυσίας τὰς ὑπὲρ τοῦ
δάμου τοῦ Ἀθαναίων ἔθυσε κὰτ τὰ πάτρια, τάν τε παρεπι-
[δαμίαν ἐποιή]σατο καλὰν καὶ εὐσχήμονα, τοῦ τε ἀγῶ[νος] τῶν Πυθίων συντελει-
μένου, ἔκρινεν εὐσεβῶς καὶ δικαίως, εὐνόως τε τυγχάνει

1. La restitution est certaine d'après numéro 20).
2. Corrections au texte donné dans le *Bulletin* :

                T

    l. 2 : ΚΑΤΑ (un des T en surcharge).
    l. 6 : ΕΝΚΤΗΣΙΝ au lieu de ΕΓΚΤΗΣΙΝ.
    l. 7 : ΠΑΣΙΝ au lieu de ΠΑΣΙ.
    l. 7 : ΕΥΕΡΤΑΙΣ (sic) au lieu de ΕΥΕΡΓΕΤΑΙΣ.

[διακεί]μενος τὰ ποτὶ τὰν πόλιν ἁμῶν, ἀγωνισάμεν[ός τ]ε ἐν τᾶ ἰδίᾳ πατρίδι
          τραγῳδίᾳ καινῇ καὶ νικάσας ἐστεφάνωσε τὸν δᾶμον ἁ-
[μ]ῶν. Ἀγαθᾶι τύχαι· δεδόχθαι τᾶι πόλει τῶν Δε[λφῶ]ν ἐπαινέσαι Θρασυκλῆν
         Ἀρχικλέος Ἀθηναῖον τὸν ἱερομνάμονα, καὶ δεδύσθαι αὐ-
τῷ παρὰ τᾶς πόλιος αὐτῷ καὶ ἐκγόνοις προξενίαν, [προ]ομαντείαν, προδικίαν,
           ἀσυλίαν, ἀτέλειαν, γᾶς καὶ οἰκίας ἔνκτησιν,
προεδρίαν ἐμ πᾶσιν τοῖς ἀγώνοις οἷς ἁ πόλις τίθ[ητι]ν, καὶ τἆλλα τίμια ὅσα καὶ
          τοῖς ἄλλοις προξένοις καὶ εὐερ(γέ)ταις ὑπάρχει,
ἀναγράψαι δὲ τόδε τὸ ψάφισμα ἐν τῶι ἱερῷ τοῦ Ἀπ[ό]λλωνος τοῦ Πυθίου.
      Ἄρχοντος Ἀντιγένους τοῦ Ἀργία, μηνός Ἡρακλείου, [βου-]
[λευόν]των Φιλλέα τοῦ Δαμένεος, Ἀθανίωνος τοῦ Κλ[εοξ]ενίδα.

En somme, la rédaction de ces décrets est assez monotone :
les considérants rappellent toujours la piété du bénéficiaire
envers Apollon et sa bienveillance à l'égard de Delphes ; et les
honneurs décernés se ramènent constamment aussi à une même
formule, l'énumération bien connue de ces privilèges qui
ne devaient plus en être, puisqu'on les accordait à tout propos
et à tout le monde. Pourtant de cette phraséologie banale il
ressort pour nous quelques indications utiles.

Ainsi, qu'il s'agisse d'un personnage en particulier ou d'un
groupe en général, on n'oublie jamais de mentionner le luxe
et la magnificence de son séjour à Delphes.

Évidemment, si l'État avait fait seul les frais de sa
théorie, un éloge semblable ne serait pas accordé à tel
ou tel citoyen. Le Trésor public fournissait bien quelques
fonds ; par exemple, dans une · inscription du *Corpus*
(C. I. A., II, 814, l. 34), un talent est affecté à des archi-
théores ; et le scoliaste d'Aristophane nous parle aussi d'une
indemnité de voyage versée par les colacrètes aux théores qui
se rendent à Delphes (scol. *Oiseaux*, v. 1544) : Ἀνδροτίων
γράφει οὕτως· « τοῖς δὲ ἰοῦσι Πυθῶδε θεωροῖς τοὺς κωλακρέτας διδόναι
ἐκ τῶν ναυκληρικῶν ἐφόδιον ἀργύρια, καὶ εἰς ἄλλο ὅ τι ἂν δέῃ
ἀναλῶσαι. » Mais cet argent était insuffisant pour représenter
dignement Athènes ; on se piquait d'émulation, on voulait se
rendre digne d'un décret des Delphiens, et, pour cela, il fallait
avant tout dépenser beaucoup d'argent. Le mot de liturgie ne
se retrouve, dans nos inscriptions qu'à propos des artistes
dionysiaques (n° 49, l. 51 : τοὺς λοιποὺς τῶ[ν] τεχνιτᾶν τοὺς ἐπιδεδαμηκότας κα[ὶ λ]ελειτουργηκότας. — Cf. n° 48, l. 29 : ἐνφανίζει
ὁ ἐπιμελητὴς αὐτῶν Φιλόδρομος δεδαπαν[ηκέναι τὰν σύνοδον τῶν
τ]εχνιτᾶν χρήματα οὐκ ὀλίγα). Toutefois il n'est pas douteux qu'un

archithéore, un ἑστιάτωρ, un conducteur de pyrphoros remplissaient aussi, de fait, une liturgie.

En retour, on recevait le titre de proxène de Delphes, accompagné le plus souvent d'un éloge et d'une couronne ; c'était la récompense courante. Parfois aussi il se nouait des rapports plus étroits entre Athéniens et Delphiens. Par exemple, le hiéromnémon Thrasyclès a été invité, à Delphes, à faire partie du jury des jeux pythiques ; pour répondre à cette attention, une fois rentré à Athènes, il fait hommage au peuple de Delphes d'une couronne qu'il a obtenue dans un concours de tragédie nouvelle (n° 65).

D'autres fois, on était non seulement proxène, mais encore théorodoke ; ainsi le prêtre d'Apollon Δημήτριος Ἀριστοξένου s'était chargé d'accueillir chez lui les Delphiens de passage à Athènes (n° 53, col. I, l. 4 : ὑπάρχων δὲ καὶ θεωροδόκος τᾶς πόλιος ἁμῶν). Le décret suivant, en l'honneur d'Ἀπολλόδωρος Ὀλυμπιοδώρου, nous offre un autre cas de théorodokie.

N° 66 (*fig.* 39) :

Ἀ γ α θ ᾶ ι   τ ύ χ α ι.

Ἔδοξε τᾶι πόλει ἐν ἀγορᾶι τελείοι σὺμ ψάφοις ταῖς ἐννόμοις. Ἐπειδὴ Ἀπολλόδωρος Ὀλυμπιοδώρου Ἀθηναῖος,
[π]αρακληθεὶς ἀπὸ τῶν ἐξαποσταλέντων ὑπὸ τᾶς πόλιος, ἐπέδωκεν ἑαυτὸν
ἀπροφασίστως ἐν τὸ συναγωνί-
[ξ]ασθαι τᾶι πόλει τὰν κρίσιν τὰν περὶ τῶν τεμενέων καὶ τᾶς ἀμφιλλόγου
χώρας, περὶ πλείστου τιθέμενος
τάν τε ποτὶ τὸν θεὸν εὐσέβειαν καὶ τὰν εὔνοιαν τὰν ποτὶ τὰν πόλιν, καί,
παραγενόμενος, τά τε ποτὶ τὰν κρίσιν
[σ]υνέταξε δεόντως, σπουδᾶς καὶ φιλοτιμίας οὐθὲν ἐν[λ]είπων, καὶ τὰν ἐπιδαμίαν
ἐποιήσατο εὐσχήμονα,
[κα]ί, ὅσον χρόνον ἀξίωσαν αὐτὸν τοὶ κα(θ)εσταμένοι ὑπὸ τᾶς πόλιος, ἐπὶ ταῦτα
ποτέμεινε, συμφανῆ ποιῶν
[τὰν α]ὑτοῦ αἵρεσιν ἂν ἔχει ποτὶ τὰν πόλιν. Τύχαι ἀγαθᾶι δ[ε]δόχθαι τᾶι
πόλει ἐπαινέσαι Ἀπολλόδωρον Ὀλυμπι-
[οδώρο]υ Ἀθηναῖον εὐνοίας ἕνεκεν καὶ φιλοτιμίας τᾶς ἐν [τὰ]ν πόλιν, παρα-
καλεῖν δὲ αὐτὸν καὶ ἐν τὸ [λ]οιπὸν διαφυ-
[λάξ]ειν τὰν αὐτὰν προαίρεσιν, εἰδότα ὅτι ἁ πόλις τοῖς φίλοις καὶ εὐνόοις
καταξίας ἀποδίδωτι τὰς χάριτας διὰ πα-
[ντός, δ]εδόσθαι δὲ αὐτῶι καὶ τοῖς ἐκγόνοις προξενίαν, προμαντείαν, ἀσυλίαν,
προδικίαν, ἀτέλειαν, προεδρίαν ἐν πᾶσι
[τοῖς] ἀγώνοις οἷς ἁ πόλις τίθητι, καὶ γᾶς καὶ οἰκίας ἔγ[κ]τησιν καὶ τἄλλα
πάντα ὅσα καὶ τοῖς ἄλλοις προξένοις καὶ εὐε-

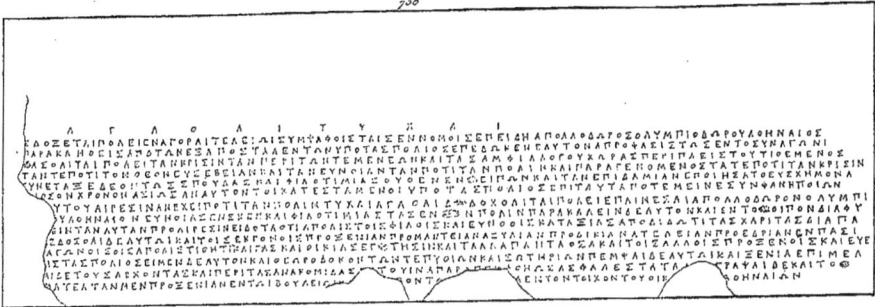

Fig. 39.

L. 6 : ΚΑΤΕΣΤΑΜΕΝΟΙ (sic).

[ργέτα]ις τᾶς πόλιος, εἶμεν δὲ αὐτὸν καὶ θεωροδόκον τῶν τε Πυθίων καὶ
  Σωτηρίων, πέμψαι δὲ αὐτῶι καὶ ξένια, ἐπιμελ-
[εῖσθ]αι δὲ τοὺς ἄρχοντας καὶ περὶ τᾶς ἀνακομιδᾶς [αὐ]τοῦ, ἵνα παραπεμφθῇ
  ὡς ἀσφαλέστατα, [ἀνα]γράψαι δὲ καὶ τὸ[ν]
[γραμμ]ατέα τὰν μὲν προξενίαν ἐν τῶι βουλείωι κὰ[τ τὸν νόμ]ον, τὸ [δὲ ψάφισμ]α
  ἐν τὸν τοῖχον τοῦ οἴκ[ου τοῦ] Ἀθηναίων.

Je n'ai pas cité plus haut cette inscription parce qu'Ἀπολλόδωρος n'y est pas expressément désigné comme membre de la
théorie athénienne; toutefois j'interpréterais volontiers de
cette façon les termes παρακληθεὶς ἀπὸ τῶν ἐξαποσταλέντων ὑπὸ
τᾶς πόλιος (l. 3). S'il en est ainsi, nous avons là un nouvel exemple
des bonnes relations que la pythaïde créait entre Delphes
et Athènes. La ville de Dephes était en procès au sujet de certains sanctuaires et d'un territoire contesté; elle prend comme
arbitre un des députés athéniens; celui-ci s'acquitte bien de
sa mission, et, pour le récompenser, on lui accorde l'honneur
de recevoir les hérauts qui viendront annoncer à Athènes les
Pythia et les Sôtèria[1].

1. Nous ignorons la date précise du décret: car il ne porte pas de nom d'archonte. — Il est gravé sur la pierre inférieure de l'ante Nord, dont il forme le
bas; au-dessus est une proxénie accordée à trois Athéniens sous l'archontat
de Δίσων. Ce dernier texte doit être antérieur au nôtre: car il est d'une
écriture plus large, et en meilleure place: or M. Pomtow place Δίσων vers
213. Notre inscription, disons-nous, est postérieure: mais son écriture ne
permet pas de la faire descendre bien bas. A cet égard, si nous lui cherchons
dans notre dossier des points de comparaison, nous les trouvons dans les
décrets rendus en faveur de la Tétrapole, en particulier dans les numéros 34
et 35, ce qui indique, à peu près, le premier quart du II siècle avant Jésus-
Christ.
 Cette conclusion admise, je me demande s'il ne faut pas voir dans le procès
auquel s'est trouvé mêlé Apollodoros (περὶ τῶν τεμενέων καὶ τᾶς ἀμφιλόγου
χώρας, un de ceux dont il est question dans les actes gravés au-dessus du
Monument bilingue. Là, on le sait, quand il s'agit de déterminer à nouveau,
en 117, les limites du territoire de Delphes, les Amphisséens se réclament d'un
jugement rendu jadis sous la présidence du stratège Thessalien Pausanias. Or,
pour d'autres raisons, j'ai été amené à placer en 195 la date de ce fragment
(B. C. H., XXIII, 1903, p. 144). Apollodoros a peut-être fait partie de la commission présidée par Pausanias: cela daterait exactement notre numéro 66 de
l'année 195. L'hypothèse est assez séduisante: mais, étant donné le vague des
termes employés ici, ce n'est toutefois qu'une hypothèse.

CONCLUSION

Tels sont les renseignements nouveaux que nous fournissent les inscriptions de Delphes sur la théorie envoyée par
Athènes au sanctuaire d'Apollon Pythien. Evidemment, malgré
le nombre assez considérable de nos textes, nous ne les avons
pas conservés tous, et il doit même nous en manquer d'impor-
tants ; car, par exemple, sans des découvertes faites à Athènes,
nous ignorerions entièrement la présence dans la pythaïde de
la prêtresse d'Athéna, et nous n'aurions qu'une simple allusion à
l'ennééétéride. Il est regrettable aussi que, de tous ces documents,
un seul soit antérieur à l'époque romaine, et que, pour la belle
période de l'histoire d'Athènes, nous en soyons réduits à nous
représenter la pythaïde d'après celle du IIe siècle, sur la simple
garantie de la persistance ordinaire des rites religieux dans l'antiquité. Il serait donc fort à souhaiter que des fouilles heureuses
au Pythion des bords de l'Ilissus vinssent un jour compléter le
dossier du Trésor des Athéniens.

Malgré tout, nous pouvons, je crois, dès aujourd'hui,
nous former une idée assez précise du cortège qui se
rendait à Delphes et des fêtes qu'il y célébrait. Mais
comment la procession s'organisait-elle en Attique? quel
itinéraire suivait-elle? quelle était la date de son voyage? au
bout de quelle période de temps en revenait-il une nouvelle?
enfin, et surtout, pour quel motif Athènes avait-elle institué et
a-t-elle gardé si longtemps cet usage? Ce sont là toutes questions auxquelles nos inscriptions ne touchent que par hasard ;
et à leur sujet les textes littéraires, nous l'avons dit, sont
rares et assez obscurs. Je voudrais du moins, pour terminer,
résumer en peu de mots ce que nous savons à présent de ces
divers points.

Sur le départ de la théorie, nous en sommes toujours réduits

aux deux passages. déjà cités de Philochore et de Strabon[1] ;
mais nous sommes peut-être à même maintenant de les mieux
comprendre et de les concilier. La procession se mettait
en route quand l'éclair avait brillé sur l'Harma voisin de
Phylé ; or cet éclair, on l'observait, au dire de Philochore,
du Pythion d'Œnoé, et, d'après Strabon, de l'autel de Zeus
Astrapaios à Athènes, entre le Pythion et l'Olympieion. Les
deux textes paraissent contradictoires. Mais qu'on se rappelle l'histoire de l'introduction du culte apollinien en Attique :
son influence s'est fait sentir d'abord sur la côte Est et dans
la Tétrapole marathonienne ; elle s'y est maintenue fort puis-
sante de tout temps ; et, dans la première moitié du IIe
siècle, nous avons encore vu les gens de la Tétrapole envoyer
à Delphes des députés sans qu'il y ait trace de théorie athénienne, et se faire confirmer isolément par le dieu d'antiques privilèges. Dès lors, pour le cas d'une pythaïde repré-
sentant l'Attique entière, une assez grande difficulté devait
sûrement se présenter : d'une part, la Tétrapole, considérée
comme le premier séjour d'Apollon en Attique, ne pouvait pas,
pour aller honorer son dieu dans son nouveau sanctuaire, se
régler sur un ordre venu d'Athènes ; mais, d'autre part, la
capitale n'aurait pas consenti non plus, pour une fête qu'elle
voulait célébrer avec tout l'éclat possible, à dépendre d'un de
ses dèmes. On avait donc sans doute, pour résoudre la difficulté, cherché un moyen de conciliation : d'Athènes et d'Œnoé
à la fois on observait un signe naturel ; quand il avait paru,
la procession de la Tétrapole se mettait en route, comme celle
de la capitale ; elles se rencontraient en chemin, et ainsi elles
arrivaient unies à Delphes : les deux orgueils étaient
saufs.

La Voie Sacrée primitive, de l'Attique à Delphes, partait de
la Tétrapole et laissait Athènes de côté. M. Curtius paraît
l'avoir établi d'une façon certaine[2] ; et d'ailleurs, quand les
députés des Thraces Dolonques, venant de consulter l'oracle
d'Apollon, suivent jusqu'au bout cette route à travers la Phocide et la Béotie, ils sont obligés de se détourner pour aller à
Athènes : l'expression d'Hérodote ne peut pas s'expliquer

---

1. Cf. p. 14, note 2, et p. 11, note 4.
2. Curtius, *Zur Geschichte des Wegebaus bei den Griechen* (dans les *Gesammelte Abhandlungen*, vol. I).

autrement[1]. Bien entendu, les Athéniens firent passer plus tard par leur ville la Voie Sacrée ; ils la considéraient comme leur chose propre, comme leur œuvre, — ou celle des dieux[2]. — Leur héros national, Thésée, l'avait purgée, disaient-ils, des brigands qui l'infestaient, et, en souvenir de ce fait, la pythaïde était précédée d'hommes portant des haches[3] ; ou bien, d'une façon plus simple encore, c'était le chemin suivi autrefois par Apollon quand il se rendit d'Athènes à Delphes[4].

Nous n'avons sur le tracé de cette voie aucun renseignement précis ; mais peut-être ne faut-il pas négliger certaines indications éparses qui se rapportent plus ou moins directement à la question. Par exemple, au Nord d'Athènes, il y avait un Pythion à Daphni[5] ; la théorie s'y arrêtait sans doute tout d'abord, et, par conséquent, la Voie Sacrée de Delphes se serait confondue, au début de son parcours, avec celle d'Eleusis. Ensuite, à Acharnes, nous connaissons, par Athénée, l'existence d'un collège de παράσιτοι se rattachant à Apollon, puisqu'il devait fournir au dieu le sixième des grains qu'il percevait[6] : là était peut-être une nouvelle station de la théorie. Nous supposerons encore sur sa route Tanagra : car cette ville, d'après Pindare, avait été le point de départ d'Apollon dans son voyage pour Delphes[7], et, en tout cas, elle était située dans cette vallée de l'Asopos par où passait la Voie Sacrée primitive partant de la Tétrapole. Enfin, nous pouvons placer avec certitude un dernier point sur

1. Hér., VI, 34, 2 : ἰόντες δὲ οἱ Δόλογκοι τὴν ἱρὴν ὁδὸν, διὰ Φωκέων τε καὶ Βοιωτῶν ἤισαν· καὶ σφας ὡς οὐδεὶς ἐκάλεε, ἐκτράπονται ἐπ' Ἀθηνέων.

2. Aristide, *Panathen.*, p. 189, 8 : τὸ δὲ δὴ καὶ τὴν εἰς Δελφοὺς ὁδὸν ἔργον εἶναι τῆς πόλεως, καὶ τὴν θεωρίαν τὴν Πυθιάδα Ἀθηναίων μόνον πάτριόν τι ἂν εἴποις, ἢ τῶν θεῶν ἅπαντα ταῦτ' εἶναι.

3. Esch., *Euménides*, v. 12 :

Πέμπουσι δ' αὐτὸν καὶ σεβίζουσιν μέγα
κελευθοποιοὶ παῖδες Ἡφαίστου·

et le scoliaste : κελευθοποιοί· οἱ Ἀθηναῖοι. Θησεὺς γὰρ τὴν ὁδὸν ἐκάθηρε τῶν λῃστῶν· καὶ, ὅταν πέμπωσιν εἰς Δελφοὺς θεωρίδα, προέρχονται ἔχοντες πελέκεις ὡς διημερώσοντες τὴν γῆν.

4. Ephore, dans Strabon (*F. H. G.*, 1, p. 255, fr. 70) : ... καθ' ὃν χρόνον τὸν Ἀπόλλωνα, τὴν γῆν ἐπιόντα, ἡμεροῦν τοὺς ἀνθρώπους ἀπό τε τῶν ἀνημέρων καρπῶν καὶ τῶν βίων, ἐξ Ἀθηνῶν δ' ὁρμηθέντα ἐπὶ Δελφοὺς ταύτην ἰέναι τὴν ὁδόν, ἣ νῦν Ἀθηναῖοι τὴν Πυθιάδα πέμπουσι.

5 Cf. page 9.

6. Athénée, p. 235, c : τὸν δ' ἑκταῖα παρέχειν εἰς τὰ ἀρχεῖα τῷ Ἀπόλλωνι τοὺς Ἀχαρνέων παρασίτους ἀπὸ τῆς ἐκλογῆς τῶν κριθῶν.

7. Scol. d'Eschyle, *Eum.*, v. 11 (cité p. 4, note 3).

son chemin : c'est Panopée (ou Phanotée), en Phocide ; car Ephore, racontant les exploits d'Apollon sur la voie que suit la pythaïde, donne ce bourg pour théâtre à la lutte du dieu avec Tityos[1].

Trois inscriptions seulement font allusion à la date du voyage. Sous l'archontat d'Εὐοὔδεμος, vers 38 avant Jésus-Christ, la courte liste des représentants d'Athènes (n° 55) est accompagnée de la mention Πυθίων ἐν[των]. De même, quelques années plus tard, sous Ἀρχίτιμος, en 26 ou 22 avant Jésus-Christ, Θρασυκλῆς Ἀρχικλέους, hiéromnémon, membre d'une dodécade, (n° 57) se trouve à Delphes juste à temps pour être juge des Pythia (n° 65). Or les jeux pythiques avaient lieu en Βουκάτιος (2e mois de l'année = Μεταγειτνιών à Athènes = Août)[2]. D'autre part, l'année d'après l'archontat de Rufus, vers 95 après Jésus-Christ (n° 63), la théorie est envoyée en Βοαθίος (3e mois = Βοηδρομιών à Athènes = Septembre). Il n'y avait donc pas, pour notre procession, une date fixe comme pour la plupart des grandes fêtes d'Athènes.

Nous trouvons l'explication de ce fait dans Strabon, toujours au même endroit : l'éclair sur l'Harma était observé pendant trois mois, à raison de trois nuits et trois jours consécutifs chaque mois (ἐτήρουν δ᾽ ἐπὶ τρεῖς μῆνας, καθ᾽ ἕκαστον μῆνα ἐπὶ τρεῖς ἡμέρας καὶ νύκτας). Nous connaissons deux de ces trois mois ; il s'en suit que la dodécade — et sans doute aussi, avant elle, la pythaïde — avait lieu soit dans le premier trimestre (Juillet-Août-Septembre), soit dans le cours des deuxième, troisième et quatrième mois de l'année (Août-Septembre-Octobre). Par conséquent, elle ne coïncidait ni avec la théorie de Délos (qui ne partait pas avant Μουνιχιών = Ἐνδυσποιτρόπιος à Delphes = Avril), ni avec la fête athénienne des purifications, les Thargélies, liées pourtant, comme nous l'avons dit[3], au culte d'Apollon Pythien (celles-ci

1. Ephore (F. H. G., I, p. 255, fr. 70 : suite du passage cité plus haut) : γενόμενον δὲ κατὰ Πανοπέας, Τιτυὸν καταλῦσαι, ἔχοντα τὸν τόπον, βίαιον ἄνδρα καὶ παράνομον.

2. Cf., par exemple, C. I. A., II, 551, l. 52 (= B. C. H., XXIV, 1900, p. 85, l. 2) : Ἄρχοντος ἐν Δελφοῖς Ἀριστίωνος τοῦ Ἀναξανδρίδου, μηνὸς Βουκατίου, Πυθίοις. J'évite à dessein de citer l'inscription C. I. G., 1688 = C. I. A., II, 545, parce qu'à l'endroit qui nous intéresserait (l. 45) le texte généralement adopté Πύθια δ᾽ ἀ[γ]όντων τοῦ Βουκατίου μηνὸς τοῦ ἐν Δελφοῖς repose sur une correction arbitraire ; la pierre porte Πυθιάδα ἐόντων. Mon camarade Bourguet, dans sa thèse consacrée à l'Administration financière de Delphes au IVe siècle, doit revenir très prochainement sur ce texte. En tout cas, le décret rendu sous Ἀριστίων nous donne la date des Pythia en 130 avant Jésus-Christ.

3. Cf. p. 42 et sq.

se célébrant en Θαργηλιών = Ἡρακλεῖος à Delphes = Mai[1]).

A cela on objectera peut-être que les décrets rendus par la ville de Delphes à l'occasion de la pythaïde sont datés du second semestre. Ainsi, sous Dionysios, décret en faveur du personnage qui escorte la πυρφόρος (n° 11) : ἄρχοντος Πύρρου, βουλευόντων τὰν δευτέραν ἑξάμηνον...; — décret en faveur des officiers de cavalerie (n° 10) : même rédaction; — sous Agathoclès, décret en faveur d'Εἰρηναῖος Εἰρηναίου, chargé des πρόσοδοι (n° 19) : ἄρχοντος Ξενοκράτεος, βουλευόντων τὰν δευτέραν ἑξάμηνον...; — décret en faveur de la prêtresse d'Athéna (n° 20) : même rédaction. L'argument, sans être aucunement décisif, pourrait cependant faire craindre que la pythaïde n'ait pas eu lieu à la même époque que la dodécade. Mais nous connaissons aussi la date de la proxénie accordée, à propos d'une dodécade, au hiéromnémon Θρασυκλῆς (n° 65); elle porte la mention : ἄρχοντος Ἀντιγένους τοῦ Ἀρχία, μηνὸς Ἡρακλείου (= Mai). Le décret a donc été rendu sept mois au moins après la venue de la théorie; et tel était, semble-t-il, l'usage général[2].

A un moment donné, — probablement, avons-nous dit, entre 97 et 88 avant Jésus Christ[3], — une proposition a été faite pour rendre la pythaïde annuelle (cf. le fragment n° 31 : εἰσηγητὴς γενόμενος .... ὅπως κατ' ἐνι[αυτὸν ἀεὶ γίνη]ται ἡ πυθαΐς). Elle ne l'était donc pas auparavant. Elle ne devait pas être non plus une fête périodique. En tout cas, elle n'était ni une ennééléride (puisque la première ennééléride delphique date seulement de 102), ni une pentaéléride (puisqu'Aristote ne la cite pas en énumérant toutes les fêtes athéniennes de ce genre). De plus, elle ne coïncidait pas forcément avec une année pythique : car, pour

---

1. Pour l'époque de ces fêtes, cf. A. Mommsen, *Heortologie*, p. 402 et 414.
2. Peut-être, avant de promulguer les décrets de ce genre, était-il obligatoire d'attendre que les autorités compétentes, civiles ou religieuses, de Delphes eussent présenté leur rapport sur la façon dont la fête s'était passée : peut-être aussi fallait-il laisser s'écouler un délai déterminé, pour être sûr qu'il ne se produirait plus ensuite aucune réclamation ni protestation d'aucune sorte. En tout cas, l'année d'Architimos, un temps assez long sépare certainement la venue de la dodécade et la rédaction du décret en faveur de Thrasyclès, puisque, dans l'intervalle, Thrasyclès a remporté une victoire tragique (au plus tard pendant les Grandes Dionysies, c'est-à-dire en Mars), et que d'ailleurs la préparation de ce concours a dû nécessiter sa présence à Athènes pendant toute la période des répétitions.
3. Cf. p. 139.

ne parler que des grandes pythaïdes de Dionysios et d'Argeios, tout en tenant compte de ce qu'il reste encore d'incertain dans la chronologie de cette période, il semble pourtant bien difficile de les faire tomber dans la troisième année d'une olympiade.

Ainsi la théorie athénienne, pendant longtemps du moins, ne revenait pas à des périodes régulières, et la chose se comprend fort bien; car il ne s'agit pas ici d'une fête célébrée par les Athéniens dans leur ville même, mais d'une procession qui doit se rendre au loin, traverser des pays étrangers, et dont l'envoi seul dépend déjà des relations diplomatiques du moment. Tantôt Athènes ne voulait pas, et tantôt elle ne pouvait pas faire partir sa pythaïde. Elle ne le voulut pas, par exemple, quand, à l'occasion de la guerre Sacrée, les Phocidiens furent traités par Philippe avec une rigueur qu'elle désapprouvait. Démosthène le rappelle avec fierté à ses compatriotes : « Vous refusiez d'envoyer aux Pythia des théores pris dans le sénat et les thesmothètes; vous vous absteniez de votre théorie traditionnelle[1]. » C'était une protestation contre les maîtres du sanctuaire. Mais, plus souvent encore, il arriva aux Athéniens de trouver intercepté le chemin de Delphes. Dès qu'ils étaient en guerre avec les Béotiens (et le cas fut assez fréquent), il leur fallait demander le passage pour la théorie[2]. Puis, à partir de l'époque macédonienne, Delphes devient un instrument dont se servent tour à tour les divers ambitieux de la Grèce, pour s'assurer la suprématie sur leurs voisins. Le sanctuaire est occupé dans un but toujours politique, et naturellement on s'inquiète assez peu de gêner les cérémonies religieuses : en 291, les Étoliens forcent Démétrius à célébrer à Athènes les jeux pythiques[3].

---

1. Dém., *Ambas.*, 128 : ἀπάντων γὰρ ὑμῶν τουτωνὶ καὶ τῶν ἄλλων Ἀθηναίων οὕτω δεινὰ καὶ σχέτλι᾽ ἡγουμένων τοὺς ταλαιπώρους πάσχειν Φωκέας, ὥστε μήτε τοὺς ἐκ τῆς βουλῆς θεωροὺς μήτε τοὺς θεσμοθέτας εἰς τὰ Πύθια πέμψαι, ἀλλ᾽ ἀποστῆναι τῆς πατρίου θεωρίας,......

2. Aristoph., *Oiseaux*, 188 :

.... ἢν ἰέναι βουλώμεθα
Πυθῶδε, Βοιωτοὺς δίοδον αἰτούμεθα·

et la scolie : πολέμιοι ἦσαν οἱ Βοιωτοὶ τῶν Ἀθηναίων, συμβαλόντες Λακεδαιμονίοις διὰ Δεκέλειαν μαχομένοις. Ὅτε οὖν θέλουσιν Ἀθηναῖοι εἰς Πυθὼ ἀπελθεῖν, δηλοῦσιν Βοιωτοῖς παρακαλοῦντες ὑποχωρῆσαι τῆς ὁδοῦ.

3. Plutarque, *Démétr.*, 40, 4 (texte cité page 9, note 3).

D'ailleurs, même en dehors du cas de guerre ouverte, les chemins étaient loin· d'être sûrs. Assurément les villes amphictyoniques, sous peine d'amende, devaient entretenir les ponts et les routes par où passait la Voie Sacrée (C. I. A., II, 545) ; mais le fait même de promulguer une loi à ce sujet, au iv⁰ siècle, indique assez le besoin qu'on en ressentait. Ce n'est pas tout : à Delphes, au iiⁱᵉ siècle, des députés pouvaient être plus ou moins molestés, puisque nous avons, dans le *Corpus* (C. I. A., II, 309) un décret, malheureusement mutilé, en faveur d'un Athénien nommé Aischron qui prit un jour leur défense ; et, au iiᵉ siècle, les Delphiens se défiaient si bien de leurs voisins, qu'après avoir appelé un arbitre dont la sentence leur a été favorable, ils chargent expressément leurs magistrats d'assurer son retour et de lui donner une escorte pour garantir autant que possible sa sécurité (n° 66 : ἐπιμελεῖσθαι τοὺς ἄρχοντας καὶ περὶ τᾶς ἀνακομιδᾶς αὐτοῦ, ἵνα παραπεμφθῇ ὡς ἀσφαλέστατα). Ajoutons enfin à ces raisons la difficulté que le Trésor public ou la fortune des particuliers durent éprouver plus d'une fois à faire dignement les frais d'une théorie si coûteuse. Il est évident que, par la force même des choses, l'envoi de la pythaïde était destiné à subir bien des irrégularités.

En fait, depuis la guerre malheureuse soutenue contre Antigone Gonatas (266-263), Athènes était bien déchue au triple point de vue moral, économique et politique ; et, vers le début du iiᵉ siècle en particulier, elle avait sûrement fort espacé, sinon négligé tout à fait sa théorie delphique. Mais, après l'établissement de l'hégémonie romaine en Grèce, elle se trouve bien traitée par le Sénat : son territoire est même augmenté ; et, tandis que les autres Etats sont ruinés, elle seule reprend de l'importance. La fin du iiᵉ siècle a, sans aucun doute, été pour elle une période de grande prospérité, au moins matérielle : l'éclat de la pythaïde à ce moment ne nous permet pas d'en douter. Sous Timarchos, un vote du peuple décide de la célébrer désormais à des intervalles plus rapprochés ; sous Dionysios, on remanie les jeux hippiques, et on en introduit de nouveaux pour les officiers ; en même temps, les technites dionysiaques envoient à Delphes toutes sortes d'artistes, et le collège des poètes épiques fournit aussi des députés ; sous Agathoclès, toutes les parties de la théorie sont représentées par un nombre de personnages plus considérable que jamais ; puis, on fonde l'ennéétéride. Ce fut là, je crois, la période la plus splendide

des fêtes athéniennes à Delphes. On songea bien ensuite à les
rendre annuelles; mais, très peu de temps après le vote de ce
dernier changement, Athènes était entraînée à de nouveaux
désastres. Pendant tout le ı^{er} siècle, la pythaïde n'apparaît
qu'à de rares intervalles, et, quand elle renaît sous le nom de
dodécade, elle a évidemment perdu beaucoup de son éclat
d'autrefois.

Il nous resterait maintenant à rechercher l'origine de la
théorie athénienne. Nos inscriptions nous éclairent peu à ce
sujet. En effet les termes dont elles se servent (κατὰ τὰ πάτρια
καὶ τοὺς χρησμούς, n° 31 ; — κατὰ τὸν τοῦ θεοῦ χρησμόν, n° 51 ; —
τοῖς τε χρησμοῖς καὶ ταῖς ἱστορίαις ἀκολούθως, n° 48 ; — κατὰ τὴν
μαντείαν τοῦ θεοῦ, n° 63) n'ont pas, je crois, de sens bien précis.
Toutes les grandes fêtes d'Athènes ont lieu suivant les usages
traditionnels ou suivant un oracle : pour n'en citer qu'un
exemple, les prémices des récoltes doivent être offertes aux
déesses d'Eleusis κατὰ τὰ πάτρια καὶ τὲν μαντείαν τὲν ἐν Δελφοῖν
(C. I. A., IV¹, p. 59). Je ne pense pas non plus qu'il y ait de
distinctions à établir entre χρησμός et μαντεία, ni entre τὰ πάτρια
et αἱ ἱστορίαι. Bref, tout cela reste fort vague, et il en est encore
de même pour la formule ἐφ' ὑγιείαι καὶ σωτηρίαι πάντων τῶν πολιτᾶν,
καὶ τέκνων, γυναικῶν, καὶ τῶν φίλων καὶ συμμάχων (n°s 49 et 51) ;
car elle se retrouve, entre autres cas, dans les décrets
éphébiques et à propos de la fondation de l'Amphiaraon
d'Oropos.

D'ailleurs, ce qu'il nous importe surtout de savoir, c'est
pourquoi, du ve siècle avant Jésus-Christ jusqu'au ııı^e siècle
de notre ère, les Athéniens, malgré des périodes d'abstention
plus ou moins longues, n'ont jamais perdu le souvenir de leur
théorie delphique. Quel intérêt si puissant y trouvaient-ils donc?
Pour la fin du ıı^e siècle avant Jésus-Christ, une hypothèse se
présente d'abord à nous : peut-être la ruine de Délos était-
elle déjà commencée, et Athènes devait-elle, par suite, transporter à Delphes son culte d'Apollon. Cette supposition est
inadmissible ; car, dans la liste des ἀπαρχαί réunies pour l'ennéétéride, les magistrats et les prêtres de Délos occupent une
place considérable, et, d'autre part, l'épigraphie de l'île fournit
à cette époque une riche série d'inscriptions : Délos, par
conséquent, était encore prospère.

Mais il y a plus : au temps de la guerre du Péloponnèse,
Athènes demande aux Béotiens le passage pour envoyer à

Delphes sa théorie ; or c'est juste le moment où, achevant l'œuvre de Pisistrate, elle consacre l'île entière de Délos à Apollon, la purifie à nouveau, et en organise les fêtes sur un plan plus grandiose que jamais. Les deux cultes d'Apollon Pythien et d'Apollon Délien, loin de s'exclure, semblent donc plutôt avoir été liés l'un à l'autre. Nous en trouvons précisément la preuve dans les légendes athéniennes. Sans doute, c'est recourir une fois encore à ces récits d'une mythologie arrangée après coup et dont on n'use jamais sans une certaine méfiance, parce qu'on y sent dénaturée de parti pris la tradition primitive ; mais ils ont ici pour nous le grand avantage de porter la marque du dessein politique qui les a inspirés.

D'assez bonne heure il s'était établi naturellement une certaine liaison entre les légendes de Délos et de Delphes ; mais Athènes prit soin d'accentuer le rapprochement, et le sens où elle le fit ne manque pas d'être instructif. Nous avons déjà signalé un phénomène de ce genre à propos des rapports d'Athéna et d'Apollon[1]. A l'origine, la déesse avait seulement aidé Léto dans son enfantement, à Délos ; plus tard, elle intervient à Delphes, et c'est grâce à elle qu'Apollon Pythien prend possession de son sanctuaire : le voilà donc directement l'obligé d'Athéna, c'est-à-dire, en somme, des Athéniens. De même, s'il existe une légende bien propre au sanctuaire de Delphes, c'est celle du meurtre du serpent Python : la victoire d'Apollon formait le thème essentiel, constamment développé, des concours musicaux des Pythia ; là était l'origine de la grande fête du Septérion, et surtout à cette tradition se rattachait l'origine de l'oracle. Or, ce dogme fondamental de la religion pythique, les Athéniens le transportent, avec toutes ses conséquences, à Délos ; et ce n'est là que l'exemple le plus frappant de toute une série de faits analogues. Sans nous attarder ici à les relever tous[2], nous en savons assez, dès à présent, pour saisir le but de cette manœuvre des Athéniens : ils veulent donner au sanctuaire de Délos toute l'importance possible et établir sur celui de Delphes une sorte de suzeraineté à la fois de Délos et d'Athènes.

Reste encore pourtant une difficulté. Au ve siècle, nous com-

---

1. Cf. p. 92 et sqq.
2. Nous avons déjà dit un mot de cette confusion entre les deux Apollon (page 9, note 4). — Cf. aussi Lebègue, *Recherches sur Délos*, p. 196, n. 4 ; et tout spécialement, Schreiber, *Apollon Pythoktonos* (Leipzig, 1879).

N° 29   N° 7   N° 30

A

N° 29. — L. 4 : ...ΛΩΝΙΟΥ : ΓΩ a été refait sur un Ω.
La dernière ligne est d'une écriture différente.

N° 7. — L. 3 : ΠΥΘΔΙΣΤΑΙ (sic).
Col. 1, l. 12 : il n'y a rien sur la pierre après ΑΓΛ.
Col. 1, l. 10 : Le copiste a sauté ici une ligne ou deux, donnant les noms des fils d'Ἰσμήνιος.
— L. 11 : Cette dernière ligne était écrite d'une autre main ; elle a été ensuite grattée, mais le nom est encore lisible.

N° 9

B

(a)

(b)

N° 4

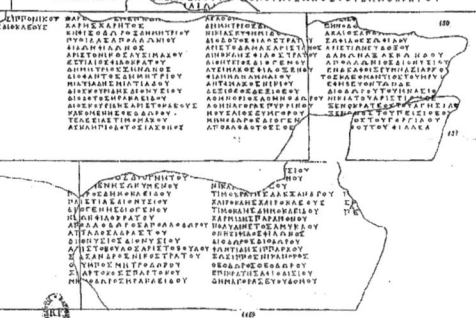

N° 4. — Col. 4, dernière ligne : Le nom d'Ἰσμ... forme une légère saillie, sans doute par inadvertance, sur l'alignement général de la colonne.
Je rapporte à cette inscription les deux lignes isolées dans le haut de l'assise b. En effet c'est une présence, semble-t-il, qui a amené le graveur du numéro 9 à commencer son initiale à une distance assez grande du bord gauche de l'assise a ; et d'ailleurs les trois colonnes de droite répondent exactement à la largeur de cet intitulé. Cette correspondance n'existerait plus si on leur ajoutait les deux lignes en question. — De plus, par les restes de lettres qui emplirent sur la pierre conservée de l'assise a, on voit que l'intitulé du numéro 4 débordait sensiblement à droite l'extrémité de la deuxième colonne.
L'inscription n° 48 se place immédiatement à gauche du n° 4, sa partie inférieure (fig. 29) formant la suite de l'assise b.

N° 9. — Assise 9, l. 7 : ΠΕΙΡΑΙΑΙΠΥΡΡΙΝΟΥ. On pourrait, à la rigueur, lire le mot Πυρρίνου, qui existe, quoique rare. Mais comme, sur l'assise 8 (col. 2, l. 13), l'un des éphèbes s'appelle Ἀθηναγόρας Πυρρίνου, il est plus naturel de lire, pour le nom du stratège, Πύρρινος Ἀθηναγόρου. L'Ι final de ΠΕΙΡΑΙ est une faute du graveur.
— L. 10 : ΑΠΟΛΛΩΝΙΟΥ (sic).
Assise 6, col. 3, l. 5 : Εὐδόξου est une correction faite d'une autre main, comme l'indique d'ailleurs la forme du Ξ.

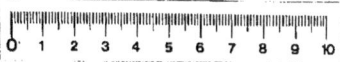

Nº 21   Nº 13, a   Nº 18   Nº 45   Nº 16   Nº 14   Nº 39

A

Nº 13, b   Nº 17

Nº 12, c. — L. 2 : ΠΕΡΙΝΘΙΩΝ (sic).

Nº 12, a. — L. 4 : Devant 'Αζμιν il reste trace de deux lettres qu'on n'essaie d'identifier, probablement ΘΑ.

La ligne 5 (Φίλων· Νικαρίου, Χαριξένου), était une ligne entre les deux l. 4 et 5 gauche, sans d'intervalles distincts. Sur leur intercalation dans la liste incohérente, cf. p. 30.

Nº 17. — L'espacement inégal des lignes existe bien sur la pierre (cf. p.). Col. 1, l. 11 : pour ΑΓΩΝΙΔΕΣ ΑΥΤΟΝΟΜΟΥ, le graveur avait écrit d'abord ΑΓΩΝΑΡΧΑΙ. Il a résulté d'final Η et Ι; l'Α a été corrigé en ΑΣΥΝΟΜΟΥ. Col. 3, l. 13 : ΑΝΘΑΛΟΥΣ (sic).

[L'inscription nº 6, et les deux colonnes de gauche du numéro 17 ont déjà été publiées dans l'Hermès, XXVIII, 896, p. 230, avec un commentaire de M. Ziebarth.]

Nº 15. — Col. 1, l. 12 : ΗΥΓΟΛΟΚΙΔΑΘΟΣ (sic), fin même, l. 30, et col. l, dernière ligne.
— L. 13 : ΛΙΥΙΛΑΞΣ n'est pas dans l'alignement des autres noms de lettres. Col. 3 : A profile de l'empreinte incluse. Fréquemment des noms et des autres noms d'être réguliers.
Col. 4, ligne centrale/inférieure : ΣΙΛΑΘΣ (sic).
Nº 15. — L. 6 : cette superposition, la syllabe ΥΑΝ avait été écrite deux fois. Le premier ΥΑΝ a été corrigé/gratté, mais imparfaitement.

Nº 14. — L. 3 : ΚΗΡΟΤΟΙ (sic).
L. 16 : Η n'y a rien, sur la pierre, après ΝΙΚΑΝΩΡ.
L. 16 : On avait d'abord écrit, comme nom de l'éponyme, ΑΝΤΟΝΟΥ Ζήτωνος. Ce nom a été gratté, et l'autre a été gravé au-dessous.
Nº 39. — ΙΠΙΙΩ, sine ratio écrit.

B

Nº 23, b   Nº 22   Nº 21, a   Nº 26   Nº 24   Nº 25

Nº 47   Nº 46

Nº 23, a, c. — L. 2 : ΚΕΡΚΙΝΩΝΙΑΓΩ (sic).
Le graveur, comme l. 6, veut l'intention de laisser un intervalle entre les différents groupes de délégués; mais il a parfois négligé de le faire, et les villes qui advienne sont indigents.
Nº 26. — Les lettres de cette inscription sont de hauteur fort variable d'une ligne à l'autre, mais faites de la même façon.
L. 3 : le second Ο de ΟΡΟΜΣΛΟΥ en surcharge sur un Η.
Nº 25. — Col. 4, l. 2 : restes d'un Λ effacé devant ΑΛΟΚΛΗΣ.

Nº 46. — Col. 5. — Les deux premiers mots de cette colonne ne sont pas écrits à la même hauteur que les lignes correspondantes des colonnes voisines, mais les corrections typographiques sont les mêmes. Il n'y a pas là, je crois, l'intention de mettre deux noms en vedette, mais simplement une erreur du graveur; il avait commencé trop bas la seconde colonne, puis il a repris l'alignement à partir de la 3e ligne.
L. 2 : Νικαρίδ/ Φιλοκλ.... Le graveur avait d'abord répété deux fois le mot un oméristil. Pour le nom du père, il a bien corrigé le Σ en Υ, mais l'Η a subsisté.
Col. 4. — L. 1 : ΧΡΥΤΩΝΟΥ (sic).
L. 11 : ΑΠΟΧΟΦΩΝΟΥ (sic).

prenons bien qu'Athènes, surtout une fois maîtresse de Délos,
ait tenu par tous les moyens à en rehausser le prestige. En
particulier, pendant la guerre du Péloponnèse, il était pour
elle d'un intérêt trop évident d'opposer à l'oracle de Delphes,
plutôt dorien et favorable à Lacédémone, le sanctuaire attico-
ionien de Délos. Elle ne négligeait pas de témoigner sa
piété envers Apollon Pythien, dont elle avait fait d'ailleurs son
dieu πατρῷος ; mais c'était un peu là de cette bienveillance dont
on entoure ses obligés. A la fin du IIᵉ siècle, la situation est
tout autre : la Grèce entière est soumise aux Romains; pour
Athènes comme pour les autres villes, il n'y a plus de domina-
tion politique réelle, partant plus de rivalité avec les États
doriens ; et cependant elle tient encore à célébrer sa pythaïde.

Nous connaissons malheureusement fort mal l'histoire de la
Grèce à cette époque; mais, d'une façon générale, il est certain que de toutes ses splendeurs d'autrefois Athènes ne garde
plus alors que deux choses : le souvenir de son passé, et ses
écoles où commence à venir l'élite des jeunes Romains. Dans
ces conditions, pour se concilier la bienveillance et même
le respect de ses vainqueurs, un moyen s'indiquait à elle, dont
elle ne dut pas manquer de faire usage : c'était de montrer à
l'étranger, au barbare, que des qualités d'autrefois toutes ne
s'étaient pas perdues avec le temps. D'un côté, les professeurs
d'éloquence, de philosophie, de poésie, rappelaient chaque jour
par leurs leçons la brillante époque des vieux maîtres ; d'autre
part, les temples, les statues, les mille œuvres d'art dont
Athènes était remplie plaidaient aussi en sa faveur. Mais il
fallait encore que le peuple du IIᵉ siècle fît quelque chose pour
lui-même. Il aimait à se dire le plus pieux de toute la
Grèce : en rétablissant les grandes cérémonies religieuses,
il prouvait, d'une façon éclatante, la persistance chez lui d'un
des traits les plus honorables du caractère athénien.

Il serait intéressant de savoir si, vers la même époque,
d'autres traditions furent remises en vigueur. En tout cas, pour
la pythaïde, nous la trouvons alors célébrée avec un luxe qu'elle
n'avait guère dû dépasser au plus beau temps de la puissance
d'Athènes. Dès qu'elle est terminée, on prend soin de graver
dans le sanctuaire les noms de tous ceux qui y ont pris part,
non pas tant par ostentation ni par vain orgueil, mais plutôt
comme une marque durable de la faveur témoignée par Apollon
aux Athéniens et de la reconnaissance de ceux-ci pour le dieu

12

(χαριστήριον Ἀπόλλωνι : n° 9). Enfin, notons-le, les magistrats et les prêtres de Délos, les vieilles familles de la Paralie, les représentants de la Tétrapole marathonienne occupent là une place d'honneur : Athènes évidemment tient à faire figurer autour d'elle tout ce qui, même en dehors de la capitale, est capable de rappeler les antiques rapports d'Apollon avec l'Attique, et, par conséquent, de rehausser son propre prestige.

Tel paraît être en effet désormais le but de la pythaïde. Pendant plus d'un demi-siècle, au milieu des guerres perpétuelles où les Athéniens, même sans intérêt, sont obligés de se mêler, nous la voyons de nouveau négligée. Mais, dès qu'avec Auguste la paix romaine est définitivement établie en Grèce, aussitôt on reprend l'habitude d'aller à Delphes offrir officiellement des sacrifices à Apollon Pythien. Et, juste à ce moment, — je ne sais si c'est un effet du hasard — mais le prêtre d'Apollon est Euclès de Marathon, un ancêtre d'Hérode Atticus, un membre, par conséquent, de cette famille où l'on portait à un si haut point le culte des traditions antiques.

TABLE DES MATIÈRES

TOURS, IMPRIMERIE DESLIS FRÈRES, 6, RUE GAMBETTA.

Reliure serrée

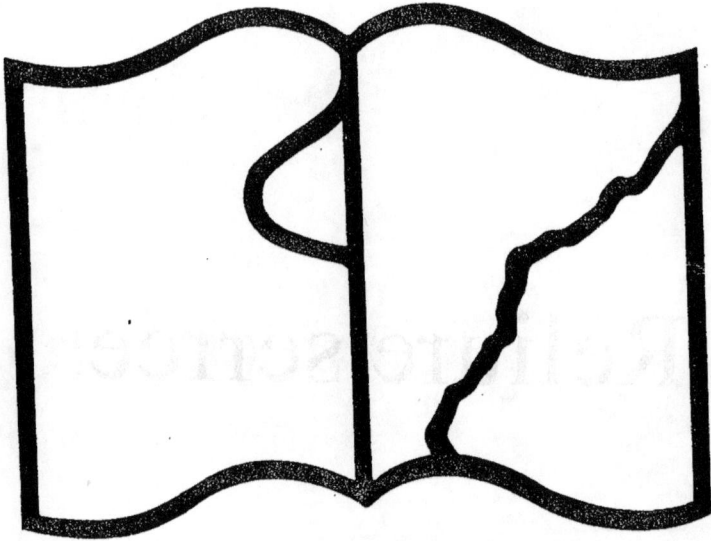

Texte détérioré — reliure défectueuse

NF Z 43-120-11

www.ingramcontent.com/pod-product-compliance
Lightning Source LLC
Chambersburg PA
CBHW070354090426
42733CB00009B/1418